Thea Caillieux

Eva und Adam – Adam und Eva

Thea Caillieux

Eva und Adam – Adam und Eva

Das erste Paar in der Kunst

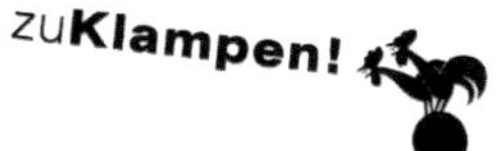

Umschlaggestaltung: Stefan Hilden · München · hildendesign.de
unter Verwendung des Werkes *Adam und Eva* von Michael Triegel,
© VG Bild-Kunst, Bonn 2022
Satz: Germano Wallmann · Gronau · geisterwort.de
Druck: CPI – Clausen & Bosse · Leck · cpi-print.de

ISBN Print 978-3-86674-832-3
ISBN E-Book-PDF 978-3-98737-351-0
ISBN E-Book-EPUB 978-3-98737-350-3

Bibliografische Information der Deutschen Nationalbibliothek
Die Deutsche Nationalbibliothek verzeichnet diese Publikation
in der Deutschen Nationalbibliografie; detaillierte bibliografische Daten
sind im Internet über ‹ http://dnb.dnb.de › abrufbar.

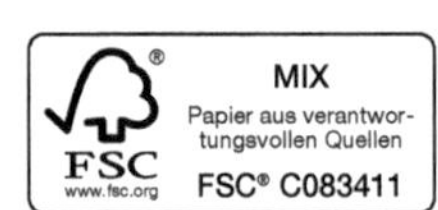

Inhalt

Vorbemerkung

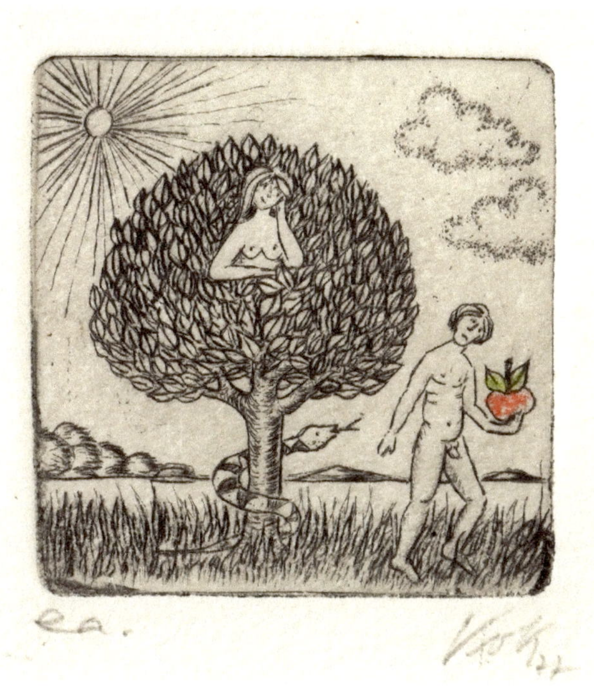

Abb. 1 Volker Kühn, 1977, 3,6 × 3,6 cm

Dieser Arbeit liegt eine große Sammlung von Eva-und-Adam-Darstellungen zugrunde, die über lange Jahre entstanden ist. Den Anfang der Sammlung machte die Miniradierung von Volker Kühn aus dem Jahr 1977 (Abb. 1), ein Geschenk und meine erste erinnerte Begegnung mit dem mythischen Paar. Erstaunlicherweise sprach mich das kleine Bild mit den unbeholfen, wie von Kinderhand gezeichneten Wolken und der Sonne an, und es irritierte mich. War ich solch eine Eva, die scheinbar desinteressiert an Adam auf ihn herabschaut? Erlebte ich »Adam« als aktiv, mich als abwartend-beobachtend, vom Geschehen in die Baumgipfel entrückt? Der Mechanismus der Identifikation hatte funktioniert: Ich war Eva.

Bald kamen andere Bilder aus der reichen Adam-und-Eva-Tradition in meine bewusste Wahrnehmung. Die Fragen blieben: Bin ich so? Sind wir so?

Adam, Eva und Lucy

Ein Vorwort

Bei Adam und Eva zu beginnen, heißt, eine Geschichte von Anfang an erzählen zu wollen. Die Reihenfolge umzudrehen und Eva an den Beginn zu stellen, deutet hingegen an, die Geschichte gegen den Strich erzählen oder zumindest eine andere Perspektive einnehmen zu wollen. Beide möglichen Sequenzen aber aufzugreifen und gedankenvoll gegenüberzustellen, signalisiert den Wunsch nach einer stimmigen Balance und die Betrachtung des legendären ersten Paares auf einer neuen Ebene.

Eva hieß, soweit wir heute wissen, nicht Eva, sondern Lucy. Zumindest hat ihr Entdecker Donald Johanson die erste Frau so genannt, als er vor knapp fünfzig Jahren in Äthiopien große Teile ihres Skeletts ausgrub. Lucy war bereits 3,2 Millionen Jahre alt, gut einen Meter groß und verfügte, was für dieses Buch nicht unwichtig ist, schon über den aufrechten Gang. Lucy wurde von den Paläoanthropologen als Frühform der Menschwerdung der Spezies Australopithecus afarensis zugeordnet. Wohl gibt es mittlerweile noch ältere vergleichbare Funde, aber Lucy ist für die Anthropologen das, was Eva für die bibelbasierten Theologien ist: Richtschnur und Leitfossil. Lucy ist in archäologischer Hinsicht zwar bedeutend älter als Eva, historisch betrachtet aber noch sehr jung. Dies zeigt schon ihre Namensgebung, die sie einem Beatles-Song verdankt. Die Paargeschichte, die in diesem Buch erzählt wird, lässt sich daher nur am Bild der Eva entwickeln. Auch deshalb, weil wir Lucys Adam nicht kennen. Eva und Adam bleiben daher das Urpaar und der Prototyp für alle Geschlechterbeziehungen, die noch folgen sollten – Orpheus und Euridike, Tristan und Isolde, Romeo und Julia, Leonce und Lena, Harry und Sally.

Das Medium der Reflexion über Adam und Eva ist die Kunst, sind Malerei und Skulptur. Die anderen Paare fanden ihre ästhetische Erscheinung eher in der Literatur und Musik, in Epos und

Oper, in Theater und später im Film. Der Grund dafür könnte darin liegen, dass die biblische Schöpfungs- und Sündengeschichte, so dramatisch sie ist, äußerst knapp, eher skizzenhaft, fast plakativ ausgefallen ist und sich daher bestens in einem Bild darstellen lässt. Baum, Schlange, Apfel, nacktes Paar – mehr braucht es nicht als szenisches Arrangement und für das Erkennen der tragischen Konstellation. Die späteren Paarbeziehungen erscheinen psychologisch und sozial komplexer und benötigen daher eine erzählerische Dramaturgie, die gesellschaftlich rückgekoppelt ist und erst ganz allmählich entwickelt wird. Wenn die Schöpfungsgeschichte, selten genug, doch theatralisch umgesetzt wurde, dann geschah dies wie bei den barocken Dichtern und Komponisten Sebastian Sailer und Meingosus Gaelle oder danach bei Mark Twain und Peter Hacks zumeist in Form von Komödien, die sich, wenn auch in volkspädagogischer Absicht, aus dem Geschehen einen vergnüglichen Spaß machten. Nur in ganz wenigen Werken wie John Miltons *Paradise Lost* und der teilweise darauf fußenden *Schöpfung* von Joseph Haydn fand die Paradiesgeschichte eine Umsetzung in große Gesänge, bei letzterem freilich unter Verzicht auf den Sündenfall.

Was macht den biblischen Schöpfungsmythos und mit ihm die Eva-und-Adam-Episode so spannend, dass er seit bald drei Jahrtausenden die Menschen beschäftigt und mancherorts bis heute heftige Streitigkeiten auslöst zwischen sogenannten Kreationisten, die sich in ihrem Verständnis der Schöpfung am Wortlaut der Genesis orientieren und die wir in dieser Hinsicht als Anhänger Adams und Evas betrachten können, und den Vertretern der Evolutionstheorie, für die Lucy eine entscheidende Größe darstellt? Bezogen auf die Geschichte des Sündenfalls, den Griff nach dem Apfel vom Baum der Erkenntnis und die blitzartige Wahrnehmung der eigenen Nacktheit sind die Positionen womöglich gar nicht so weit voneinander entfernt. Denn hierin offenbart sich, was Anthropologen als die kognitive Revolution in der Entwicklung des Menschen bezeichnen. Damit wird der entscheidende Bruch, die Abkehr des Menschen aus seiner Einbettung in das große Ganze, der Exodus des Homo sapiens aus dem bis dahin unhinterfragten und unhinterfragbaren Paradies vor etwa 70.000 Jahren markiert. Zwischen Welt und Mensch, zwischen

Mensch und Tier tut sich plötzlich ein Graben auf, bildet sich eine Grenze, die erst in jüngster Zeit im Lichte der Biowissenschaft sich wieder aufzulösen beginnt. Mit dem Kosten vom Baum der Erkenntnis, also der konsequenten Nutzung der immer stärker ausgebildeten kognitiven Potenziale werden dem Menschen besondere Gaben und eine einzigartige Stellung im biologischen System zuteil. Es ist im Kern das Vermögen, über sich selbst nachzudenken und Geschichten jenseits der direkten Anschaulichkeit zu erfinden. Mit der Fähigkeit, fiktive Möglichkeiten zu ersinnen, erweiterte sich der Denk- und Handlungsraum ins Unermessliche und ins Unendliche. Sie erlaubte dem Menschen in der Folge, das Feuer zu zähmen, sich an einem Ort dauerhaft niederzulassen und Landwirtschaft zu treiben, schreiben und lesen zu lernen, alle Arten von Maschinen zu bauen und schließlich bis zum Mond zu fliegen.

Eines der frühesten Ausdrucksformen dieser revolutionären Fähigkeit ist seit über 30.000 Jahren die bildende Kunst. In den Höhlen auf der Schwäbischen Alb, von Altamira, in Lascaux und anderswo haben sich deren Zeugnisse erhalten. Auch wenn wir über die Hintergründe und Umstände der Hervorbringung dieser Artefakte nur begrenzt Bescheid wissen, sind es letztlich drei Fragen, die die Menschen und mit ihnen die Künstler seitdem beschäftigen. Paul Gauguin, selbst immer auf der Suche nach dem verlorenen Paradies, hat sie zum Bildtitel eines seiner bedeutendsten Gemälde gemacht: »Woher kommen wir? Wer sind wir! Wohin gehen wir?«

Dies sind auch die Grundfragen, die in dem biblischen Schöpfungsbericht und der paradiesischen Sündengeschichte verhandelt werden. Wie kommt es, dass es uns überhaupt gibt, wer oder was hat uns erschaffen? Wer sind wir denn in unserer jämmerlichen Nacktheit, in der wir der Unbill der Welt ausgesetzt sind? Und wohin gehen wir, was wird danach kommen?

Zwischen diesen drei großen Themen gibt es freilich noch eine Fülle weiterer Fragen und Überlegungen, die in den Eva-und-Adam-Bildern gefasst und bearbeitet werden. Die faszinierende Zusammenschau in diesem Band und die präzis-detaillierte Betrachtung durch Thea Caillieux machen es augenscheinlich. Eva ist ihr zunächst als ein Spiegelbild gegenübergetreten, das zur

Identifikation einlud, aber sogleich die Notwendigkeit nach sich zog, Bild und Spiegelbild zu hinterfragen, sie auf ihre konzeptionellen Hintergründe, ihre Aussagekraft und Wirkungsmächtigkeit, die sie insbesondere in der Paarkonstellation entfaltet, zu betrachten. Eines war dabei von Anfang an offensichtlich: Adam und Eva verkörpern verschiedene Positionen, ihnen werden unterschiedliche Rollen, unterschiedliche Spielräume, unterschiedliche Handlungsoptionen im Widerstreit von Geben und Empfangen zugewiesen. Doch so eindeutig dies im Text der Genesis angelegt zu sein scheint und damit orthodoxe Verbindlichkeit beansprucht, ist dennoch kaum zu erwarten, dass über einen Zeitraum von annähernd 2000 Jahre hinweg, in denen die Welt mehrfach unterging und in veränderter Form wiedererstand, sich nicht auch die Ikonografie des ersten Paares den veränderten Gegebenheiten anpassen und sich mannigfaltig wandeln musste. Wie dies aber geschah, in welchem Ausmaß, in welche Entwicklungsstadien und in welchen Bilderfindungen, dies galt es zu überprüfen. Entstanden ist so ein Panoptikum des Eva-und-Adam-Motivs, das keine Vollständigkeit beansprucht, aber verblüffende Einblicke und nachvollziehbare Einsichten vermittelt. Nachvollziehbar deshalb, weil Thea Caillieuxs Methode darin besteht, zuallererst einmal genau hinzusehen, den mitschauenden Leserinnen und Lesern die Augen zu öffnen und den Blick zu lenken auf die Fülle dessen, was in den einzelnen Bildern zu erkennen ist und es dann in einem zweiten Schritt in Beziehung zu setzen zu dem, was sie von anderen, vorher gezeigten und nachfolgenden, unterscheidet. In dieser vergleichenden Perspektive bilden sich nach und nach Cluster, die in den geistesgeschichtlichen Zusammenhang gebracht ein gedanklich spannendes und sinnlich opulentes Panorama entfalten.

Was ist dabei alles zu entdecken: gleichsam genderneutrale Darstellungen im ersten Jahrtausend der Bildüberlieferung, die Aufspaltung der Geschlechter in »starke Männer« und »schöne Frauen« im Hochmittelalter, die Säkularisierung und Sexualisierung des Blicks in der frühen Neuzeit, die Idyllisierung des Paradieses im Zuge der Neubestimmung der Natur im Zeitalter der Aufklärung, der Kampf der Geschlechter in der beginnenden Moderne, die apokalyptische Bedrohung der Menschheit angesichts der Kriege des 20. und der Terrorakte des 21. Jahrhundert und nicht zuletzt Eva und Adam als Versatzstücke einer postmodernen Bildwelt, in der alles und jedes ständig verfügbar und beliebig kombinierbar scheint. Nein, nicht ganz, das letzte Bild – Dani Karavans Metamorphose eines alten Olivenbaums –, das Thea Caillieux vorstellt und in dem sich der Kreis ihrer Betrachtung schließt, ist ein Kunstwerk von mythischer Kraft, eine Botschaft der Versöhnung und ein Zeichen der wiedergefundenen Einheit von Mensch und Natur am Ende einer aufregenden Suche nach dem verlorenen Paradies.

Thomas Knubben

1. Auf dem Weg zu Eva und Adam

Kunstwerke betrachten bedeutet, sich den Gefühlen und Gedanken ihrer Urheber auszusetzen, die ihre Werke, eingebettet in ihr jeweiliges kulturelles Erbe, mit ihrer Individualität geschaffen haben. So sprechen uns nicht nur die Kunstwerke an, sondern auch diejenigen, die sie geschaffen haben. Wenn wir uns darauf einlassen, reagieren wir zunächst mit unseren Gefühlen (»gefällt mir« – »macht mir Angst«), dann erst mit unseren Gedanken. Besonders intensiv ist diese Begegnung, wenn Personen dargestellt sind.

Bilder vom Menschen sind Identifikationsangebote. Im Falle der Eva-und-Adam-Bilder ist zudem die Nacktheit der Figuren wichtig, denn die Abwesenheit von Kleidung reduziert soziale Hürden. Jede und jeder kann sich identifizieren, gemeint fühlen und sich vergleichen als Frau, als Mann und als Paar.

Im seinem 1972 veröffentlichten Essayband *Sehen* schreibt der Schriftsteller und Kunstkritiker John Berger als Einleitung zu einer Reihe von Aktbildern:

> »Nach Bräuchen und Konventionen, die zwar heute kritisch befragt werden, aber noch keineswegs überwunden sind, unterscheidet sich die gesellschaftliche Erscheinung einer Frau – ihr Auftreten – von der eines Mannes. Das wirksame Auftreten des Mannes ist abhängig von der Verheißung der Kraft und der Macht, die er verkörpert. Je mehr und je glaubwürdiger er etwas verheißt, desto eindrucksvoller ist sein Auftreten. Der Mann kann moralische, physische, betont persönliche, gesellschaftliche oder sexuelle Macht und Kraft verheißen, auf jeden Fall aber liegt das Ziel, auf das sie sich richtet, außerhalb des Mannes. Sein Auftreten lässt darauf schließen, was er für dich oder dir zu tun imstande ist. (...)
> Im Gegensatz dazu drückt das Auftreten und damit die Erscheinung einer Frau ihre Einstellung zu sich selbst aus und macht darüber hinaus klar, was man mit ihr tun kann und was nicht. Ihr

> Auftreten (ihre Erscheinung) manifestiert sich in ihren Gesten, ihrer Stimme, ihren Meinungen (...).
> Wir könnten vereinfachend sagen: *Männer handeln* und *Frauen treten auf*[1]. Männer sehen Frauen an. Frauen beobachten sich selbst als diejenigen, die angesehen werden.«[2]

Während also der Mann Ziele außerhalb sich selbst ins Auge fasse, frage sich die Frau, wie sie beim Mann ankomme. Sie sei immer gespalten in die Handelnde einerseits und die Prüferin ihres Handelns andererseits, denn sie sei davon abhängig, wie erfolgreich sie mit dem Raum zurechtkomme, der ihr zugestanden wird. Berger untersucht seine Thesen an Aktdarstellungen aus fünf Jahrhunderten. Nicht zufällig sind Bergers erste Bildbeispiele für seine Überlegungen Bilder von Adam und Eva.

Mit diesen Gedanken ist ein Ansatz skizziert, mit dem wir uns der Tradition der Eva-und-Adam-Bilder im europäischen Kulturraum des Christentums zuwenden werden. In einem deskriptiven, subjektiven Zugang wird zu fragen sein, ob und wie sich die Darstellungen des Mannes und die der Frau unterscheiden und wie ihr Platz in der Gesellschaft deutlich wird. Wie werden sie als Paar dargestellt? Erkennen wir uns in ihnen? Wie wird das Paradies imaginiert? Kann man im Laufe der Jahrhunderte eine Entwicklung feststellen? Sind die von Berger erwähnten »Bräuche und Konventionen« heute, 50 Jahre später, überwunden?

Schöpfungsgeschichten

Die literarische Grundlage der Bildschöpfungen sind die Schöpfungserzählungen in Genesis 1–4, die sich in verschiedene Stationen einteilen lassen: die Erschaffung der Welt, die Erschaffung des Menschen, die Ermahnung des Herrn an Adam, nicht von den Früchten des Baumes der Erkenntnis zu essen, die Erschaffung Evas, der sogenannte Sündenfall, das Sich-Verbergen vor Gott, die Vertreibung aus dem Paradies und das Leben außerhalb des Paradieses, um nur die wichtigsten zu nennen. Es versteht sich von selbst, dass bei der »Übersetzung« von Text in Bild weitere Stationen dazukommen: die Benennung der Tiere, Adams Schlaf,

Zuführung Evas zu Adam und viele mehr. Alle Stationen bieten Gelegenheit, Vorstellungen vom Paradies ins Bild zu setzen. In jedem Fall wird die Geschichte vom Idealzustand lebendig gehalten, ob in der Darstellung des Paradieses, der Warnung vor dem Verlust des Paradieses oder in der Klage darüber.

Erzählt wird die Genesis-Geschichte von Adam und Eva in zwei Teilen, die keineswegs widerspruchsfrei sind und in denen die oben erwähnten Stationen unterschiedlich gemischt werden. Das erste Mal sind bereits alle Tiere und Pflanzen da, als beide Menschen geschaffen werden, das zweite Mal wird zunächst Adam geschaffen und dann erst die Pflanzen und Tiere, ganz zum Schluss Eva.

Die eigentliche Erschaffung des Menschen wird in zwei Versionen erzählt. Die erste Version (Genesis 1–2,4) ist Teil der Erzählung von der Erschaffung der gesamten Schöpfung in sieben Tagen, die am sechsten Tag mit den Menschen abgeschlossen wird. Ganz nüchtern heißt es da, dass Gott den Menschen schuf, männlich und weiblich. Differenziert wird nach Geschlechtlichkeit, andere Unterschiede werden nicht erwähnt.

Die zweite Version (Genesis 2,4–3,24) ist anschaulicher und ausführlicher. Zunächst wird die Erschaffung des Menschen aus Lehm und göttlichem Atem beschrieben. Nachdem bei der Erschaffung der Tiere kein Pendant für den Menschen, der erst später Adam genannt wird, zu finden war, wird die Erschaffung des Weibes, das auch erst später Eva genannt wird, aus der Seite des Menschen und aus seinem Fleisch erzählt.

Es ist wenig verwunderlich, dass die Auslegung der Genesistexte in einer patriarchalen Welt über die Jahrhunderte hinweg in einer Frauen diskriminierenden Weise geschah. Ein Beispiel aus dem 1. Jahrhundert: Über das richtige Verhalten im Gottesdienst legt Paulus fest, dass Frauen das Haupt bedecken sollen, Männer dagegen nicht. Zur Begründung bezieht Paulus sich auf ihre Erschaffung, wie sie in der zweiten Version der Schöpfungsgeschichte erzählt wird:

> »Und der Mann ist nicht geschaffen um des Weibes willen, sondern das Weib um des Mannes willen.«[3]

Hätte Paulus sich auf die erste Version von der Erschaffung des Menschen bezogen – »schuf sie männlich und weiblich« –, hätte er die Gleichwertigkeit und Gemeinsamkeit von Frauen und Männern betonen können.

Stattdessen wird die Geschichte von Eva und Adam in der zweiten Version geradezu als Begründung für gottgewollte Inferiorität der Frau gelesen. Die Argumentation läuft so: Adam sei der eigentliche Mensch, Eva die Gehilfin. Adam sei schließlich als Erster, Eva als Zweite erschaffen worden, zudem als »Hilfe« für Adam, der sie seinerseits mit Blick auf sich selbst als »Männin« benennt. Eva mache sich als Erste schuldig bei der Übertretung des Verbots, vom Baum der Erkenntnis zu essen. Ja, sogar noch vor dem Sündenfall findet sich ein Grund für die männliche Vorrangstellung: Eva sei aufgrund ihrer schwächeren Natur die ideale Ansprechperson für die Schlange gewesen, weshalb sie auch da schon der Leitung Adams bedürftig gewesen sei.

Gottes Strafspruch an Eva – »er soll dein Herr sein« – sei da nur folgerichtig. Der Philosoph Kurt Flasch fasst zusammen:

> »Unverkennbar das Interesse an Absicherung der männlichen Suprematie«.[4]

Das kann man vor allem in der anschaulichen zweiten Schöpfungserzählung so lesen, während die erste weniger leicht diskriminierend verstanden werden kann. Hier gibt es kein zeitliches Nacheinander und keine Unterschiede im Schöpfungsmaterial. Es heißt einfach: »Gott (...) schuf sie als Mann und Weib« oder nach neuerer Übersetzung »männlich und weiblich«.

In letzter Zeit sind die Schöpfungsgeschichten von Theologinnen nicht als Mittel der Legitimation patriarchaler Herrschaft, sondern als Ausdruck des göttlichen Leidens am patriarchalen Alltag gelesen worden.[5] Die Frage, ob Frauenfeindlichkeit schon im Text der Schöpfungsgeschichten angelegt ist, soll hier nicht ausführlich diskutiert werden. Es muss aber daran erinnert werden, dass die Texte, wie wir sie kennen, Übersetzungen und damit Interpretationen sind. Wie stark die hebräischen Texte durch die Übersetzungen verändert wurden, zeigt die feministische Religionswissenschaftlerin und Archäologin Carol Meyers[6].

In ihren detaillierten Vergleichsuntersuchungen der syntaktischen und semantischen Werte des hebräischen oder aramäischen Ursprungstexts mit unterschiedlichen englischen Übersetzungen hebt sie viele Bedeutungsverschiebungen hervor, die alle darauf hinauslaufen, eine Hierarchie zwischen den ersten Menschen zu etablieren. Dafür ein Beispiel: Die hebräische Entsprechung des Wortes *Adam* bedeutet *Erde* oder *Lehm*. Gott habe demnach zunächst ein geschlechtlich nicht differenziertes Erdwesen geschaffen. Erst mit der Erschaffung Evas sei Adam zum Mann geworden. Damit gebe es keine Nachrangigkeit von Eva. Bei den Übersetzungen ins Englische erscheint das hebräische Wort als *man* im Sinne von *Mann*, nicht *Mensch*, wodurch eine Bedeutungsverschiebung stattfinde.

In der Tradition der jüdisch-christlichen Auslegung des Alten Testaments werde Eva zur Quelle von Sünde und Verführung, aber die Wörter *Sünde* und *Sündenfall* bzw. ihre hebräischen Entsprechungen kommen gar nicht vor.

Ein besonderes Augenmerk widmet die Autorin der Weissagung Gottes an Eva in Gen. 3,16:

> »Unter Mühen sollst du Kinder gebären. Und dein Verlangen soll nach deinem Manne sein, aber er soll dein Herr sein.«

Meyers stellt die Aufgabe des Kindergebärens und das Herrschen des Mannes über die Frau in den Kontext des kleinen Volkes der Israeliten, das um sein Überleben kämpfen musste und dafür genug Nachkommen brauchte. Sie weist darauf hin, dass Frauen zur Zeit der Entstehung des Genesistextes, die sie in die Anfänge der Israeliten zwischen 1200 und 1000 v. Chr. im Hochland Palästinas verortet, durch Schwangerschaften und Geburten hohen Risiken ausgesetzt waren und nur ein durchschnittliches Alter von dreißig Jahren erreichten, wogegen Männer etwa vierzig Jahre alt wurden. Damit dürften die Frauen Schwangerschaften und Geburten eher gescheut haben. Zur Überwindung dieses Widerstrebens, so Meyers, biete der Genesistext zweierlei: zum einen die emotionale Bindung der Frau an ihren Mann (»dein Verlangen soll nach deinem Mann sein«), zum anderen die Entscheidungsbefugnis des Mannes bezüglich Schwangerschaften

(»Er soll dein Herr sein«). Diesen letzten Teil der Weissagung an Eva deutet die Autorin als Dominanz des Mannes ausschließlich in Fragen der Sexualität und sieht keine allgemeine »göttlich verordnete patriarchale Kontrolle von Frauen«[7] formuliert:

> »Die Botschaft der vierten Zeile von Vers 16 [›Er soll dein Herr sein‹] erlaubt die sexuelle Dominanz von Männern zur Sicherstellung einer ausreichenden Nachkommenschaft«,

womit Meyers im Kontext der Zeit eine förderliche Funktion erfüllt sieht.[8]

Dieser Versuch einer feministischen Ehrenrettung des Genesistextes darf aber durchaus infrage gestellt werden. Die den Männern erlaubte sexuelle Dominanz kann ja nur bedeuten, dass die Frauen die Macht über den eigenen Körper verlieren und dass ihnen die Fähigkeit abgesprochen wird, für sich und die Gemeinschaft richtig zu entscheiden, wohingegen diese Kompetenz den Männern zugesprochen wird. Man muss sich demnach wohl vorstellen, dass von Frauen Submission erwartet wird und dass sie zu sexuellen Kontakten gezwungen werden dürfen. Nach unseren heutigen Begriffen ist das sexuelle Gewalt. Nicht vorstellbar, dass eine Person, der mit göttlicher Genehmigung auf diese Weise Gewalt angetan werden darf, in anderen Zusammenhängen selbstbestimmt hätte handeln können. Gerade die Kontrolle der Sexualität der Frauen in einer Gesellschaft, in der die Fortpflanzung einen sehr hohen Stellenwert hat, reicht an eine allgemeine Dominanz der Männer heran.

Der Versuch, die Reichweite der göttlichen Weissagung an Eva bezüglich der Beherrschung durch den Mann nicht unumschränkt patriarchal zu deuten, erweist sich also als wenig überzeugend. Andere Forscher sehen die Anfänge des Patriarchats sowieso schon deutlich früher als die Zeit, in der das Alte Testament entstanden ist. Der Evolutionsbiologe Carel van Schaik und der Historiker Kai Michel betrachten die 12.000 Jahre alten phallischen Steinkreise von Göbekli Tepe, ca. 1000 km von Jerusalem entfernt und wie Palästina zum Gebiet des »Fruchtbaren Halbmondes« gehörend, als Ausdruck der Verfestigung von Genderrollen und sehen sie als »in Stein gemeißelt[e] Männlichkeit«[9].

Der über 2000 Jahre in Gebrauch stehende Ort belegt patriarchale Verhältnisse, die zur Zeit der Entstehung des Alten Testaments also schon lange etabliert waren. Auch das spricht für eine patriarchale Interpretation der Weissagung an Eva.

Zurück aus dem Altertum.

Für das Verständnis der Eva-und-Adam-Erzählungen im Laufe der Jahrhunderte unserer Zeitrechnung, wie es auch hinter dem größten Teil der Bildtradition steht, ist die misogyne Interpretation der Schöpfungsgeschichten ohne Zweifel selbstverständlich. Die Geschichten dienen als Mittel zur Institutionalisierung der Ungleichheit zwischen Mann und Frau.

In diesem Zusammenhang ist es interessant, dass für die Darstellungen der Erschaffung der Menschen fast ausschließlich der zweite Schöpfungsbericht zugrunde gelegt wird. Das mag daran liegen, dass letzterer viel anschaulicher ist und möglicherweise leichter dargestellt werden kann. Aber selbst wenn die Erschaffung des Menschen im Rahmen der ersten Version mit sämtlichen sieben Schöpfungstagen dargestellt wird, weichen Künstler beim sechsten Schritt gerne auf die zweite Version der Schöpfungsgeschichte aus. Als Bild für den sechsten Schöpfungstag würde man eine Darstellung der gemeinsamen Erschaffung der Menschen – männlich und weiblich – erwarten. Stattdessen sieht man die Erschaffung Adams aus Lehm, später Evas aus Adams Seite. Ein Beispiel findet sich in dem Mosaikzyklus aus dem 12. Jahrhundert in Monreale, Palermo.[10] Das Argument, dass diese zweite Erzählung anschaulicher sei und sich deshalb besser zur Darstellung eigne, mag man nicht so recht gelten lassen angesichts der Tatsache, dass andere Teile der Erzählung – »Es werde Licht! Und es ward Licht« z. B. –, die auch höchst abstrakt sind, dennoch von den Künstlern gestaltet wurden. Das legt den Gedanken nahe, dass es an dieser Stelle darum geht, der Legitimation der patriarchalen Herrschaft eine bessere Grundlage zu bieten.

Bei ihren Überlegungen zur »menschlichen Bedingtheit« weist die politische Theoretikerin Hannah Arendt auf den besonderen Unterschied zwischen den beiden Versionen der Schöpfungsgeschichte hin. Zu leben bedeute für Menschen unter Menschen zu sein, Pluralität sei die Grundbedingung des Handelns schlechthin. Diese Grundbedingtheit des Menschseins findet sie in der biblischen Erzählung in der ersten Version der Erschaffung der Menschen formuliert, nicht aber in der zweiten:

> »Dieser im Plural erschaffene Mensch unterscheidet sich prinzipiell von jenem Adam, den Gott »aus dem Erdenkloß« machte, um ihm dann nachträglich ein Weib zuzugesellen, das »aus der Rippe« *des*[11] Menschen erschaffen, Bein von seinem Bein und Fleisch von seinem Fleisch war. Hier ist die Pluralität den Menschen nicht ursprünglich zu eigen, sondern ihre Vielheit ist erklärt aus Vervielfältigung.«[12]

Bilder lesen

Darstellungen des Eva-und-Adam-Mythos gibt es in Katakomben und auf Sarkophagen, in illuminierten Bibeln und Stundenbüchern, in Bilderfolgen, als Fresken- und Mosaikzyklen, auf Tafelbildern, Gemälden usw. Manche Darstellungen erzählen als Simultanbilder mehrere Stationen der Erzählung. Ereignisse, die sich in der Geschichte nacheinander abspielen, werden dabei gleichzeitig dargestellt, wobei eine Station als Zentrum dient und damit hervorgehoben ist. Dieses Simultanverfahren ermöglicht es den des Lesens Unkundigen, die ganze Geschichte zu »lesen«.

Als Beispiel für ein Simultanbild sei auf die Miniatur aus dem Stundenbuch *Très Riches Heures du Duc de Berry* verwiesen (Abb. 2). Gelesen von links nach rechts sind vier Stationen der Sündenfall-Erzählung dargestellt: Die Schlange verführt Eva, Eva verführt Adam, Gottvater verheißt die Strafe für ihren Ungehorsam, der Erzengel drängt beide aus dem Garten.

Nicht alle Stationen der Erzählung werden gleich häufig dargestellt. Die Vertreibung aus dem Paradies ist ein häufiges Motiv, ebenso die Erschaffung Evas, also eine Darstellung nach der zweiten Version des Schöpfungsberichts. Seltener dargestellt ist, wie Adam erschaffen wird oder wie Adam und Eva sich verstecken, nachdem sie die verbotenen Früchte gegessen haben, weil sie sich ihrer Nacktheit schämen.

Die meisten Einzelbilder widmen sich dem sogenannten Sündenfall. Die Beliebtheit gerade dieser Station mag theologisch begründet sein, setzt doch der »Sündenfall« das Heilsgeschehen überhaupt erst in Bewegung: ohne »Sündenfall« keine Erlösung durch den Gekreuzigten. Denkbar ist aber auch, dass gerne dasjenige Motiv aufgegriffen wurde, das die Darstellung nackter Menschen erlaubte. Beliebt ist eine symmetrischer Komposition von Adam und Eva mit dem Baum zwischen ihnen. Dabei ist es mehr als eine Konvention, dass meistens Adam auf der linken Seite steht und Eva auf der rechten.

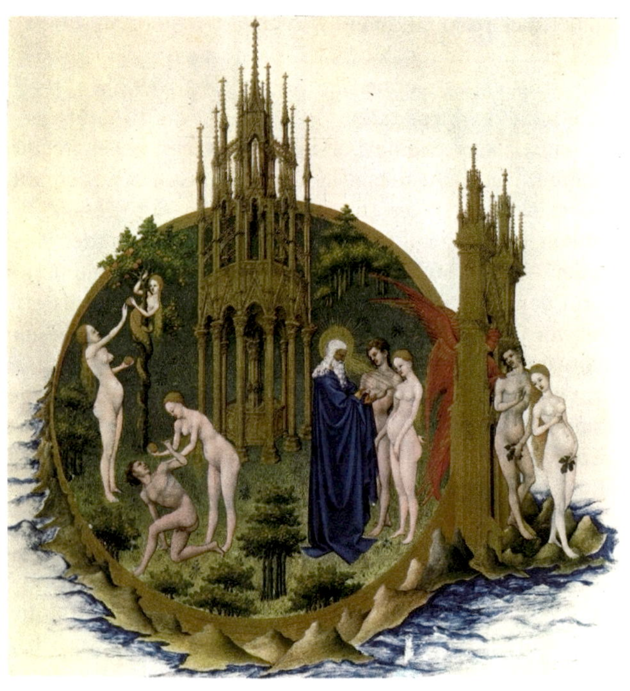

Abb. 2 Brüder Limburg, Die Vertreibung aus dem Paradies, ca. 1410, 21 × 29 cm

Die Sozialpsychologin Anne Maass und ihre Kolleginnen weisen in ihrer mehrteiligen Studie *Groups in space: stereotypes and the spatial agency bias*[13] nach, dass Bilder wie Texte in der Regel in der Links-Rechts-Richtung gelesen werden. Was zuerst gesehen wird, ist das Wichtige, das Zweite ist sekundär.

Schauen wir uns die Studie etwas genauer an. Die Autorinnen gehen von der Tatsache aus, dass wir uns Menschen immer in einem Raum, an einem Ort befindlich denken. Handlungen werden häufig als von links nach rechts stattfindend dargestellt. Auch unsere Vorstellungen von Zeit werden – Beispiel: Zeitstrahl – als von links nach rechts fließend visualisiert. Als Begründung dafür können die Autorinnen der Studie die sprachbedingte Lese- und Schreibrichtung geltend machen.

Im ersten Teil der Studie untersuchten die Autorinnen »die emblematischste Darstellung von Mann und Frau in der westlichen Zivilisation, nämlich Adam und Eva.«[14] Bei einem Korpus von neunzig Bildern stellen sie fest, dass in 62 Prozent der Fälle Adam auf der linken Seite abgebildet ist, Eva nur in 38 Prozent der Fälle.

In der zweiten Studie untersuchten sie experimentell, inwiefern mit der Links-Rechts-Positionierung unterschiedliche Wertungen verbunden sind. Den Probanden wurden Beschreibungen von Situationen gegeben, z. B. ein Schachwettbewerb, an dem Frauen und Männer teilnehmen. In einer Skizze sollten dann die Positionen der aktiveren sowie der passiveren Personen eingetragen werden. Es zeigte sich, dass Probanden, die traditionellen Rollenvorstellungen anhängen, die handlungsstarken Personen nach links positionieren, und das waren überwiegend die Männer.

Die dritte Studie, die auch mit arabischen Probanden durchgeführt wurde, diente dazu zu zeigen, dass in Kulturen, deren Sprache von rechts nach links gelesen und geschrieben wird, die gleichen Regeln gelten, allerdings genau umgekehrt: Hier sind die Männer häufiger rechts positioniert. Voraussetzung dafür ist wieder das Akzeptieren lange üblicher Rollenvorstellungen. Dies wurde in einem weiteren Teil der Studie abgefragt.

Für Kunstwerke aus Zeiten von unangefochtenen Rollenbildern von Frau und Mann kann also für unseren Kulturkreis davon ausgegangen werden, dass aktivere und mächtigere Figuren auf der linken Seite erscheinen. Wir werden sehen, dass dieser Befund gut zu den Charakteren passt, wie sie Eva und Adam immer wieder zugeschrieben werden: Eva in der dienenden Rolle auf der rechten Seite, Adam in der herrschenden Rolle auf der linken Seite.

Zauber des Anfangs

Angesichts der systematischen Benachteiligung Evas in der Rezeption des Mythos, wie wir sie im Laufe der Jahrhunderte verfolgen können, stellt sich die Frage, wieso der Mythos von Adam und Eva trotzdem so erfolgreich werden konnte, dass er ungebrochen durch die Jahrhunderte tradiert wurde. Noch im 21. Jahrhundert hat er eine solch positive Aura, dass er Werbetextern offenbar als geeignetes Medium für Verkaufsbotschaften in der Warenwelt erscheint. Dazu zwei Beispiele: Das Nachrichtenmagazin DER SPIEGEL greift mit seinen Titelbildern gerne auf den Mythos zurück, gleichgültig ob es um Risikovorsorge (2009), iPhones (2010) oder Vitamine (2012) geht. Laut ADACmotorwelt (4/2019) war der Kleinwagen Opel Adam besonders bei Frauen beliebt.

Es ist vielleicht nicht allein die männliche Überlegenheit, die zu dem Erfolg der Erzählung beigetragen hat. Ohne dass uns das sofort bewusst wird, berührt und bezaubert uns der Eva-und-Adam-Mythos mit seiner Betonung der Sozialität des Menschen. Er bestärkt unseren Wunsch nach Nähe zu anderen, zu einer anderen Person (»Es ist nicht gut, dass der Mensch allein sei«, Gen. 2,18) und zeigt unsere Freude, wenn wir diesen Menschen gefunden haben (»Das ist doch Bein von meinem Bein«, Gen. 2,23). Die Vorstellung vom Paradies bekräftigt die Hoffnung, es müsse einen Ort für uns geben, der sicher, gut, schön und friedlich ist und die Möglichkeit für sinnvolle Tätigkeit bietet. Bis heute hängen wir dieser Vorstellung an, wenn es um unsere Gärten geht.

Auch unsere Neugier, unsere Lust an Erkenntnis, selbst zum Preis des Ungehorsams, ist zunächst durchaus mit Verständnis dargestellt: Der verbotene Baum sei »eine Lust für die Augen«

und »verlockend, weil der klug machte« (Gen. 3,6), wird gesagt.

Der Mythos kann gelesen werden als Anfangserzählung mit dem Zauber des Beginnens: Ein Paar steht am Anfang einer gemeinsamen Geschichte, die Welt ist neu erschaffenen. Jeder Mensch ist ein Anfang und jede Beziehung zu einem bisher Unbekannten ist ein Anfang. Auch Neugier trägt das Interesse an einem neuen Anfang in sich.

In diesem Sinne sind wir gerne Anfänger. Schriftsteller und Dichterinnen, Essayistinnen und Philosophen werden nicht müde, den Anfang und besonders den Neuanfang zu preisen. Hannah Arendt sieht uns Menschen »zum Handeln im Sinne des Neuanfangs begabt«, mit »eigener Initiative etwas Neues anzufangen«. Der Neuanfang »mutet uns daher (...) immer wie ein Wunder an«.[15]

Trotz misogyner Instrumentalisierungen gibt es also vieles, was uns für die Schöpfungserzählungen einnimmt, weil sie von den Grundbedingungen des Menschseins sprechen. Der Mythos erzählt vom Menschen als Gesellschaftswesen, er spricht unsere Sehnsucht nach Gemeinschaft und Zugehörigkeit an, nach Schutz und Schönheit, nach Erkenntnis und Initiative. So sind wir leicht bereit, dieser Erzählung zu glauben, weil wir uns in elementaren Bedürfnissen verstanden fühlen. Diese Qualität macht den Mythos aber auch geeignet als Transportmittel für Botschaften von Macht, Herrschaft und Unterwerfung.

Der Eva-und-Adam-Mythos: vom Mittel der Christianisierung zum Element des kulturellen Gedächtnisses

Frau, Mann, Paar und Paradies – diese vier Aspekte der Adam-und-Eva-Erzählung sind für die bildlichen Darstellungen des ersten Menschenpaares im Laufe der Jahrhunderte sehr unterschiedlich wichtig. Ihre Darstellungen dienen der Christianisierung, der Ästhetisierung, der Erotisierung, der Dämonisierung, bis sie schließlich zu Elementen des kulturellen Gedächtnisses werden, die Literaten, Werbetextern und Künstlern gleichermaßen zur Verfügung stehen.

Die ersten Jahrhunderte stellen Eva wie Adam als elende Sünder dar. Ihre Sündhaftigkeit gilt christlichen Theologen der Zeit als die Natur des Menschen schlechthin. Das Interesse an ihrer Körperlichkeit tendiert gegen null. Dementsprechend gering ist das Bemühen um eine differenzierte Darstellung der Körper von Mann und Frau.

Erst ab ca. 1200 sehen wir deutliche Unterschiede zwischen den Geschlechtern. Auch das Paar erfährt besondere Beachtung, wir sehen es einander zugewandt, im Gespräch. Dieses Interesse am Paar greift Dürer in der frühen Neuzeit auf mit seinen Untersuchungen zu den idealen Proportionen des menschlichen Körpers. Die vor dem Fall sündlosen Menschen, so seine Überlegung, müssen von ihrem Schöpfer als die schönsten Menschen überhaupt geschaffen worden sein. Der Schönheit dieser Schöpfung gelte es als Künstler nachzustreben. Die damit verbundene Ästhetisierung der Figuren löst sie aus der ausschließlichen Funktionalität des Heilsgeschehens.

Je weniger wichtig der heilsgeschichtliche Zusammenhang wird, desto klarer ist die Beziehungsbotschaft. Mit den Bildern von Hans Baldung Grien, Cranach und anderen beginnt im 16. Jahrhundert eine Erotisierung der Darstellungen. Eva wird zum Objekt der Behandlung und Betrachtung. Es ist ihr Körper, der für Adam und für den Betrachter präsentiert wird. Wir sehen die Genese einer Geschlechterdifferenzierung, wie sie lange als Ausdruck der Natur des Mannes und der Frau angesehen werden sollte. Im 19. Jahrhundert wird diese Entwicklung ihren negativen Höhepunkt haben.

Vor dem Hintergrund der Berichte über neu bereiste Kontinente sind die Maler des 17. und 18. Jahrhunderts besonders an der Darstellung des Paradieses interessiert. Sie statten es aus mit üppiger Vegetation und Tieren aller Art. Eva und Adam sind oft beiseitegerückt. Hunderte solcher Paradiesbilder entstehen; sie sind auch Gegenentwürfe zu einem durch die vielen Kriege gefährdeten Leben. Aber auch die Darstellungen von Frau und Mann erfahren weitere Differenzierungen.

Vor allem die zweite Hälfte des 19. Jahrhunderts und das beginnende 20. Jahrhundert treiben die Erotisierung der Darstellungen und die Dämonisierung Evas auf die Spitze. Viele Bilder zeigen Evas, die ihre Sexualität als dämonische Macht ausüben, der der Mann ausgeliefert ist. Das Verhältnis zwischen Mann und Frau wird als Kampf der Geschlechter verstanden.

Auch die Künstlerinnen und Künstler des ausgehenden 20. und des beginnenden 21. Jahrhunderts nutzen weiterhin den Mythos des ersten Menschenpaares. Zwei Schwerpunkte werden deutlich: Die Kunstwerke beschäftigen sich mit den Aspekten Paar und Paradies. Wir sehen Bilder von Liebespaaren, die nicht die Unterschiedlichkeit der Figuren betonen, sondern die Tatsache, dass sie ein Paar sind, wir sehen gegengeschlechtliche und gleichgeschlechtliche Paare. Das Paradies erscheint in den Bildern häufig als falsch, bedroht oder verloren.

Es wird deutlich werden, dass die rund 3000 Jahre alte Geschichte von Adam und Eva aus dem Nahen Osten ein wirkmächtiger Mythos der europäischen Geschichte ist, mit dem über Jahrhunderte vorgegeben und gelernt wurde, was ein Paar ist, wie Frauen und Männer aussehen – sollen, wie sie sich verhalten – sollen, wie sie sind bzw. sein sollen – lange mit dem Ziel, die männliche Überlegenheit zu sichern. Geschlechterrollen werden sichtbar als auch durch Bilder konstruierte Konventionen.

Literarische Entremets

Die Texte zwischen den Kapiteln sind literarische und philosophische Reflexionen der Eva-und-Adam-Themen: Neben der Textgrundlage aus der Genesis sind das Texte aus unterschiedlichen Zeiten und unterschiedlichen Gattungen. Sie bestätigen die Bilder oder schaffen mit dem bekannten Material schlaglichtartig ganz neue Sichtweisen auf das erste Menschenpaar und das Paradies.

In seinem Epos *Das verlorene Paradies* von 1665 stellt John Milton das Urelternpaar als »zwei edle Gestalten vor, schlank und aufrecht« (4. Gesang, V. 288), jedoch mit entscheidenden Unterschieden. Für »Kraft und Überlegung« ist Adam zuständig, für »Sanftmut und Anmut« (4. Gesang, V. 297 f.) Eva. Als in diesem Sinne typischer Vertreter des 17. Jahrhunderts meint Milton, in Eva fände sich »nichts Liebenswerteres (...) als guten Haushalt führen / Und gutes Werk in ihrem Mann zu fördern.« (9. Gesang, V. 232). So ähnlich formuliert es später auch Jean-Jacques Rousseau. Wir werden sehen, dass sich diese Erwartung an Eva deutlich in den Bildern der Zeit niederschlägt. In der vorgestellten Passage lässt Milton Eva ihre Unterwerfung unter Adam als vollkommen gerecht selbst formulieren. Begründung dafür findet sie – wenig überraschend – in der zweiten Version der Menschen-Schöpfungsgeschichte.

In seiner auf einem Aufsatz von Immanuel Kant basierenden Vorlesung von 1790 *Etwas über die erste Menschengesellschaft nach dem Leitfaden der mosaischen Urkunde* deutet Friedrich Schiller den »Sündenfall« als Übergang des Menschen zur Freiheit und deshalb als glücklichste Begebenheit der Menschengeschichte.

Um 1800 stellt Goethe seinen Faust im ersten Teil der Tragödie in eine gotisch-nordische, mittelalterliche Welt. Wenig überraschend befindet sich sein Protagonist mit seinen erotisch-sexuellen Wünschen unter der Anleitung von Mephisto im Bereich der Hexen, Geister und Teufel. Wir werden sehen, dass die Kombination von Sexualität und Hexenwesen in der Welt der Bilder auch in der frühen Neuzeit noch eine gängige Verbindung war.

Offenbar angeregt durch zwei Skulpturen am Westportal der Kathedrale von Notre Dame de Paris widmet Rainer Maria Rilke in seinen *Neuen Gedichten* von 1908 beiden ersten Menschen jeweils ein Sonett. In Verkehrung der Aktivitätsanteile des Urelternpaares, wie es in der Schöpfungserzählung erscheint, präsentiert Rilke einen Adam, der nach außen und in die Zukunft gewandt ist. Sein Adam sucht »einen Ausweg aus dem fertig-vollen Garten Eden«, der seiner Tatkraft nicht genügt, und ist entschlossen, den Garten zu verlassen. Er entscheidet, quasi göttlich, über Eva: »sie wird gebären«. Eva, die bei Rilke rückwärtsgewandt dem Paradies nachtrauernd vorgestellt wird, hat Adam aus dem Paradies begleitet, weil *er* dazu entschlossen war. Dem zupackenden Adam wird das Wort »Apotheose« – Gottwerdung, Verherrlichung – zugeordnet, während an der entsprechenden Stelle im Eva-Sonett das Wort »Apfelpose« erscheint. Ganz im Gegensatz zur Eva in Genesis 3,6, die aus Neu- und Wissbegier handelt, ordnet sich auch Rilkes Eva selbstverständlich dem Mann unter und nimmt eine »Pose« ein, begibt sich in eine gekünstelte Attitüde, in der sie gesehen werden will.

Walter Benjamins sogenannte Thesen *Über den Begriff der Geschichte*, die er im Frühjahr 1940 als letzte Arbeit geschrieben hat, stellt den »Engel der Geschichte« vor. Hier werden nicht nur Eva und Adam, sondern auch der Engel aus dem Paradies vertrieben. Hier gibt es kein Heilsgeschehen mit der Aussicht auf Erlösung, sondern »eine einzige Katastrophe, die unablässig Trümmer auf Trümmer häuft«.

In Marie Luise Kaschnitz' Erzählung *Adam und Eva* von 1952 ist das Paradies nicht verloren, es ist nur nicht allen zugänglich. Alles Schöne – die Weinreben, die Feuerlilie, die funkelnden Steine – stammt aus dem Paradies und bereichert das Leben außerhalb und macht dieses auch selbst zu einem Paradies. Eva – gut gelaunt, liebevoll, heiter – hat den Kontakt dorthin bewahrt, Adam in seiner Verdüsterung weiß nichts mehr davon. Damit veranschaulicht Kaschnitz, worauf Christian Morgenstern in seinem Aphorismus hinweist: Wenn wir uns des Paradieses nicht bewusst sind, befinden wir uns mitten in der Hölle.

Während Rilke zu Beginn des 20. Jahrhunderts noch klassische Rollenzuweisungen vornimmt, machen sich Autorinnen und Autoren der Wende zum 21. Jahrhundert Gedanken über den Wert und das Gelingen oder Scheitern von Paarbeziehungen. Franz Hohler zum Beispiel thematisiert in seinem Gedicht *Endspiel für Adam und Eva* von 2006 das Ende einer Liebesbeziehung und das Unglück, allein gelassen zu sein. Im Vergleich zum Verlassenwerden erscheinen »Weltkatastrophen« wie austauschbare »Opernkulissen«.

In Ingo Schulzes im Jahre 2008 erschienenen Roman *Adam und Evelyn*, der in der Wendezeit kurz vor der Maueröffnung spielt, müssen sich die Figuren, die in Ungarn die Grenzöffnung erleben, entscheiden, wo für sie das Paradies ist. Gehen sie zurück ins »Arbeiter- und Bauernparadies« der DDR oder gehen sie ins Konsumparadies des Westens. Wie wir sehen werden, nimmt zur gleichen Zeit der Maler Michael Triegel den Euphemismus von »Arbeiter- und Bauernparadies« zum Anlass für ein Bild mit Eva und Adam.

Von der Geistes- und Tatkraft, die noch Rilke zu Beginn des 20. Jahrhunderts gerne Adam zuordnete, ist in Schulzes Adam-Roman nicht die Rede. Stattdessen sehen wir einen Adam, dessen sexuelle Potenz entscheidend ist.

Rose Ausländers Gedicht *Sünder* weist uns abschließend den weiteren Weg.

Anmerkungen

1 Hervorhebung durch den Autor.
2 Berger (2016), unter Mitarbeit von Blomberg, Fox, Dibb und Hollis, S. 43 f.
3 1. Kor. 11, 9.
4 Flasch (2004), S. 51
5 Karle (2006), S. 206. Ähnlich Scoralick u. a. (2018).
6 Meyers (2013) und (1988).
7 Meyers (2013), S. 95, Übersetzung TC.
8 Meyers (2013), S. 102, Übersetzung TC.
9 van Schaik, Michel (2020), S. 265.
10 Ich danke Sibylle Biermann-Rau für diesen Hinweis.
11 Hervorhebung im Original.
12 Hannah Arendt (2013), S. 17.
13 Maass et. al. (2009).
14 Mass et. al. (2009), S. 9. Übersetzung TC.
15 Arendt (2013), S. 215 ff.

Schöpfungsgeschichten

1 [26]Und Gott sprach: Lasset uns Menschen machen, ein Bild, das
uns gleich sei, die da herrschen über die Fische im Meer und über
die Vögel unter dem Himmel und über das Vieh und über die ganze
Erde und über alles Gewürm, das auf Erden kriecht.[27]Und Gott schuf
den Menschen zu seinem Bilde, zum Bilde Gottes schuf er ihn; und
schuf sie als Mann und Frau. [28]Und Gott segnete sie und sprach
zu ihnen: Seid fruchtbar und mehret euch und füllet die Erde und
machet sie euch untertan und herrschet über die Fische im Meer
und über die Vögel unter dem Himmel und über alles Getier, das auf
Erden kriecht. [29]Und Gott sprach: Sehet da, ich habe euch gegeben
alle Pflanzen, die Samen bringen, auf der ganzen Erde, und alle
Bäume mit Früchten, die Samen bringen, zu eurer Speise. [30]Aber
allen Tieren auf Erden und allen Vögeln unter dem Himmel und
allem Gewürm, das auf Erden lebt, habe ich alles grüne Kraut zur
Nahrung gegeben. Und es geschah so. [31]Und Gott sah an alles, was
er gemacht hatte, und siehe, es war sehr gut. Da ward aus Abend
und Morgen der sechste Tag.

2 [7]Da machte Gott der Herr den Menschen aus Staub von der Erde
und blies ihm den Odem des Lebens in seine Nase. Und so ward der
Mensch ein lebendiges Wesen. [8]Und Gott der Herr pflanzte einen
Garten in Eden gegen Osten hin und setzte den Menschen hinein,
den er gemacht hatte. [9]Und Gott der Herr ließ aufwachsen aus der
Erde allerlei Bäume, verlockend anzusehen und gut zu essen, und
den Baum des Lebens mitten im Garten und den Baum der Erkenntnis des Guten und Bösen. [15]Und Gott der Herr nahm den Menschen und setzte ihn in den Garten Eden, dass er ihn bebaute und
bewahrte. [16]Und Gott der Herr gebot dem Menschen und sprach:
Du darfst essen von allen Bäumen im Garten, [17]aber von dem Baum
der Erkenntnis des Guten und Bösen sollst du nicht essen; denn an
dem Tage, da du von ihm isst, musst du des Todes sterben. [18]Und
Gott der Herr sprach: Es ist nicht gut, dass der Mensch allein sei;
ich will ihm eine Hilfe machen, die ihm entspricht. [19]Und Gott der

Herr machte aus Erde alle die Tiere auf dem Felde und alle die Vögel
unter dem Himmel und brachte sie zu dem Menschen, dass er sähe,
wie er sie nennte; denn wie der Mensch jedes Tier nennen würde, so
sollte es heißen. [20]Und der Mensch gab einem jeden Vieh und Vogel
unter dem Himmel und Tier auf dem Felde seinen Namen; aber für
den Menschen wurde keine Hilfe gefunden, die ihm entsprach. [21]Da
ließ Gott der Herr einen tiefen Schlaf fallen auf den Menschen, und
er schlief ein. Und er nahm eine seiner Rippen und schloss die Stelle
mit Fleisch. [22]Und Gott der Herr baute eine Frau aus der Rippe, die
er von dem Menschen nahm, und brachte sie zu ihm. [23]Da sprach
der Mensch: Die ist nun Bein von meinem Bein und Fleisch von
meinem Fleisch; man wird sie Männin nennen, weil sie vom Manne
genommen ist. [24]Darum wird ein Mann seinen Vater und seine Mutter verlassen und seiner Frau anhangen, und sie werden sein ein
Fleisch. [25]Und sie waren beide nackt, der Mensch und seine Frau,
und schämten sich nicht.

Genesis 1,26–31, Genesis 2,7–9, 15–25, Lutherbibel 2017.

2. Unisex

Die ersten tausend Jahre

Hatten sie sich erst einmal zum Christentum bekannt, konnten die frühen Christen enthauptet, verbrannt, gekreuzigt oder den aufwendig von den Rändern des römischen Reiches her transportierten Tigern, Löwen, Hyänen oder Bären vorgesetzt werden. Die letzte und größte Christenverfolgung im Jahr 302 steht noch bevor. Wir befinden uns am Ende des 2. Jahrhunderts der christlichen Zeitrechnung.

Trier wird zum Rom des Nordens ausgebaut mit Porta Nigra, Forum, Amphitheater und Thermen. Pompeji, eine Kleinstadt von ca. 10.000 Einwohnern, Herkulaneum, eine Hafenstadt von vielleicht 3000 Einwohnern, und einige kleinere Orte waren beim Ausbruch des Vesuvs im Jahr 79 von Schlammlawinen, Asche und Bimssteinregen überdeckt worden. Das liegt erst etwa hundert Jahre zurück. In Sichtweite des Vesuvs, auf dem Capo di Monte Neapels bestatten die Christen ihre Toten in ausgedehnten Katakombenanlagen.

In den unterirdischen Gängen, Gräbern und Räumen der Katakomben des neapolitanischen Domes von San Gennaro – benannt nach dem christlichen Märtyrer, der 305 enthauptet und zunächst hier bestatte wurde – entstehen zahlreiche Wandmalereien, darunter auch die Darstellung eines nackten Paares, in dem man Adam und Eva erkennen kann (Abb. 3).

Die beiden Figuren sind Teil der Dekoration eines Deckengewölbes, das mit seiner umfangreichen Scheinarchitektur die Bedeutung des Raumes betont, in dem vielleicht die Beerdigungsrituale vollzogen werden konnten. Rote, blaue und ockerfarbene Bänder strukturieren das flache Gewölbe mit Kreisen, Quadraten und Rundbögen: eine Wandgestaltung also, für die Villen im ausgegrabenen Pompeji Vorbild gewesen sein mögen. In dieser frühen Darstellung stehen Eva und Adam in einer von einem ockerfarbenen Band gebildeten »Nische« rechts und links von einem Baum, neben Eva vielleicht die Schlange – was man aufgrund des Erhaltungszustands nur vermuten kann.

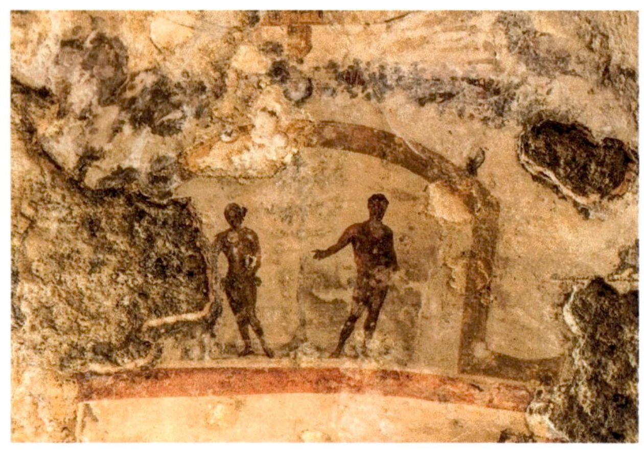

Abb. 3 Katakomben von San Gennaro, Neapel, 2./3. Jhd.

Wie in der Gestaltung des Raumes zeigt sich auch in der Darstellung der Figuren ein ästhetisches Verständnis der Antike. Beide Figuren sind deutlich als Mann und als Frau zu erkennen. Adam mit breiten Schultern, schmalen Hüften und ausgreifender Dominanzgeste, mit der er viel Raum einnimmt, könnte auch als ein römischer Gott gelesen werden. Er weist auf Eva und den Baum hin. Eva ist etwas zierlicher, mit einer gefälligen, taillierten Figur dargestellt. Sie weicht vor der Geste Adams zurück. Auch sie könnte eine Figur der griechisch-römischen Mythologie sein. Beide Figuren treten selbstbewusst und körperbewusst auf. Sie sind aufeinander bezogen. Die Standbein-/Spielbein-Pose verleiht ihnen etwas Tänzerisches.

Etwa 200 Jahre später, gegen Ende des 4. Jahrhunderts, sieht das ganz anders aus. Wir bleiben im unterirdischen Raum eines Katakombensystems.

Das hier vorgestellte Wandgemälde (Abb. 4) befindet sich in dem Bestattungsareal der Katakomben der Hl. Marcellinus und

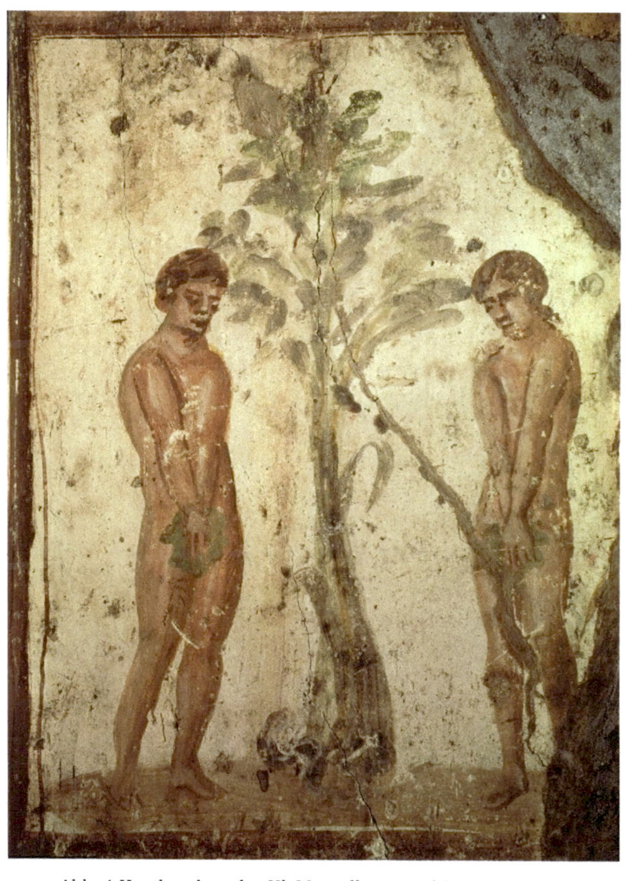

Abb. 4 Katakomben der Hl. Marcellinus und Petrus in Rom, ca. Ende 4. Jhd.

Petrus in Rom, die von der zweiten Hälfte des 4. Jahrhunderts bis zum 6. Jahrhundert genutzt wurden. Es ist eine von mehreren Abbildungen von Adam und Eva in diesen Katakomben, und zwar diejenige Darstellung, die hier besonders interessiert, weil sich etwas kunstgeschichtlich Neues zeigt, was für lange Zeit stilbildend sein wird: Eva und Adam sind äußerlich kaum unterscheidbar. Aufgrund ihrer etwas geringeren Größe, der Frisur und der helleren Tönung könnte man die rechte Figur für Eva halten. Anders als bei der früheren Darstellung aus den neapolitanischen Katakomben ist ein deutlich männlicher und weiblicher Körperbau aber nicht zu erkennen. Beide Figuren haben den Kopf gesenkt und die Schultern nach vorne eingezogen. Mit ihren Armen verdecken sie ihren Körper, mit beiden Händen ihre Scham. Die Figuren haben keine Bewegung, sie sind statisch: Ein Bild der Scham, des Schuldbewusstseins, des Jammers entsteht.

Ist das Bild vielleicht einfach nicht gelungen? Vor-Bilder gab es zur Genüge, das Erbe der Antike war noch lebendig. Angesichts vieler Personendarstellungen mit geradezu individualisierten Zügen, die im Rom der Zeit überall zu sehen waren, fällt es schwer, dem Künstler eine gestalterische Unkenntnis zu unterstellen. Die Unförmigkeit der Figuren weist eher darauf hin, dass hier nicht Menschen möglichst gelungen gezeigt werden sollen, sondern eine Idee. Eva und Adam lassen sich als Bedeutungsträger lesen, als Verkörperungen eines Menschenbildes, das von der Schuldhaftigkeit und Vergänglichkeit des menschlichen Daseins ausgeht. In der traditionellen Lesart der Zeit liegt die Schuld vorrangig in Evas Ungehorsam, erst in zweiter Linie kommt Adams Mitverantwortung ins Spiel.

Es ließe sich vielleicht argumentieren, dass hier eine andere Station der Eva-und-Adam-Geschichte dargestellt ist, nämlich die nach dem »Sündenfall«. Das würde die dargestellte Schamhaftigkeit erklären, nicht aber die Formlosigkeit der Figuren. Und das ist der springende Punkt: In dieser und vielen folgenden Darstellungen sind die Körper der Figuren schlauchartig-kindlich, gleichgültig in welcher Station der Erzählung sie dargestellt sind.

Ein weiteres frühes Beispiel. Zwischen 450 und 750 entstand die Reliefplatte aus gebranntem Ton (Abb. 5), die in Nantes aufbewahrt wird. Adam weist mit seiner linken Hand auf Eva, Eva mit ihrer rechten Hand auf die Schlange. Hier ist die Station der Erzählung dargestellt, in der die Protagonisten auf die Frage Gottvaters, ob sie sein Gesetz übertreten haben, die Schuld von sich weisen: Eva war's. Die Schlange war's.

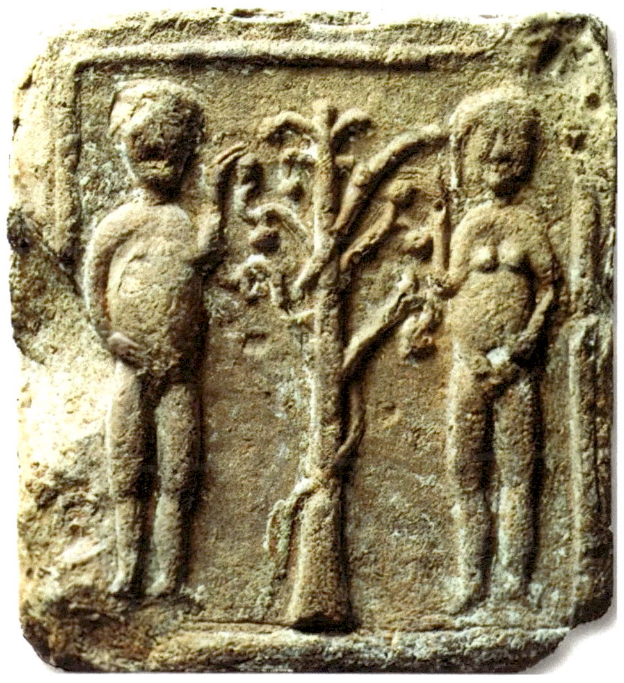

Abb. 5 Eglise St. Martin de Vertou, ca. 6. Jhd.

Eva ist deutlich an den Kegelbrüstchen zu erkennen, sie ist auch etwas kleiner als Adam. Davon abgesehen sind beide mit den gleichartigen Extremitäten, dem gleichen Ballonbauch und den gleichen runden Schultern ausgestattet. Wieder sind die nackten Körper so gezeigt, dass möglichst kein erotischer Eindruck entsteht.

Es stellt sich die Frage, warum diese Veränderungen im Figurenstil im 4. Jahrhundert auftauchen. Was geschieht bei den frühen Christen, deren Kunst wir hier betrachten?

»Lasset Euch nicht verführen!«[1], hatte Paulus etwa 55 n. Chr. an die Korinther geschrieben und sie unter anderem vor Götzendienst, Unzucht, Ehebruch und sexuellem Missbrauch von Knaben[2] gewarnt. Was für unsere heutigen Vorstellungen nachvollziehbare Warnungen sind, bedeutete für Paulus' Zeitgenossen eine Revolution der Sexualmoral und des Sexualverhaltens.[3] Christen kritisierten allgemein übliche sexuelle Praktiken wie »Knabenliebe«, Missbrauch von Sklaven zu sexuellen Zwecken, Prostitution, auch Kinderprostitution, Ehescheidung, Homosexualität und die Praxis der Kindesaussetzung.[4] Gegen die herrschende Sexualmoral setzte Paulus seine Forderung nach einer asketisch-zölibatären Lebensweise. Es wäre am besten, alle würden wie er selbst zölibatär leben. Aber auch diejenigen, die das nicht schafften, sollten keusch leben:

> »Fortan müssen auch, die da Frauen haben, sein, als hätten sie keine.«[5]

Das stand im krassen Gegensatz zu den allgemeinen Lebensgewohnheiten. Der französische Philosoph Michel Foucault weist darauf hin, dass einem freien Mann der klassischen Antike »keine sexuelle Beziehung aufgrund der Ehe verwehrt«[6] war. Versagt war ihm nur, den Besitz eines anderen Mannes, also z. B. dessen Ehefrau, anzutasten. »Unproblematisch« für ihn waren dagegen die Sklaven, die zum eigenen Besitz zählten. Eine »Männermoral«, stellt Foucault fest, »gemacht von Männern für Männer«[7], und zwar für freie Männer.[8] Drei Viertel der Gesellschaft waren unfreie Sklaven beiderlei Geschlechts.

Natürlich geht es bei einem Text wie Paulus' Korintherbrief auch um die soziale Abgrenzung von der nicht-christlichen Mehrheitsgesellschaft. Zu einem solchen Zweck dient häufig der Hinweis auf sexuelle Verhaltensweisen, die abzulehnen seien, sodass hinter Paulus' Warnung vor abzulehnenden Sexualpraktiken auch eine entsprechende Übertreibung stehen könnte. Dass es sich hier aber nicht um frei erfundene Behauptungen handelt, zeigen zum Beispiel die Fresken aus dem 1. Jahrhundert und davor, die in Pompeji ausgegraben wurden. Viele von ihnen zeigen erotische und pornografische Szenen in allen Varianten, die im Lupanar, dem Bordell, aber auch in Privathäusern gefunden wurden. Ein Teil der Fresken befindet sich im Archäologischen Nationalmuseum Neapel, wo sie bis in die 1970er Jahre in einem »Cabinetto Secreto« der Öffentlichkeit entzogen waren.

Macht man sich die Omnipräsenz des Erotischen in der römischen Gesellschaft klar, so kann man ermessen, wie radikal die frühchristlichen Forderungen nach Askese gewirkt haben müssen.

Auch in anderer Hinsicht versuchten frühe Christen, neue Werthaltungen zu leben. Dazu gehörte die Vorstellung vom Wert des Einzelnen. In dem oben zitierten Brief warnt Paulus die Korinther u. a. vor Götzendienst. Diese Ermahnung zielt darauf, an der Ablehnung des römischen Staates, seiner Götter und seines Kaisers festzuhalten. Aus christlicher Sicht disqualifizierten sich viele römische Götter, allen voran der Göttervater Zeus/Jupiter, schon allein aufgrund ihres sexuellen Verhaltens.

»Götzendienst« meinte auch den Kaiserkult, die Verehrung des Kaisers, also eines Menschen, wie einen Gott. Die geforderten Kulthandlungen konnten Opfer zur Gesundheit des Kaisers sein und andere symbolische Loyalitätsbekundungen. Sie abzugeben war verpflichtend. Die Christen betonten aber ihre persönliche Freiheit, sich selbst zu entscheiden und die geforderten Devotionen zu unterlassen, wenn sie sie nicht für rechtens hielten. Sie gründeten diese Freiheit auf der Erschaffung des Urelternpaares »zum Bilde Gottes« und damit auf die Schöpfungsgeschichte.

Auf diese moralische Autonomie konnte sich nicht nur jeder Christ berufen, sondern auch jede Christin. Schon Jesus hatte eine ganz Reihe von Begleiterinnen um sich, die bekannteste davon Maria aus Magdala. Auch im Umkreis des Apostel Paulus werden verschiedene Frauen genannt, die in der neuen christlichen Religion Möglichkeiten für sich sahen, ihren bislang gesellschaftlich eingeschränkten Aktionsradius zu verlassen und eine aktivere Rolle in den entstehenden Gemeinden zu spielen.

In seinem Brief an die Römer erwähnt Paulus beispielsweise Phoebe aus Kenchraia[9], die im Dienste der Gemeinde steht. Er bittet darum, ihr Hilfe zukommen zu lassen, da sie auch ihn unterstützt habe. Die Geschichte der Thekla, die Paulus folgte und wie er an der Verkündigung des Evangeliums beteiligt sein wollte, hat es nicht in den Rang der kanonischen Schriften geschafft und ist in den Bereich der Legenden gerückt. Ohne die Beteiligung der Frauen und ihren Zugang zu den Frauengemächern wäre der Erfolg des Christentums insgesamt allerdings nicht vorstellbar.

Auf ihre persönliche moralische Freiheit beriefen sich auch Märtyrer, Männer wie Frauen. Als Märtyrerinnen waren auch Frauen wohlgelittene Beweise eines überlegenen Glaubens. Die in Karthago lebende einundzwanzigjährige Perpetua[10] zum Beispiel hatte sich zur Christin taufen lassen und sich geweigert, dem Bildnis des Kaisers die vorgeschriebenen Ehrerbietungen zu erweisen. Bei ihrer Hinrichtung in der Arena im Jahre 203 wurde sie zunächst von einer aufgestachelten Kuh niedergetrampelt und schließlich von einem Gladiator erstochen. Die gebildete Perpetua hatte ihr Martyrium bis zum Abend vor ihrer Hinrichtung aufgeschrieben, eine unbekannte Person hat diese Aufschriebe mit der Schilderung des Martyriums vervollständigt. Wie jede Märtyrer- und Heiligengeschichte wurde der bis heute erhaltene Bericht über Perpetuas Martyrium als Beweis für die Überlegenheit des christlichen Glaubens gelesen.

Zurück zu Paulus. Trotz seiner lobenden Worte für Frauen wurde gerade er nicht müde, die Frauen weiterhin auf einen Dienstbotenplatz festzulegen. In dem bereits zitierten Brief an die Korinther spricht er den Frauen sogar die Gottesebenbildlichkeit ab:

> »Der Mann soll das Haupt nicht bedecken, denn er ist Gottes Bild und Abglanz; die Frau aber ist des Mannes Abglanz. Denn der Mann ist nicht vom Weibe, sondern das Weib ist vom Manne.«[11]

Hier soll nicht erörtert werden, welche der genannten Zitate tatsächlich der realen Person Paulus zugeordnet werden können und welche zu den deuteropaulinischen Schriften gezählt werden müssen. Ihre frauenfeindliche Wirkung haben sie jedenfalls über lange Zeit hin als Teil der kanonischen Schriften entfaltet. Auch in diesem Paulus-Zitat ist es wieder die Geschichte von der Erschaffung Adam und Evas in der zweiten Version, die als Argumentationsbasis herhalten muss, diesmal mit dem Ziel, die patriarchalen Verhältnisse aufrechtzuerhalten.

In den ersten drei Jahrhunderten charakterisierte Widerstand das Verhältnis der Christen zum römischen Staat. Christliche Kirchenlehrer verkündeten Freiheit in religiöser und moralischer Hinsicht und Schutz vor sexuellen Übergriffen, solange das Christentum eine verfolgte Religionsbewegung war. Das passte so lange, wie für die Christen der römische Staat eine feindliche Macht darstellte.

Bis zum Ende des 4. Jahrhunderts hatte sich aber der rechtliche Status der Christen radikal geändert. Das Mailänder Toleranzedikt vom Jahr 313 stellte die Christen mit anderen Religionsgemeinschaften gleich und brachte das Ende der Christenverfolgungen. Im Jahr 380 schließlich anerkannte der römische Kaiser Theodosius das Christentum als Staatsreligion. Dies hatte entscheidenden Einfluss auf Theologie und religiöse Praxis der Christen. Sie mussten wegen ihres Glaubens nicht mehr um ihr Leben fürchten. Ihre Spiritualität und Glaubwürdigkeit zeigte sich nicht mehr im Erdulden von Verfolgung und Folter. Die Repräsentanten des Staates waren nicht mehr wie zuvor als potentielle Feinde, sondern als »Brüder in Christo« zu betrachten. Mehr noch, die christlichen Bischöfe genossen das Privileg der Steuerfreiheit, erhielten Zuwendungen in barer Münze und hatten Einfluss auf politische Entscheidungen. Kurz: Christliche Würdenträger hatten Reichtum, Macht und öffentliche Bedeutung. Eine Religion, die in der Gottesebenbildlichkeit des Urelternpaares die Begründung für die moralische Gleichheit aller Menschen liest, passt nicht mehr zum neuen Status einer Staatsreligion.

Hier kommt nun der Kirchenvater Augustinus ins Spiel, der die Beziehung von Kirche und Staatsmacht auf eine neue Basis stellte. Wieder ist die Geschichte von Eva und Adam der Ausgangpunkt.

Die Lehre von der moralischen Autonomie des Menschen, wie sie noch sein Zeitgenosse Johannes Chrysostomos (ca. 349–407) vertreten hatte, ersetzte Augustinus (354–430) durch seine Lehre von der »Erbsünde«. Aus Augustinus' Sicht ist jeder einzelne Mensch von Anfang an verdorben:

> »... denn da jeder aus verdammten Geschlecht abstammt, muss er als Adams Nachfahr unausweichlich (...) böse und fleischlich sein«[12].

Alle Menschen treffe die »Erbsünde«, da sie durch die geschlechtliche Erzeugung der Menschen weitergegeben, vererbt werde. Es ist Adam, dessen »Sündenfall« hier besonders zu Buche schlägt, denn sein Samen sei es, in dem die Sünde weitergegeben werde. Dahinter steht die Vorstellung von der menschlichen Erzeugung, nach der nur der Samen des Mannes Leben spendet, die Frau dagegen nur Ort des Wachstums ist, sozusagen eine Art pränataler Wiege.

Diese Sicht ist allerdings kein Grund, Eva eine geringere Schuld zuzusprechen und damit ihre Stellung zu verbessern. Im Gegenteil, sie wird gleich aus zwei Gründen negativ dargestellt: Zum einen hat sie sich, wie Adam, nicht an das göttliche Verbot gehalten und büßt, wie er, ihre Unsterblichkeit ein. Zum anderen aber war sie auch schon im paradiesischen Zustand minderwertig, da leichter verführbar. Der Teufel erkennt sie sofort, so weiß es Augustinus, als »schwächeren Teil des Menschenpaares«. Adam hatte zwar das Gesetz übertreten, aber wie eine Entschuldigung klingt Augustinus' Erklärung für seine Schuld: Adam »aber wollte das Band der Gemeinschaft mit der einzigen Gefährtin nicht lösen, auch nicht, wo sich's um Sünde handelte«[13].

Adams Fehltritt ist also mit seiner Fürsorge für und Loyalität gegenüber Eva begründet und damit auch ein Stück weit entschuldigt. Der Fehltritt von Adam und Eva habe aber nicht nur die Sterblichkeit gebracht, sondern alle folgenden Menschen von Anfang an zu Sündern gemacht. Sexuelles Begehren sei Effekt des »Sündenfalls« und Strafe dafür zugleich.

Nach solcher Lehre ging es nicht mehr darum, zugunsten der religiösen Überzeugungen auf ein Leben im römischen Rahmen zu verzichten und den Verlockungen eines bequemen Lebens zu widerstehen. Spiritualität und die Tiefe des Glaubens sollte sich jetzt darin zeigen, den Verlockungen des »Fleisches« zu widerstehen. Schon bei Paulus hatte Askese eine wichtige Rolle im Umgang mit der eigenen Sexualität gespielt, jetzt wird sie ein Versuch zur Überwindung des Bösen. Der Feind wird im eigenen Körper verortet.

Vor allem aber, so Augustinus, hätten die Menschen durch den Fehltritt von Eva und Adam ihre moralische Autonomie eingebüßt, was zur Folge habe, dass sie jederzeit und überall Kontrolle durch eine Obrigkeit bräuchten.

Auf dieser Deutung der Schöpfungsgeschichte lässt sich eine Vorstellung von Gesellschaft entwickeln, in der das häusliche Leben ein Teil des öffentlichen Lebens ist, mit dem Ziel der »geordnete[n] Eintracht im Befehlen und Gehorchen der Bürger«[14].

Wie der Geist über das Fleisch herrsche,

> »befehlen die, die Fürsorge üben, der Mann dem Weib, die Eltern den Kindern, die Herren den Knechten«[15].
>
> »Denn das Los der Knechtschaft ist, wie man einsehen muss, mit Recht dem Sünder auferlegt.«[16]

Augustinus trägt mit seiner Erbsünden-Theologie zur Entwicklung eines Gesellschaftsmodells bei, mit dem sich Herrschaft auf allen Ebenen legitimieren lässt, aufbauend auf der als unterschiedlich gesehenen Sündhaftigkeit von Adam und Eva. Von hier aus lässt sich vielleicht erahnen, warum Augustinus' Erfindung der »Erbsünde« offene Ohren bei den gerade zum Christentum übergetretenen Herrschern finden und sich gegen den erbitterten Widerstand seiner zeitgenössischen Theologie-Kollegen, wie beispielsweise Pelagius, langfristig durchsetzen konnte.

Als akzeptierter Kirchenvater prägte Augustinus mit seiner Erbsünden-Lehre die Rezeption des Adam-und-Eva-Mythos über Jahrhunderte: Der Mann mit seinem Geist herrsche über die dem Fleisch verfallene Frau, ja müsse über sie herrschen. Das Verhältnis der Geschlechter wird als Herrschaftsverhältnis dargestellt. Immer neue Interpretationen und Aktualisierungen seiner Lehre stellten sicher, dass das Verhältnis sich nicht änderte, jedenfalls nicht zum Besseren. Die Religionswissenschaftlerin Elaine Pagels fasst zusammen:

> »Seit den Tagen des Augustinus ist die Lehre von der lückenlosen Weitervererbung der Ursünde ein Bestandteil der katholischen Dogmatik«[17].

Diese Entwicklung hat Auswirkungen auf die Darstellung des Urelternpaars. Adam und Eva, die einzigen Menschen, die überhaupt nackt dargestellt werden durften, wurden jetzt fast geschlechtslos gezeigt, denn sie sollten zu einer zölibatären Lebensweise ermuntern. Der Körper ist Gefängnis der Seele und potentieller Sitz des Bösen. Er ist Verkörperung der Sündhaftigkeit des Menschen und der spirituellen Welt abträglich. Über den Körper müssen Siege errungen werden.

In Darstellungen Evas und Adams, also nackter Körper, werden Unterschiede zwischen den Geschlechtern, die erotisch wirken könnten, tunlichst vermieden. Aus dem, was den Verkörperungen des Urelternpaares fehlt, kann man erschließen, was wohl als erotisch empfunden wurde: modellierte Körper, breite Schultern und schmale Hüften einerseits, Taille und runde Hüften und Schultern andererseits.

Die Angleichung der Geschlechter in Richtung eines Neutrums sieht man in der Folgezeit in vielen Darstellungen. Beispiele für diesen Figurenstil finden sich auf Fresken, in Handschriften, bei Plastiken und Skulpturen: zum Beispiel auf den gegossenen Bronzeflügeln der Bernwardstür in Hildesheim (1015), bei den Fresken in der Abbaye de Saint-Savin im französischen Département Vienne (1100) und in der illuminierten Handschrift *Hortus Deliciarum*, die Herrad von Hohenburg, Äbtissin auf dem Mont Sainte Odile im Elsass, zwischen 1175 und 1191 verfasste. Der Hohenburger Codex stellt gewissermaßen eine Enzyklopädie mit dem theologischen Wissen der Zeit dar: Auszüge aus der Bibel, aus Predigtbüchern, theologischen Schriften, naturkundlichen Sammlungen etc., jeweils mit zugehörigen Illustrationen, die im Kloster dazu angefertigt wurden.

Bemerkenswert ist die Überlieferungsgeschichte. 1870 verbrannte der Codex bei der Beschießung von Straßburg im Deutsch-Französischen Krieg. Bald gab es Rekonstruktionen auf der Basis von früher schon angefertigten Kopien, die letzte und vollständigste durch das Warburg Institute, London. Das Sündenfallbild (Abb. 6) ist also eine Rekonstruktion auf der Basis von Durchzeichnungen.

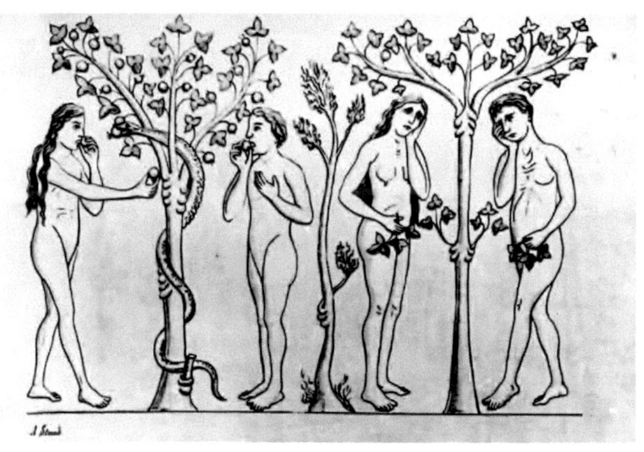

Abb. 6 Sündenfallbild aus dem Hortus Deliciarum, ca. 1180

Neben der zuvor besprochenen Angleichung der Geschlechter fällt in diesem Sündenfallbild auf, dass Eva hier auf der linken Seite des Baumes steht. Es gehört damit zu den 38 Prozent der Darstellungen, die Eva in der wichtigeren Position zeigen. Ließe sich das vielleicht damit erklären, dass für die Äbtissin und ihre Nonnen in den Schreibstuben die Männer ja zweitrangig waren? War die Positionierung der Figuren kein Zufall, sondern bewusste Entscheidung? Dafür spricht in der Tat eine auffallende Besonderheit des Codex: Das Schlussbild der Handschrift zeigt alle sechzig Nonnen der Abtei mit ihrer Äbtissin Herrad. Alle sind mit ihrem Namen gekennzeichnet, bis auf eine, die vielleicht für diejenigen Nonnen steht, die im Laufe der etwa achtzehn Jahre dauernden Arbeit gestorben waren. Man könnte dieses Bild so

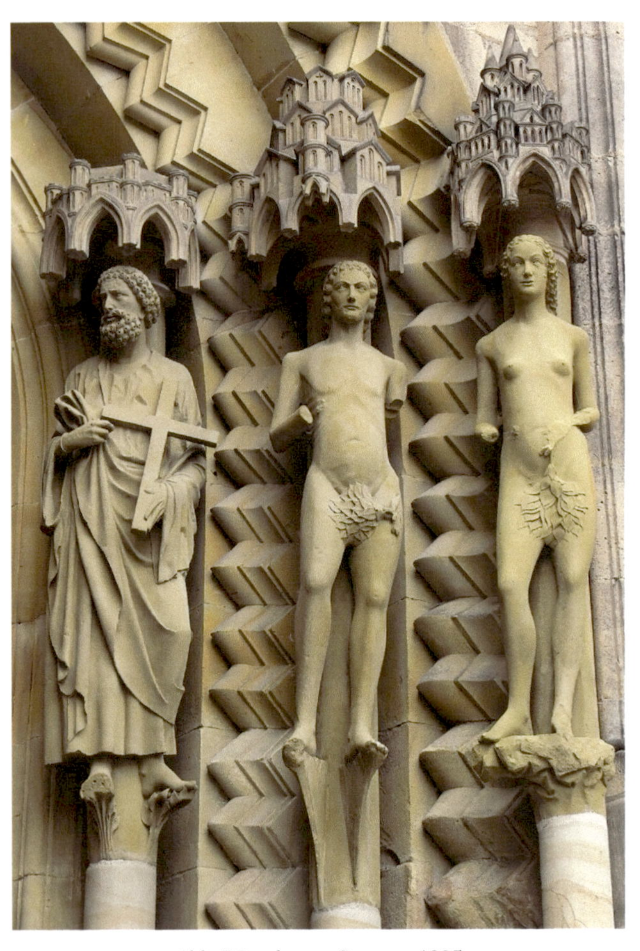

Abb. 7 Bamberger Dom, ca. 1235

lesen, dass mit ihm jede der Frauen als Mitwirkende an dem 342 Seiten umfassenden Werk ausgezeichnet wird, eine Würdigung, die sie außerhalb der klösterlichen Klausur wohl kaum je erhalten hätten. Damit wird auch plausibel, dass sich Herrad und ihre Nonnen selbstbewusst dazu entschieden haben könnten, Eva an die erste Stelle zu setzen.

Der Stil in der Personendarstellung von Eva und Adam im *Hortus deliciarum* Ende des 12. Jahrhunderts ist noch ganz der Unisex-Tradition mit ihrer geringen Differenziertheit verpflichtet.

Noch um 1235, als sich bereits ein neuer Personenstil entwickelt, wurden in Bamberg Skulpturen von Adam und Eva aufs Podest gestellt (Abb. 7), die mit wenigen Veränderungen austauschbar wären. Eva ist gekennzeichnet durch zwei kleine Kegel, die an den Stellen sitzen, wo eigentlich die Brüste sich befänden, Platzhalter, eher Symbole für Brüste als deren Verkörperung.

Die Skulpturen sind die ersten freistehenden, lebensgroßen Akte seit der Antike.

Anmerkungen

1 1. Korinther 7, 29.
2 1. Korinther 6, 9–10.
3 Das Thema wird ausführlich behandelt von Elaine Pagels (1994), der ich hier folge.
4 Tuor-Kurth (2010).
5 1. Korinther 7,29.
6 Foucault, Sexualität und Wahrheit II (1989), S. 187.
7 Ebd., S. 63.
8 Dass es in der Antike auch Regeln gab, aus Sorge um den eigenen Körper Verzicht zu üben und zumindest vorübergehend enthaltsam zu sein, sei wenigstens am Rande erwähnt.
9 Röm 16,1.
10 Pagels (1994), 92–97.
11 1. Kor. 11, 8-9.
12 Augustinus (2007), 213; 15/1.
13 Augustinus (2007), 181; 14/11.
14 Augustinus (2007), 560, 19/16.

15 Augustinus (2007), 557, 19/14.
16 Augustinus (2007), 557; 19/15.
17 Pagels (1994), S. 274.

Sündenfall und Vertreibung

3 [1]Und die Schlange war listiger als alle Tiere auf dem Felde, die
Gott der Herr gemacht hatte, und sprach zu der Frau: Ja, sollte Gott
gesagt haben: Ihr sollt nicht essen von allen Bäumen im Garten? [2]Da
sprach die Frau zu der Schlange: Wir essen von den Früchten der
Bäume im Garten; [3]aber von den Früchten des Baumes mitten im
Garten hat Gott gesagt: Esset nicht davon, rühret sie auch nicht an,
dass ihr nicht sterbet! [4]Da sprach die Schlange zur Frau: Ihr werdet
keineswegs des Todes sterben, [5]sondern Gott weiß: an dem Tage,
da ihr davon esst, werden eure Augen aufgetan, und ihr werdet
sein wie Gott und wissen, was gut und böse ist. [6]Und die Frau sah,
dass von dem Baum gut zu essen wäre und dass er eine Lust für
die Augen wäre und verlockend, weil er klug machte. Und sie nahm
von seiner Frucht und aß und gab ihrem Mann, der bei ihr war, auch
davon und er aß. [7]Da wurden ihnen beiden die Augen aufgetan und
sie wurden gewahr, dass sie nackt waren, und flochten Feigenblätter zusammen und machten sich Schurze. [8]Und sie hörten Gott den
Herrn, wie er im Garten ging, als der Tag kühl geworden war. Und
Adam versteckte sich mit seiner Frau vor dem Angesicht Gottes
des Herrn zwischen den Bäumen im Garten. [9]Und Gott der Herr rief
Adam und sprach zu ihm: Wo bist du? [10]Und er sprach: Ich hörte dich
im Garten und fürchtete mich; denn ich bin nackt, darum versteckte
ich mich. [11]Und er sprach: Wer hat dir gesagt, dass du nackt bist?
Hast du gegessen von dem Baum, von dem ich dir gebot, du solltest
nicht davon essen? [12]Da sprach Adam: Die Frau, die du mir zugesellt
hast, gab mir von dem Baum und ich aß. [13]Da sprach Gott der Herr
zur Frau: Warum hast du das getan? Die Frau sprach: Die Schlange
betrog mich, sodass ich aß. [14]Da sprach Gott der Herr zu der
Schlange: Weil du das getan hast, seist du verflucht vor allem Vieh
und allen Tieren auf dem Felde. Auf deinem Bauche sollst du kriechen und Staub fressen dein Leben lang. [15]Und ich will Feindschaft
setzen zwischen dir und der Frau und zwischen deinem Samen und
ihrem Samen; er wird dir den Kopf zertreten, und du wirst ihn in
die Ferse stechen. [16]Und zur Frau sprach er: Ich will dir viel Mühsal

schaffen, wenn du schwanger wirst; unter Mühen sollst du Kinder
gebären. Und dein Verlangen soll nach deinem Mann sein, aber er
soll dein Herr sein. [17]Und zum Mann sprach er: Weil du gehorcht hast
der Stimme deiner Frau und gegessen von dem Baum, von dem ich
dir gebot und sprach: Du sollst nicht davon essen –,verflucht sei der
Acker um deinetwillen! Mit Mühsal sollst du dich von ihm nähren
dein Leben lang. [18]Dornen und Disteln soll er dir tragen, und du
sollst das Kraut auf dem Felde essen. [19]Im Schweiße deines Angesichts sollst du dein Brot essen, bis du wieder zu Erde wirst, davon
du genommen bist. Denn Staub bist du und zum Staub kehrst du
zurück. [20]Und Adam nannte seine Frau Eva; denn sie wurde die
Mutter aller, die da leben. [21]Und Gott der Herr machte Adam und
seiner Frau Röcke von Fellen und zog sie ihnen an. [22]Und Gott der
Herr sprach: Siehe, der Mensch ist geworden wie unsereiner und
weiß, was gut und böse ist. Nun aber, dass er nur nicht ausstrecke
seine Hand und nehme auch von dem Baum des Lebens und esse
und lebe ewiglich! [23]Da wies ihn Gott der Herr aus dem Garten Eden,
dass er die Erde bebaute, von der er genommen war. [24]Und er trieb
den Menschen hinaus und ließ lagern vor dem Garten Eden die Che-
rubim mit dem flammenden, blitzenden Schwert, zu bewachen den
Weg zu dem Baum des Lebens.

Genesis 3,1-24, Lutherbibel 2017.

3. Schöne Frauen, starke Männer

Hochmittelalter

Ab 1200 setzt sich ganz allmählich ein neuer Figurenstil durch, der den Unisex-Stil der vorangegangenen Zeit überwindet. Jetzt sind wieder Unterschiede zwischen Adam und Eva, also zwischen Mann und Frau, erkennbar. Wenn es aber Unterschiede gibt, stellt sich die Frage: Welche? Wie werden Frauen gesehen, wie Männer?

Aus der gleichen Zeit wie die Bamberger Skulpturen, ungefähr von 1230, stammt das Paradiesbild in dem Deckengemälde der Hildesheimer Michaeliskirche (Abb. 8). Die Darstellung bildet die ungewöhnliche Ouvertüre zum Jessebaum[1], der mit insgesamt acht Medaillons die Decke der gesamten Kirche ziert. Der Baum schließt, wie üblich, mit dem Bild des Christus Pantokrator[2] ab. Das erste und das letzte Medaillon, Adam und Eva und Christus Pantokrator, sind gleichermaßen als runde Medaillons gestaltet, mit denen die Gottesebenbildlichkeit des Urelternpaares schon in der Art seiner Präsentation gelesen werden kann. Als einziges Paar, noch dazu nackt, befindet es sich in der allerbesten Gesellschaft von Königen und Propheten. Sie sind hier, um den Philosophen Kurt Flasch zu zitieren, nicht »bestrafte Sünder«, sondern der »strahlende Anfang der Menschheitsgeschichte«.[3] Dass diese hervorgehobene Position gefährdet ist, mag man daran erkennen, dass Adam mit seinem rechten Fuß das göttliche Rund schon zu verlassen scheint.

Hier nun haben wir Figuren, die mit Freude am menschlichen Körper dargestellt sind. Die Figur der Eva hat ein breiteres, rundliches Becken, eine Taille und auch die Brust ist nicht aufgesetzt, sondern bildet mit dem Körper eine organische Einheit. Ihre langen Haare umschmeicheln ihren Oberkörper. Die Beine werden bis zu den Fesseln schlanker. Auch Adams Körper ist modelliert, an einigen Stellen scheinen sogar Muskeln angedeutet.

Entscheidend ist: Die Figuren sind nicht nur nebeneinander gestellt, sondern wenden sich einander zu, ihre Gestik und Mimik sind aufeinander bezogen. Sie sind als Paar dargestellt. Haltungen zueinander und Wertungen übereinander können zum Ausdruck kommen. Beide haben einen Apfel in der Hand. Darin kann man eine Entlastung von Eva und eine gleichmäßigere Verteilung der Schuld sehen. Die Schlange allerdings züngelt zu Eva hin.

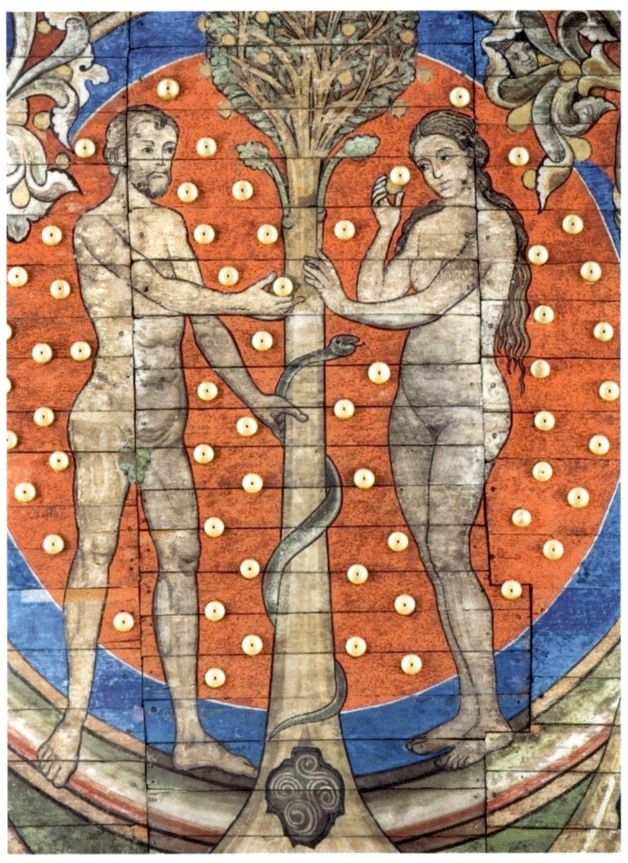

Abb. 8 Michaeliskirche, Hildesheim, ca. 1220

In der Sockelzone der Sainte Chapelle in Paris, direkt am Hauptportal zur Kapelle, finden sich mehrere Steinmedaillons mit Reliefs, die Motive der Eva-und-Adam-Geschichte zeigen. Auch sie stammen aus der ersten Hälfte des 13. Jahrhunderts (ca. 1240).

Während das Urelternpaar auf dem Hildesheimer Bild in einen herrschaftlichen Rahmen gestellt ist, sehen wir es im Sündenfallrelief (Abb. 9) in einer eher privaten Situation.

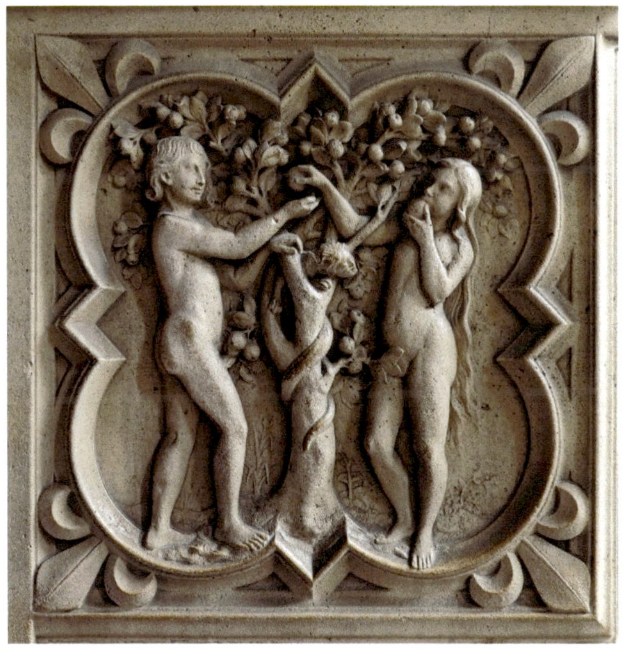

Abb. 9 Sainte Chapelle, Paris, ca. 1240

Die beiden Figuren sind von einem Apfelbaum umgeben, der üppig Früchte trägt und verhüllt, was nicht gesehen werden soll. Wie eine Laube bietet er den beiden paradiesische Geborgenheit in der Natur. Zu diesem Eindruck tragen auch die Gräser bei, die zu ihren Füßen wachsen. Das Vierpass-Maßwerk mit den Lilien umgibt das

Relief wie ein Strahlenkranz und erinnert an den gesellschaftlichen Rahmen, auf dem sie ja auch mit ihren Füßen stehen.

Das Relief stellt den Augenblick dar, in dem Eva in den Apfel beißt. Sie steht genießerisch in Standbein-/Spielbein-Pose, locker, wohl proportioniert und sinnlich. Ihre langen, lockigen Haare, häufig Kennzeichen der Zügellosigkeit einer unkeuschen Frau, reichen bis zu den Knien. Der Kopf ist wie herausfordernd in den Nacken gelegt. Ihre verführerische Haltung vermittelt Entspanntheit und Hingabe an den Genuss. Dabei wirkt sie mit den kaum angedeuteten Brüsten geradezu mädchenhaft.

Adam zum Übertreten des Verbots zu verleiten, war offenbar nicht schwer, denn schon macht er einen Schritt auf Eva zu und streckt fast fordernd die Hand aus. Oder versucht er, Eva zurückzuhalten? Dann würde er vielleicht eher auf den Apfel in Evas linker Hand zeigen, als den aus ihrer rechten Hand aufzunehmen. Er ist der verbotenen Frucht offenbar gar nicht abgeneigt, ist aktiv, zupackend. Diese klassischerweise Männern zugeordneten Merkmale werden hier auf den »Sündenfall« fokussiert. Man könnte das Relief also so lesen, dass Adam an der Gesetzesübertretung genauso aktiv beteiligt ist wie Eva.

Die Figuren sind wieder als Paar im Profil bzw. Halbprofil dargestellt. Sie sehen sich an. Ihre Hände scheinen zu sprechen. Sie fordern und geben, Adams Hand fordert, Evas gibt. Dabei setzen beide das Muster fort, das die Schlange auf den Baumstamm gezeichnet hat. Der Kopf der Schlange schaut durch eine Astgabelung zu Eva. Was man nicht gleich sieht: Er ist ein Frauenkopf – ein Evakopf – mit langen Haaren.

Diese Identifikation der Schlange mit Eva charakterisiert Eva als Inkarnation des Bösen und zieht eine moralische Trennungslinie zwischen Adam und Eva, Mann und Frau. Es fällt auf, dass die Schlange einen Frauenkopf erhält in der Zeit, in der Eva wieder attraktiv und verführerisch dargestellt wird. Er ist eine Warnung vor den Frauen. Der neue Frauenkopf der Schlange macht klar, dass Schönheit und Genuss verdächtig sind, vor allem, dass Eva prinzipiell verdächtig ist und von ihr Gefahr ausgeht. Damit wird im 13. Jahrhundert mit ikonografischen Mitteln eine Dämonisierung der Frau eingeleitet, die sehr viel später ihren Höhepunkt erreichen wird.

Eva ist als die schöne Verführerin, Adam links, also an erster Stelle, als der aktiv Eingreifende abgebildet. Die Figuren in diesen Rollen darzustellen lag natürlich nicht allein in der Entscheidung des Künstlers. Vielmehr gab es Aufgaben zu erfüllen, die Auftraggeber gestellt hatten. Schon Papst Gregor I. hatte im 7. Jahrhundert gefordert, dass die Bilder als Bibelersatz für Analphabeten taugen müssten. Neben Dokumentieren, Schmücken und Unterhalten war die Aufgabe der Maler, Steinmetze, Bildhauer und Holzschnitzer zu belehren. Was zu lehren war, erfuhren sie in den Predigten. In Sammlungen von Beispielpredigten, die ab dem Ende des 12. Jahrhunderts nachweisbar sind und die immer wieder ergänzt und abgeschrieben wurden, wird klar, welche Rollenbilder für Frauen und Männer vermittelt wurden. Der Historiker Georges Duby untersucht in seiner Trilogie über die Frauen im 12. Jahrhundert Brief-Predigten von Kirchenmännern, die an weltliche hochgestellte Frauen gerichtet sind. Die Natur der Frau sei es, so heißt es da, weich und kraftlos zu sein, lüstern, unbeständig, ungehorsam, emotional, naturnah, insgesamt eben nicht vom Geist bestimmt, sondern von den »Verlockungen des Fleisches«. Das negative Vorbild: Eva. Die Natur des Mannes sei es, stark, aktiv und vom Geist geleitet zu sein. Er müsse der Kopf der Frau sein. Er müsse sie permanent bewachen, da das Böse von ihr ausgehe. Duby zitiert den Dominikanerprediger Humbert von Romans, der 1277 starb:

> »Das Weib (...) ist Eva, und folglich die Gefahr schlechthin, (...) weil sie die Männer zur Lust verführt, indem sie ihnen die verbotene Frucht hinhält.«[4]

Offenbar fürchteten die Kirchenmänner die Frauen, sie kannten sie ja auch immer weniger: Auf der Synode in Pavia 1022 wurde beschlossen, dass Priester nicht mehr heiraten dürfen. Bis ins 14. Jahrhundert bemühen sich Päpste und Bischöfe, den Zölibat durchzusetzen.[5] Das ist also ungefähr der Zeitraum, in dem die hier betrachteten Bilder entstanden sind.

Vor der gefährlichen Verfallenheit der Frauen – und in der Folge auch der Männer – an fleischliche Bedürfnisse wurde aber nicht nur in Predigten gewarnt. Priester und Mönche versuchten mit Beichte und Buße, die Gläubigen zur Selbsterforschung und Selbstkontrolle anzuhalten. Dazu dienten ihnen Fragekataloge, z. B. das Decretum Gratiani (ab ca. 1140), die nach ausgeführten Sexualakten, nach Wünschen und Fantasien fragen. Sogenannte Bußbücher, die zwischen dem 6. und dem 11. Jahrhundert entstanden sind, ordnen dem jeweiligen »Vergehen« die passende Strafe zu. Der Historiker Franz X. Eder weist darauf hin, dass solche Fragekataloge »bis zur Reformation (...) die kirchliche Rechtsmeinung repräsentieren« sollten.[6] Es ist also davon auszugehen, dass die Predigtsammlungen und Bußkataloge über lange Zeit hinweg ihre Wirkungen entfalten konnten.

Es lässt sich leicht vorstellen, welche Folgen solche (Selbst-) Befragungen hatten. Neben einer »Verinnerlichung des Sündenregisters«[7] ist auch ein Effekt nach dem Mechanismus der Selffulfilling prophecy denkbar: Ich prüfe mich, ob ich unkeusche Gedanken habe und schon habe ich sie. Der Priester oder Mönch, also der »Prophet«, der schon vorab angenommen hatte, sein Beichtkind habe unkeusche Gedanken, wird so auch sicher bestätigt. Das System liefert zuverlässig die erwarteten Ergebnisse von selbst. Das Thema Sexualität wird also umso virulenter sein, je mehr Gläubige zur Beichte gehen.

Andererseits waren die Künstler nicht einfach Ideologen mit anderen Mitteln. Jede Übersetzung eines Textes in eine andere Sprache, erst recht in ein anderes Medium, ist notwendigerweise auch eine Neuinterpretation. Diese mag die Intention des Auftraggebers treffen oder im Widerspruch zu ihr stehen. Zwischen diesen Polen bietet sich den Künstlern auch Gelegenheit zum Unterlaufen ideologischer Vorgaben. In jedem Fall ist auch das neue Werk wieder unterschiedlich lesbar.

An welcher Stelle des Spektrums zwischen Erfüllung der Absicht des Auftraggebers und Subversion ist wohl das Relief der Sainte Chapelle anzusiedeln? Eva ist ja mit dem Schlangenkopf klar als Werkzeug der Verführung gekennzeichnet. Dies dürfte den Erwartungen der kirchlichen Auftraggeber entsprechen. Allerdings sieht man den Schlangenkopf vielleicht nicht sofort. Gleichzeitig ist Eva aber so vergnügt dargestellt, dass ein gewöhnlicher Kirchgänger das negative Vorzeichen glatt übersehen könnte. Vielleicht sind auch die fast fehlenden Brüste ein

Versuch, Vorgaben des Auftraggebers zu erfüllen. Adam könnte als kontrollierender Vorgesetzter Evas gelesen werden oder als einer, der beim »Sündenfall« sehr gerne beteiligt ist.

Das Ausschöpfen der Spielräume hinter dieser prinzipiellen Offenheit der Kunstwerke ermöglicht es, Vorgaben seitens der Kirche auch mit anderen Einflüssen zu verknüpfen, wie sie zum Beispiel in der Literatur um 1200 in den höfischen Romanen von Hartmann von Aue, Wolfram von Eschenbach, Gottfried von Straßburg und anderen mit ihren schönen Frauen und starken Männern reichlich vorhanden waren. Das Interesse der Zeit an Beziehungen zwischen Mann und Frau ist groß und es beschränkt sich nicht auf sexuelle Beziehungen, sondern nimmt vor allem Liebesbeziehungen in den Blick – das Sexuelle ist nicht von der Liebe getrennt.

Eines der berühmtesten Liebespaare der Weltliteratur, auf das hier kurz hingewiesen werden soll, ist Tristan und Isolde. Ihre Geschichte wurde wieder und wieder erzählt und europaweit verbreitet. Um 1220 erzählt Gottfried von Straßburg die Geschichte neu. Ihn interessiert die »reine Liebe« »nobler Herzen«. In seiner Ouvertüre macht Gottfried klar – in der Übertragung Dieter Kühns von 2003 –, dass Liebe ein großes Thema der Zeit ist. Er wendet sich gegen die offenbar weitverbreitete Meinung, es sei für ein »liebendes Gemüt« belastend, sich auf »erzählte Liebe« einzulassen, und argumentiert dagegen folgendermaßen:

> »Ich weiß mit voller Sicherheit,
> ich schließe das aus meinem Leid:
> Der noble Mensch als Liebender
> schätzt Geschichten von der Liebe.
> Nun, wer Geschichten sucht der Liebe,
> der ist hier an sein Ziel gelangt:
> aufs schönste will ich ihm erzählen
> von noblen Menschen in der Liebe,
> die reine Liebe offenbarten:
> der Liebende, die Liebende,
> der Mann die Frau, die Frau der Mann,
> Tristan-Isolde, Isolde-Tristan …«[8]

Die Liebesbeziehung zwischen Isolde und Tristan ist eine, die nicht sein dürfte. Mit ihren Lügen und Vertuschungsmanövern verletzen sie gesellschaftliche Regeln und Rollen und missachten die höfischen Werte der Treue, Loyalität und Mäßigung. In ihrer Zeit sind sie ohne moralische Rechtfertigung. Aber trotz ihrer ehebrecherischen Liebe sieht Gottfried seine Protagonisten gerechtfertigt – »nobilitiert« – durch ihre »reine Liebe«, über alle Regeln hinweg. Die Liebenden sind nur durch die hohe Wertschätzung der Liebe gerechtfertigt.

Die Wahrheit des Gefühls ist auch die Basis der Lieder der Troubadoure in Südfrankreich, der Trouvères in Nordfrankreich, der Minnesänger in Thüringen, Schwaben, im Elsass und anderswo, die im 13. Jahrhundert in Liederhandschriften gesammelt werden. Die Grundkonstellation im Liebesritual des Minnesangs der hohen Minne: Der Sänger imaginiert eine Liebesbeziehung zu einer (realen) Dame der Gesellschaft, die für ihn unerreichbar ist. Das Verruchte in dem Verhalten von Tristan und Isolde ist schon in die Struktur der Minnelieder eingeschrieben.[9] Die Unerreichbarkeit der hohen Dame und die Verzichtshaltung des Sängers sind vorgegeben, ritualisieren und zähmen die Liebe. Man mag glauben, dass deshalb die Gefühle in den Liedern nicht echt seien. Sicher ist aber auch, dass kein gelungenes Lied entstanden wäre, ohne dass die zugehörigen Gefühle erlebt worden waren, gut möglich in Bezug auf eine andere Person.

Die Geschichten von Tristan und Isolde und vielen anderen Paaren sowie die Lieder der Minnesänger tragen zu einer – literarischen – Erotisierung des gesellschaftlichen Umgangs bei, natürlich zunächst an den Höfen, an denen die Texte gesungen und gelesen werden, die ein Vorbild für weitere gesellschaftliche Gruppierungen darstellten.

Minnesang ist Aufführungskunst. Mit Sicherheit waren neben den Dichtern und Musikanten auch die Maler anwesend, und so kann man davon ausgehen, dass die neue Emotionalität der Adam-und-Eva-Bilder auch ein Widerschein dessen ist, was die Maler an den Höfen und in den Städten hörten und sahen.

Eine Beeinflussung des einen gesellschaftlichen Bereichs durch einen anderen ist aber nicht nur in eine Richtung denkbar, sie war offenbar auch umgekehrt möglich. In dem Bildbeispiel aus der Manessischen Liederhandschrift (Abb. 10) sind Elemente der Sündenfalldarstellungen für die Präsentation des Minnesängers und Ministerialen Bernger von Horheim und seiner Frau genutzt.

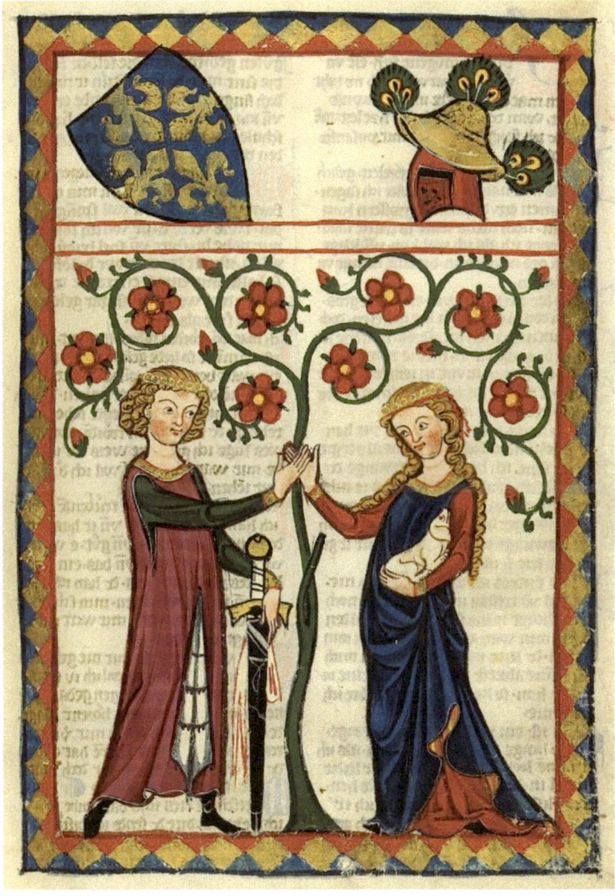

Abb. 10 Herr Bernger von Horheim,
Miniatur aus der Manessischen Liederhandschrift, ca. 1300

Der Künstler verwendet hier neben dem Symbol der Rosen auch typische ikonografische Formulierungen der Sündenfalldarstellungen: Wie wir es von Darstellungen zum »Sündenfall« kennen, haben wir hier eine szenische Darstellung, bei der die beiden Figuren als Paar neben einem Baum stehen, der Mann links, die Frau rechts. Sie sind einander zugewandt, ihre Hände sprechen, hier vielleicht in einer Gebärde eines Treuegelöbnisses. Sie sind allerdings nicht von Früchten umgeben, die sie zur Sünde verlocken, sondern von Rosen, Zeichen ihrer Liebe.

Anmerkungen

1 Der Jessebaum ist ein Bildmotiv, mit dem die Abstammung Jesu aus dem Hause des Königs David als Baum dargestellt wird, ausgehend vom Propheten Jesaja (Jesse).
2 Darstellung Christus' als segnender Allherrscher, häufig thronend.
3 Flasch (2004), S. 12.
4 Duby (1998), S. 137.
5 Eder (2018), S.197.
6 Eder (2018), S. 176.
7 Ebd.
8 Kühn (2005), S. 239 f., Verse 119–130.
9 Mehr zur höfischen Liebe und den erotischen Diskursen des Mittelalters und der frühen Neuzeit in Haug (2004).

Christian Morgenstern

Aphorismus

Wir sind nie wirklich aus dem Paradies vertrieben worden. Wir leben und weben mitten im Paradiese wie je, wir sind selbst Paradies, – nur seiner unbewußt, und damit mitten im – Inferno.

(1907)

Aus: Morgenstern (1979), S. 89.

4. Vorbilder für Jahrhunderte

15. Jahrhundert

Nachdem Adam und Eva nun als Paar etabliert sind, kann man die Entwicklung vom idealisierten Menschenbild der Kirchenmänner zu konkreten Menschendarstellungen weiterverfolgen. Es zeigt sich verstärkt eine Differenzierung und Polarisierung der Geschlechter. Dazu betrachten wir drei Werke, die noch bis ins 20. und 21. Jahrhundert zu neuen Kunstwerken anregen sollten: ein Fresko von Masaccio, zwei Tafeln des Genter Altars von van Eyck und ein Diptychon von Hugo van der Goes.

Zunächst zu Masaccios Fresko *Vertreibung aus dem Paradies* (Abb. 11) aus der Brancacci-Kapelle. Die Brancacci-Kapelle, eine Seitenkapelle der Kirche Santa Maria del Carmine in Florenz gilt manchem als der Geburtsort der Malerei der Frührenaissance. Der Auftrag für die Ausmalung mit Fresken wurde nach 1423 Masolino und seinem um 1401 geborenen Schüler Masaccio erteilt, der bereits 1428 starb. Filippino Lippi vollendete die Arbeiten später. Das Bildprogramm der Kapelle führt von Masolinos Sündenfall-Bild über Szenen aus dem Leben des Heiligen Petrus bis zu Masaccios Interpretation der *Vertreibung aus dem Paradies*. Die Figuren dieses Freskos voller Dramatik und Emotionalität gelten als die ersten gemalten Akte der Frührenaissance.

Kaum haben sie die hohe Pforte des Garten Edens hinter sich gelassen, sind Eva und Adam im Rampenlicht, schutzlos, kleidungslos. Das Paar nimmt fast das gesamte Bild ein. Eva versucht mit einer Venus-pudica-Geste[1], ihre Brüste und ihre Scham zu bedecken. Adams Genitalien sind völlig unverdeckt.

Der Finger des Engels über ihnen weist nach rechts, von dort kommt ein scharfes Licht, sodass die Figuren Schatten werfen. Die Dramatik entsteht nicht nur durch den Inhalt der dargestellten Szene, die Ausweisung aus dem Paradies, sondern auch durch die Betonung der Bewegung und die Lichtführung. Das Licht, das von vorne kommt, stellt das Paar gnadenlos bloß. Gefahr kommt

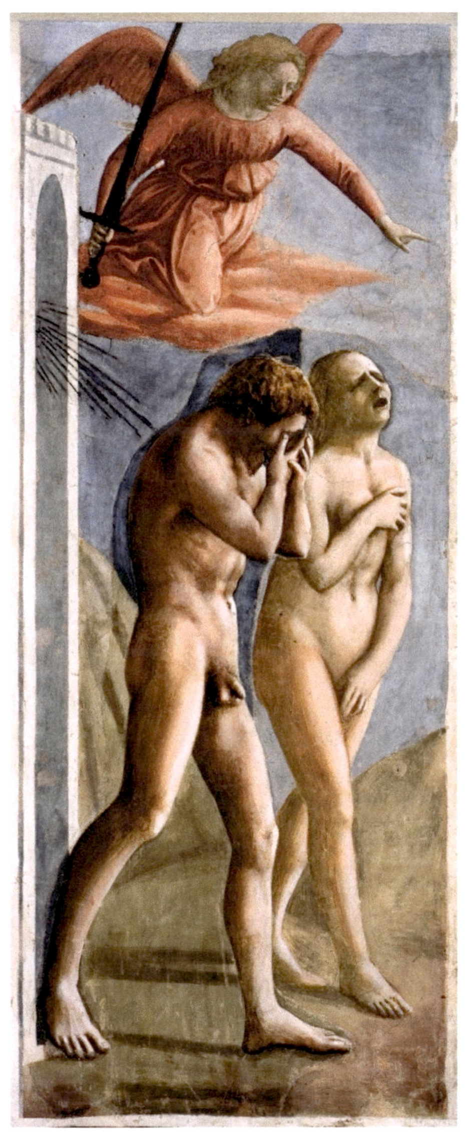

Abb. 11 Masaccio, Vertreibung aus dem Paradies, Florenz, ca. 1425

aber auch von hinten in Form von schwarzen Strahlen. Von oben bedroht sie der Erzengel mit einem Schwert. Sie können also nur in das grelle Licht gehen, blindlings. Obwohl die Landschaft nur knapp angedeutet ist, sorgen die jähen, unwirtlichen Berge im Hintergrund für den Eindruck von Gefahr.

Eva – klassischerweise mit hellem Inkarnat[2] und weichem Körperbau – hat die Augen zusammengepresst. Adam – mit dunklerem Inkarnat und muskulöserer Statur – hat die Hände vor das Gesicht geschlagen. Eva klagt, Adam dagegen greift sich an den Kopf.

Betrachtet man nur den unteren Teil des Bildes, so entsteht ein anderer Eindruck: Zwei Menschen gehen gemeinsam voran. Es ist nichts Zögerndes, aber auch nichts Überstürztes in ihren Schritten. Sie gehen auf eine neue Epoche des Menschseins zu. Der Körper verbreitet Zuversicht. Vielleicht ist das die eigentliche Botschaft.

Interessant ist, wie Masaccio mit der Nacktheit seiner Figuren umgeht. Während er Eva in dem Versuch zeigt, sich zu verhüllen, sind Adams Genitalien völlig unverdeckt, was mit einer anderen Schrittstellung leicht hätte vermieden werden können. Man kann also annehmen, dass es eine bewusste Entscheidung zur Darstellung des nackten männlichen Körpers gab. Adam zeigt er im Wortsinn un-verschämt.

Mit diesem Bekenntnis zur Körperlichkeit ist Masaccio im Zeitalter der Frührenaissance, in dem Donatello an seinem nackten David arbeitet, in bester Gesellschaft. Donatello und Masaccio lebten zur gleichen Zeit in Florenz und müssen sich gut gekannt haben. Auf einem seiner Fresken in der Brancacci-Kapelle soll Masaccio Donatello porträtiert haben.

In jedem Fall hat die Entscheidung zur Nacktheit etwas Provozierendes, denn sie widerspricht der Textgrundlage der Schöpfungsgeschichte. Hier wird berichtet, dass Gott den überführten Sündern Kleidung aus Fellen anlegt, bevor sie aus dem Paradies vertrieben werden. Diese Vorgabe ignorierten allerdings viele andere Maler auch, so zum Beispiel Michelangelo und Hans Baldung Grien.

In einer späteren Zeit wurde der Schambereich der beiden Masaccio-Figuren mit Blätterbändern verdeckt, die erst bei einer Restaurierung 1990 wieder entfernt wurden. Auch die nackten Figuren auf Michelangelos Fresken in der Sixtinischen Kapelle wurden übermalt, hier nicht mit Blättern, sondern mit Tüchern. Daniele da Volterra, ein Schüler Michelangelos, erhielt 1564 dazu den Auftrag von Papst Pius und den Spottnamen »Hosenmaler« dazu.

Durch seine innere und äußere Bewegung bringt das Fresko expressiv Gefühle zum Ausdruck: die Verzweiflung über den Verlust paradiesischer Verhältnisse, Selbstvorwürfe, die Angst vor einer ungewissen Zukunft, die Peinlichkeit des Bloßgestellseins, aber auch ihr entschlossenes Vorangehen. Dabei stellt Masaccio das Paar in seinen Gefühlsäußerungen durchaus unterschiedlich dar. Während Eva sich mit geschlossenen Augen schreiend ihren Gefühlen hingibt, hat sich Adam vorgebeugt und beide Hände an seine Stirn gelegt, in einer Geste des Selbstvorwurfs und der verspäteten Einsicht. Seine Haltung richtet sich an seinen Geist, während Eva ganz im Bereich des Gefühls verortet ist – eine Darstellung, die stilbildend werden wird und damit auch zur weiteren Polarisierung der Geschlechter beiträgt.

Masaccios Fresko wurde im Laufe der Jahrhunderte immer wieder von Künstlern kopiert und bearbeitet. Unter ihnen sind z. B. Raffael Sanzio und Matthäus Merian. In Bearbeitungen des 19. Jahrhunderts schließlich sind die Figuren mit Fellen bekleidet. Eva ist dabei unterschiedlich dargestellt, teils mit einem klagenden, teils mit einem naiven Gesichtsausdruck, Adams Haltung des Selbstvorwurfs dagegen ist beibehalten, und damit seine Orientierung am Geist. Wir werden sehen, dass dieses Werk noch im 21. Jahrhundert zu neuen Varianten anregt.

Zur Zeit der Entstehung des Masaccio-Freskos arbeiteten in Gent Jan van Eyck (um 1390–1441) und möglicherweise sein Bruder Hubert[3] am sogenannten Genter Altar der *Anbetung des Lammes*«[4], der 1432 geweiht wurde. Im Jahre 2020 wurde eine umfangreiche jahrelange Renovierung des Altars abgeschlossen, der nun wieder an seinem ursprünglichen Ort, der St.-Bavo-Kathedrale in Gent, steht. Zwischen diesen beiden Daten liegen nicht nur fast sechs Jahrhunderte und diverse frühere Renovierungen, sondern eine Odyssee von einzelnen Tafeln oder des gesamten Altars durch halb Europa, was ein Schlaglicht auf die Bedeutung des Kunstwerks wirft. Der Altar war Ziel ikonoklastischer Wut in der Reformation, wurde mehrfach zur Kriegsbeute, war Gegenstand ökonomischer Interessen von Kunsthändlern und Dieben. Royale Einwände gegen die Nacktheit der Ureltern führten zu deren Entfernung. Und so können Kunstinteressierte sich glücklich schätzen, das Kunstwerk jetzt wieder fast vollständig und in renoviertem Zustand sehen zu können.

Der Altar ist ein Polyptychon aus zwölf Tafeln in zwei horizontalen Ebenen. In geöffnetem Zustand hat er eine Größe von 375 cm Höhe und 520 cm Breite. Die Brillanz und Intensität der Farben hängt mit der neu oder weiterentwickelten Technik der Ölmalerei zusammen, als deren Erfinder Jan van Eyck betrachtet wird.

Auf der unteren Ebene der geöffneten Festtagsseite sieht man aus der Vogelperspektive im Zentrum des Bildes das Lamm auf dem Altar als Symbol für Christus und zu allen Seiten viele Menschen verschiedener geistlicher und weltlicher Stände, die das Lamm anbeten.

Auf der oberen Ebene ist das erste Menschenpaar überlebensgroß auf den Flügeln des Altars zu sehen, Eva ganz rechts und Adam ganz links. Zwischen den beiden Figuren und in ungefähr der gleichen Größe sind der Pantokrator im Zentrum zwischen Maria und Johannes dargestellt, flankiert von Gruppen deutlich kleinerer musizierender Engel. Der Abstand zwischen Eva und Adam beträgt ca. viereinhalb Meter. Diese Positionierung muss man sich klar machen, wenn man hier nur die äußeren Tafeln abgebildet sieht (Abb. 12).

Adam und Eva, je für sich in einer Rundbogennische, stehen im Halbprofil leicht einander zugewendet, was ihre Zusammengehörigkeit trotz des Abstands zwischen ihnen betont. In den Halblünetten über ihren Nischen sind Szenen mit Kain und Abel zu sehen, über Adam das Opfer der Brüder, über Eva der Brudermord Kains an Abel.

Unbekleidet wie sie sind, stehen Eva und Adam in größtem Gegensatz zu allen anderen Figuren mit ihren Gewändern aus den kostbaren Stoffen der flämischen Textilmanufakturen. Der Realismus der Darstellung und ihre Größe lassen die Nacktheit des ersten Menschenpaares geradezu ungehörig und schamlos erscheinen.

Die Figuren sehen auf den ersten Blick richtig proportioniert und realistisch aus. Der Kunsthistoriker Jan Bialostocki lobt die genaue und konsequente Naturdarstellung und weist darauf hin,

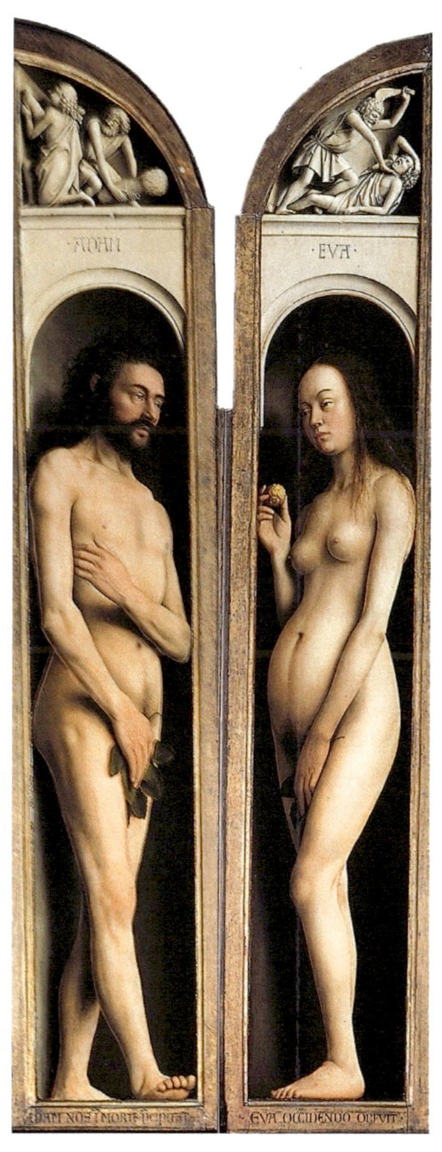

Abb. 12 Jan van Eyck, Adam und Eva am Genter Altar, 1432

dass schon Zeitgenossen im 15. Jahrhundert vor allem die Wirklichkeitsnähe der altniederländischen Malerei bewunderten, die sie die dargestellte Welt fast als Realität empfinden ließ.[5] Genaue Naturbeobachtung, hier: genaues Studium des menschlichen Körpers, aber auch die Verfeinerung und virtuose Beherrschung der Öltechnik haben zu dieser vielfach festgestellten Wirkung des Realismus beigetragen.

Solche Beschreibungen könnten dazu verführen, das Dargestellte mit der Wirklichkeit zu verwechseln und zu vergessen, dass es sich um einen »wahren Schein« handelt, wie die Schriftstellerin und Malerin Anita Albus das in einem treffenden Paradox in Bezug auf ein Gemälde van Eycks formuliert.[6]

Adams Körperbau und die differenzierte Modellierung der Muskeln und der Haut wirken sehr individuell. Seine Haltung mit der deutlichen Standbein-/Spielbein-Pose suggeriert Dynamik. Mit seinem rechten Fuß, der perspektivisch in Untersicht dargestellt ist, verlässt er den ihm zugeteilten Rahmen – eine Schrittposition, die wir auch schon bei dem Adam des Hildesheimer Deckenmedaillons gesehen haben (Abb. 8) und auch sehr viel später noch sehen werden (Abb. 51). Evas Blick ist leicht verhangen, wie in sich gekehrt, ihre Haltung ist etwas zusammengesunken. Sie hat eine makellose Haut, eine sehr hohe Stirn, ein leichtes Doppelkinn, hohe Brüste und einen vorgewölbten Bauch.

Insbesondere der vorgewölbte Bauch, der für heutige Betrachter eine Schwangerschaft signalisiert, ist auffallend. Er passt nach heutigem Verständnis nicht zu dieser Adam-und-Eva-Situation. »Schwangere« Jungfrauen sind aber auch auf anderen Bildern der Zeit zu sehen. Auf der Simultanbild-Miniatur der Adam-und-Eva-Geschichte aus dem Stundenbuch des Grafen Berry von 1410 (Abb. 2) ist eine »schwangere« Eva zu sehen. Auch Jan van Eycks Gemälde *Die Arnolfini-Hochzeit* zeigt eine Braut mit einem sehr deutlich vorgewölbten Bauch. Das macht klar, dass es hier nicht um Realismus geht, sondern um ein Idealbild. Der Bauch soll das signalisieren, was am wichtigsten ist: Fruchtbarkeit. Dabei geht es nicht um Eva, sondern um die Frau schlechthin.

Auch die hohe Stirn, das leichte Doppelkinn und die hoch sitzenden Brüste erfüllen die Vorgaben eines Schönheitsideals und sind keine Zeichen von Wirklichkeitsnähe. Diese und weitere

Charakteristika werden wir bei Dürer, Hans Baldung Grien und vielen anderen finden. Wir haben es hier also nicht in erster Linie mit Beschreibungen, sondern mit Zuschreibungen zu tun.

Die Kunsthistorikerin Daniela Hammer-Tugendhat weist zudem darauf hin, dass Eva stärker als Adam in die Bildfläche eingepasst ist und im Gegensatz zu Adam keine Glanzlichter in ihren Augen hat, die sie lebendig werden lassen. Damit stellt sie nicht nur eine Polarisierung, sondern auch eine Hierarchisierung der Geschlechter fest, und schlussfolgert:

> »Die Geschlechterpolarisierung erreicht bei Jan van Eyck gerade aufgrund des Naturalismus seiner Kunst eine andere Qualität. Ich möchte diese neue Qualität als ›Vernatürlichung‹ der Geschlechterdifferenz bezeichnen.«[7]

Nun noch einen Blick auf das *Wiener Diptychon* des flämischen Malers Hugo van der Goes (ca. 1440–1482).

Nachdem er Meister der Malergilde in Gent war, also offenbar eine erfolgreiche Laufbahn als Maler durchschritten hatte, trat van der Goes 1475 als Mönch ins Roode Clooster in der Nähe von Brüssel ein. Depressionen und Selbstmordversuche sind belegt, die Anita Albus auf den Zwiespalt zwischen »der geforderten Abtötung der Sinne« und dem Versuch, »die sinnliche Welt im Bild« festzuhalten zurückführt.[8] Hier im Kloster malte er 1477 das Diptychon mit den Tafeln *Sündenfall* und *Beweinung* (Abb. 13). Es handelt sich um zwei Tafeln, jede kaum größer als ein DIN-A4-Blatt, die wie ein Buch geschlossen werden können, ein Hausaltärchen gewissermaßen.

Das Diptychon soll hier vor allem in den Aspekten betrachtet werden, die später noch eine Rolle spielen werden.

Adam und Evas Sündenfall einerseits und Erlösung durch den Tod Christi andererseits sind hier in der chronologischen und Leserichtung einander gegenübergestellt und aufeinander bezogen: zunächst der Sündenfall, dann die Erlösung. Damit befindet sich der Maler in der Tradition Paulus', der im Korintherbrief sagt:

> »Denn gleichwie in Adam alle sterben, so werden in Christus alle lebendig gemacht werden«[9].

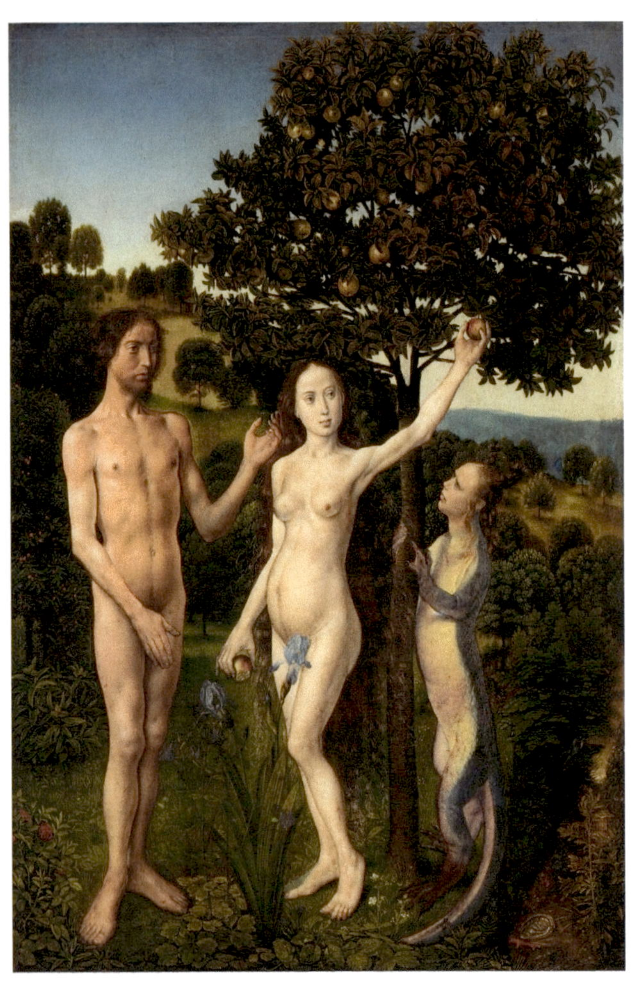

Abb. 13a Hugo van der Goes, Wien, 1477, ca. 34 × 22 cm,
Tafel *Sündenfall*

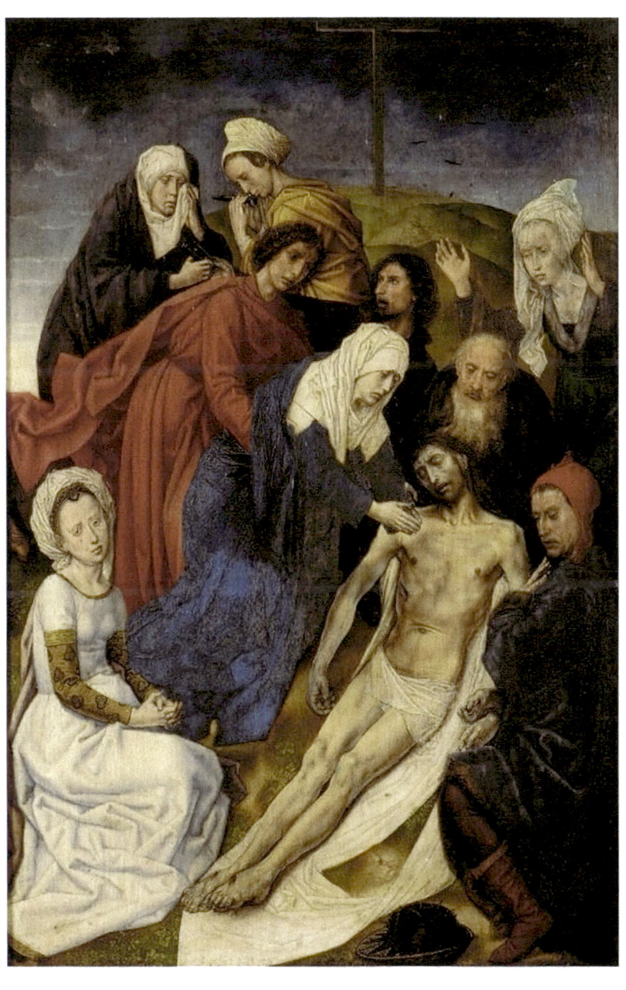

Abb. 13b Hugo van der Goes, Wien, 1477, ca. 34 × 22 cm,
Tafel *Beweinung*

Einen ähnlichen Zusammenhang stellt Paulus im Römerbrief her, in dem es heißt, dass Adams Ungehorsam, der Verdammnis über alle Menschen gebracht habe, Erlösung finde durch den Tod Christi am Kreuz. Hier wird Adam so beschrieben:

> »Adam, welcher ist ein Bild des, der kommen sollte.«[10]

Tatsächlich kann man auf den Tafeln eine frappierende Analogie zwischen den Figuren Adams und des Gekreuzigten feststellen: Die Größe, der schmale Körperbau und auch die Gesichtszüge sind sehr ähnlich.

Darüber hinaus gibt es eine Reihe weiterer Verbindungen zwischen den Teilen, darunter z. B. die Schwertlilie zwischen Eva und Adam. Diese gilt aufgrund der schwertförmigen Blätter als ein Symbol für die Schmerzen Marias um ihren Sohn und hat die gleiche Farbe wie Marias Gewand.

Auffallend ist die Darstellung der Schlange als einer aufrecht stehenden Echse mit Frauenkopf, eine ungewöhnliche Bildfindung, die möglicherweise der Formulierung der göttlichen Strafe für die Schlange Rechnung trägt, wo es heißt, dass sie fortan auf dem Bauch kriechen solle,[11] was demnach zuvor nicht der Fall gewesen wäre. Man könnte hier das Bestreben sehen, die Darstellung dem Text der Bibel genau anzupassen.

Masaccio und van Eyck haben ihre Werke für eine Kapelle bzw. für eine Kirche geschaffen. Mit ihrer Behandlung des nackten Menschenpaares schöpfen sie Interpretationsspielräume aus und gehen bis an die Grenze des Anstößigen. Dass schon kurze Zeit nach der Entstehung Übermalungen bzw. die Entfernung der Tafeln vorgenommen wurde, zeigt, dass die Provokation ankam.

Dagegen ist Hugo van der Goes' Tragealtar ein frommes Werk, das offenbar um eine besondere Treue der Heiligen Schrift gegenüber bemüht ist. Es entspricht auch der Theologie seiner Zeit. Sündenfallbild und Erlösungsbild sind im Sinne der Typologie aufeinander bezogen. »Typologie« meint hier eine Lehre, nach der ein »Typus« aus dem Alten Testament als Präfiguration auf einen »Typus« des neuen Testaments bezogen wird, wie wir es oben bei den Pauluszitaten gesehen haben. Augustinus, der unter anderen diese Lehre weiterentwickelte, sieht den Zusammenhang zwischen Altem und Neuem Testament folgendermaßen:

> »Was ist der Alte Bund (…) anders als die Verhüllung des Neuen, und was anders der Neue (…) als die Enthüllung des Alten?«[12]

Spätere Theologen haben Eva als Präfiguration von Maria gesehen. Diese Kombination war aber nicht so ausschließlich wie die zwischen Adam und dem Gekreuzigten. Der »Typus« Eva wurde auch als Pendant zum »Typus« Kirche gesehen.

In Hugo van der Goes' Bild sehen wir diese Typuszuordnung vor allem in den Figuren Adams und des Gekreuzigten, der Zusammenhang zwischen Eva und Maria ist nicht so eindeutig. Neben der bereits erwähnten Farbverbindung zwischen der blauen Iris vor Eva und dem blauen Mantel Marias fällt auch die Ähnlichkeit der Gesichter von Eva und Maria Magdalena auf, der Figur mit dem feinen weißen Kleid im Vordergrund links.

Anmerkungen

1 Der Typus der Venus pudica, der schamhaften Venus, geht zurück auf die Statue der Aphrodite von Knidos des attischen Bildhauers Praxiteles (ca. 350 v. Chr.), die nur in Kopien erhalten ist. Die Figur bedeckt mit einer Hand ihre Scham und, in späteren Versionen, mit der anderen Hand die Brüste.

2 »Inkarnat« meint die Farbe der Haut. Dass Frauen mit hellerem Inkarnat dargestellt werden, Männer mit dunklerem, ist eine Tradition seit der Antike.

3 Hier soll nicht diskutiert werden, welche Teile des Altars von Hubert van Eyck gearbeitet sind und ob er überhaupt beteiligt war. Es scheint Einigkeit darüber zu herrschen, dass Jan der Maler der Adam-und-Eva-Tafeln ist.

4 Off 7, 9–10.

5 Bialostocki (1990), S. 50.

6 Albus (1997), S. 19.

7 Hammer-Tugendhat (2006), S. 76.

8 Albus (1997), S. 179.

9 1. Kor. 15,22.

10 Röm. 5,14–19.

11 1. Mos 3,14.

12 Augustinus (2007), Buch 11 bis 22, S. 326.

Marie Luise Kaschnitz

Woher hattest du das alles?

In dieser Nacht beschloss Adam, Eva zu sagen, dass sie sterben müsse. Vielleicht hätte er es nicht getan, wenn nicht der Mondschein so hell im Zimmer und gerade auf Evas Gesicht gelegen hätte und wenn dieses Gesicht nicht so voll von Lebensentzücken gelächelt hätte im Schlaf. Aber dieser Anblick rief in Adam, der schon viele Stunden schlaflos gewesen war, eine dunkle Rachsucht hervor. Er weckte Eva auf, und Eva rieb sich die Augen und fragte, ob etwas mit den Kindern sei. Wir müssen sterben, sagte Adam, und es war ihm zumute, als beginge er einen Mord. Große Neuigkeit, sagte Eva spöttisch. Das weiß ich schon lange. Hast du dir keine Gedanken gemacht? fragte Adam, sobald er sich von seiner Überraschung erholt hatte. Was wir hier zurücklassen, ist unfertig und keinen Pfifferling wert.

Jemand wird es schon fertig machen, sagte Eva.

Die Kinder, sagte Adam streng, sind träge und leichtsinnig. Sie wissen nicht, was arbeiten heißt, und werden elend zugrunde gehen.

Es wird schon noch etwas aus ihnen werden, sagte Eva.

Und was wird aus uns? fragte Adam und stützte seinen Kopf auf seine Hand.

Wir bleiben zusammen, sagte Eva. Wir gehen zurück in den Garten. Und sie legte ihre Arme um Adams Hals und sah ihn liebevoll an.

Ist er denn noch da? fragte Adam erstaunt.

Gewiß, sagte Eva.

Wie willst du das wissen? fragte Adam mürrisch.

Woher meinst du, fragte Eva, dass ich die Reben hatte, die ich dir gebracht habe, und woher meinst du, dass ich die Zwiebel der Feuerlilie hatte, und woher meinst du, hatte ich den schönen, funkelnden Stein?

Woher hattest du das alles? fragte Adam.

Die Engel, sagte Eva, haben es mir über die Mauer geworfen. Wenn wir kommen, rufe ich die Engel, und dann öffnen sie mir das Tor.

Adam schüttelte langsam den Kopf, weil eine ferne und dunkle Erinnerung ihn überkam. Gerade dir, sagte er. Aber dann fing er an zu lachen, laut und herzlich, zum erstenmal seit ach wie langer Zeit.

(1952)

Aus: Adam und Eva, in: Kaschnitz (1985), S. 73.

5. Verführerinnen und Voyeure

Frühe Neuzeit

Ab dem Übergang zum 16. Jahrhundert bearbeiteten viele Maler, Kupferstecher, Holzschneider und Zeichner das Adam-und-Eva-Thema. Vor allem nördlich der Alpen ließ kaum ein Künstler das Thema aus: Tilmann Riemenschneider, Hieronymus Bosch, Hans Baldung Grien, Hans Holbein, Maarten van Heemskerck, Jan Gossaert, Adrian Isenbrandt, Lucas Cranach der Ältere und der Jüngere, die zwischen 1510 und 1546 das Thema viele Male bearbeitet haben, und natürlich Dürer (1471–1528). Wir werden sehen, wie Dürer das Thema aus dem heilsgeschichtlichen Rahmen löst, wie die Cranach-Werkstatt den Reichtum an Varianten erhöht und wie schließlich Eva zum Objekt der Betrachtung wird.

Dürer und das ideale Maß

1521, knapp 90 Jahre nach der Entstehung des Genter Altars, sah Dürer die »taffel« des Johannes, also Jan van Eycks Genter Altar. In seinem Reisetagebuch notiert er dazu:

> »Danach sahe ich des Johannes taffel; das ist ein über köstlich, hoch verständig gemähl, und sonderlich die Eva, Maria und Gott der vatter sind fast gut.«[1]

Dieses Urteil klingt für heutige Ohren nach einer ziemlich herablassenden Einschätzung, wenn man außer Acht lässt, dass das Adverb »fast« noch im Frühneuhochdeutschen verstärkende und nicht abschwächende Bedeutung hatte. Es ist also höchstes Lob.

Dürer hatte vor seiner Reise in die Niederlande das Eva-und-Adam-Thema schon viele Male bearbeitet – als Holzschnitt, als Handzeichnung, als Gemälde, als Federzeichnung und als Kupferstich – und so war er ein wohl vorbereiteter Betrachter. Der berühmte Kupferstich von 1504 (Abb. 14) soll uns als Nächstes beschäftigen.

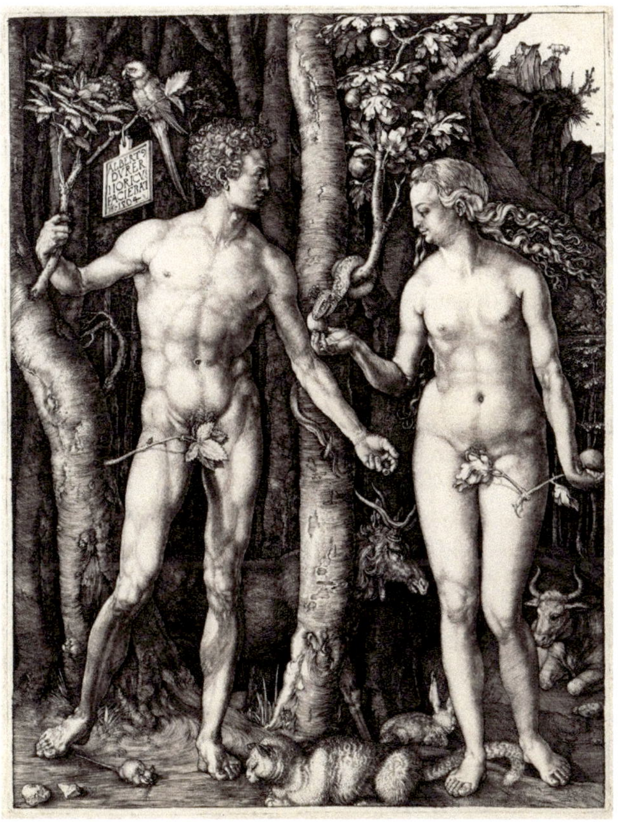

Abb. 14 Albrecht Dürer, Adam und Eva, Kupferstich, Berlin, 1504, ca. 19,4 × 25 cm

Die Bamberger Skulpturen (Abb. 7) des Urelternpaares schmücken ein Portal des Domes, Masaccios Fresko (Abb. 11) ist Teil einer Kapelle, van Eycks Tafeln des ersten Menschenpaares (Abb. 12) sind zwei von zwölf Tafeln eines Altars, das Sündenfallbild von

Hugo van der Goes (Abb. 13) ist Teil der Verbildlichung eines theologischen Programms in Form eines Tragealtars – alle diese Werke sind Beispiele für sakrale Kunst, die fest im kirchlichen Rahmen verankert sind. Dürers Adam-und-Eva-Werk von 1504 dagegen ist ein Einzelblatt, es hat keinen äußeren sakralen Rahmen, dem es dient. Nicht nur der Inhalt, sondern auch das Medium ist die Botschaft. Noch dazu handelt es sich um einen Kupferstich, von dem viele Abzüge genommen werden konnten. Mit diesen medialen Entscheidungen löst Dürer das Thema aus der Welt der Katakomben, Kapellen und Kirchen und öffnet das Thema »Nacktheit« für einen weltlichen Diskurs. Dazu trägt auch der Umgang mit den typischen ikonografischen Elementen bei. So verliert der Baum der Erkenntnis seine singuläre Herausgehobenheit, wie wir gleich sehen werden.

Der Kupferstich thematisiert den Augenblick unmittelbar vor dem Sündenfall. Dürer erfüllt die klassischen Erwartungen an das Sujet und er erfüllt sie nicht. Wie meist steht Adam links, Eva rechts. Die Schlange ist da, der Baum der Erkenntnis, und dennoch wirken Eva und Adam vor allem als Paar. Der Baum der Erkenntnis ist nur einer von vielen Bäumen, ist Teil eines Waldes, der die Kulisse bildet, vor der Adam und Eva agieren. Der Wald ist kein lieblicher Paradieswald, sondern ein finsterer nordischer Wald, der fast das ganze Bild einnimmt. Das Paar steht hell leuchtend in frontaler Stellung im Vordergrund, die Köpfe sind im Profil einander zugewandt.

Die Figuren haben etwas Statisches und zugleich Bewegtes. Adam steht ruhig auf seinem linken Bein, Eva spiegelbildlich auf dem rechten. Somit sind sie harmonisch aufeinander bezogen. Beide stehen im Contrapost, was vor allem bei Adams größerem Schritt auf eine unmittelbar bevorstehende Handlung hinweist. Auch Adams angespannte Muskulatur scheint auf eine Handlung ausgerichtet zu sein. Mit einer dominanten Geste, die bis in Evas Bildbereich hineinreicht, fordert Adam die Frucht ein, die Eva in ihrer linken Hand verbirgt. Allerdings kann er die Frucht von seiner Position aus wohl gar nicht sehen. Fordert er also den Zweig und damit die Entdeckung ihrer Scham? Unterstrichen wird seine Geste durch den auffordernden Blick, mit dem er versucht, Kontakt zu Eva aufzunehmen.

Eva bleibt in ihrem Bildbereich, versunken schaut sie die Schlange an, die eher einem netten Haustier gleicht, das gefüttert werden muss, als der Agentin des Bösen. Kein Frauen-Schlangenkopf klagt Eva an.

Evas Handeln zeigt keine Zweifel, kein Nachdenken. Sie ruht in ihrem Körper, während Adam von seinem Geist bewegt scheint – die bekannte Verteilung von Körper und Geist auf Frau und Mann.

Hinter Eva bzw. auf sie ausgerichtet sind Tiere, die sie in den Bereich des Animalischen, der Temperamente, der Stimmungen rücken. Gemäß der scholastischen Temperamentenlehre steht der Hase für das sanguinische, der Elch für das melancholische, das Rind für das phlegmatische Temperament. Allein die Katze für das cholerische Temperament ist auch auf Adam bezogen. Der Papagei gilt als reiner Vogel, weil an seinem Gefieder Schmutz abgleitet,[2] was ihn zu einem Symbol der Jungfräulichkeit werden lässt. Im Sinne der Präfigurationslehre wird hier der Typus Eva auf den Typus Maria bezogen. Im 17. Jahrhundert wird der Papagei eine große Karriere in den Paradiesbilder machen.

In Dürers Kupferstich ist Eva noch in paradiesischer Unschuld, was sich bald ändern wird. Dann wird als Erstes die Maus von der Katze erwischt werden. Ein Bild für die Beziehung zwischen Frau und Mann? Auch das Verhältnis der anderen Tiere und damit die Temperamente werden nach dem »Sündenfall« aus dem Gleichgewicht geraten.

Vor dem »Sündenfall« dagegen kann man sich Adam und Eva als im Idealzustand befindlich vorstellen: von ihrem Schöpfer erschaffen und damit nicht anders als gut und schön. Ein Künstler, der die nackten Körper gestaltet, wiederholt den Schöpfungsakt und wird selbst zum Schöpfer. Damit ihm das Ideal von Schönheit gelinge, suchte Dürer nach dem richtigen Maß hinter den Erscheinungen. Er ist beides, Künstler und Forscher. Früh schon, vielleicht bald nach seiner ersten Italienreise 1495/96, suchte er nach Formgesetzen, beschäftigte sich mit den Proportionen des menschlichen Körpers und der Projektion des Raumes in die Bildfläche, also der Zentralperspektive, die er »heimliche Perspektive« nannte. Gegen Ende seines Lebens führten diese Untersuchungen zu Lehrbüchern der Malerei, den

Vier Bücher[n] von Menschlicher Proportion, die allerdings erst ein halbes Jahr nach seinem Tod 1528 erschienen. Mit ihnen möchte er

> »allen kunstbeflissenen Jünglingen eine Grundlage (...) schaffen und Anleitung (...) geben, wie sie sich der Messung [= Perspektive] mittels Zirkel und Richtscheit bedienen und daraus die rechte Wahrheit erkennen und vor Augen sehen mögen, damit die nicht allein Lust und Liebe zur Kunst fassen, sondern auch zu einem richtigen und besseren Verständnis derselben gelangen mögen; unbeirrt dadurch, daß jetzt bei uns und in unseren Zeiten die Kunst und Malerei von etlichen sehr geschmäht wird, und man sagen will, sie diene zur Abgötterei.«[3]

Zu Lust und Liebe zur Kunst muss also auch die Wahrheit kommen, die auf der richtigen Technik beruht, die wiederum die Erkenntnis der Zusammenhänge voraussetzt. Deutlich wird auch Dürers Kritik an protestantischer Bilderstürmerei.

Dürer geht es also um wahre, messbar richtige Darstellung. Das legt den Gedanken nahe, dass er Eva und Adam »wahr«, also naturalistisch darstellen wollte, dass seine Darstellung objektiv sei. Jedenfalls können wir davon ausgehen, dass wir hier sehen, was Dürer für schöne Menschen hält.

Seine Eva erscheint uns für eine Idealfigur heute etwas unausgewogen. Sie hat breite Hüften und einen eher schwächlichen Oberkörper. Die sehr hohe Stirn, das leichte Doppelkinn, der gewölbte Bauch, die hoch sitzenden Brüste – alles das teilt sie mit vielen anderen Eva- und Venusfiguren der Zeit, ob bei Botticelli, Conrat Meit oder Hans Baldung Grien – ein Schönheitsideal, das wir bei van Eycks Eva schon kennengelernt haben. Hierin liegt vielleicht auch ein Grund dafür, dass Dürer van Eycks Eva »fast gut« gelungen fand. Beide Künstler folgen dem gleichen Schönheitsideal. Bei Dürers Eva-Formulierung kommen noch die stark abfallenden Schultern hinzu, die aber bei van Eycks Eva aufgrund der Darstellung im Halbprofil möglicherweise nicht deutlich wurden. Sein Adam dagegen würde auch heute als ein schöner, junger Mann durchgehen: breite, gerade Schultern, schmale Hüften, lange, schlanke Beine.

Man könnte meinen, dass das Ideal der Männerfigur eher an der Realität orientiert und historisch deutlich stabiler wäre, während das Ideal der Frauenfigur stärker von kulturellen Setzungen bestimmt ist, ob bewusst oder unbewusst. Um das zu überprüfen, sollen verschiedene Adamfiguren einmal genauer unter die Lupe genommen werden.

Dürer hat bei seinen vielen Bearbeitungen des Adam-und-Eva-Paares unterschiedliche Adamfiguren vorgestellt. Bei den Doppeltafeln von 1507, die im Prado aufbewahrt werden und die nackten Leiber in Lebensgröße zeigen, sieht das Paar so aus: Auch hier ist Adam ein schöner, junger Mann, aber ein anderer Typus (Abb. 15).[4] Sein Rumpf ist gerade, während der Adam des Kupferstichs durch seine schmalen Hüften und die breiten Schultern auffällt.[5] Der Kunsthistoriker Christian Schoen sieht im Adam der gemalten Version einen femininen Typ, er wirke »emotional ergriffener« als Eva, sein Körperbau, sein instabiler Stand, seine grazile Gestik habe »fast weibliche Züge«, Eva dagegen sei »kühl und gelassen«.[6]

Was Schoen auffällt, belegt zunächst einmal die Strukturen seiner eigenen Wahrnehmung. Er betrachtet die Figuren mit den Vorstellungen von Geschlechtsidentitäten, die manchem als natürlich gelten mögen: Der Mann sei kühl und gelassen, habe einen festen Stand und keine gezierte Gestik. Die Frau dagegen sei emotional ergriffen, habe einen instabilen Stand und eine gezierte Gestik. Die Genese dieser Geschlechterdifferenzierungen beobachten wir gerade an den Bildern aus der ersten Hälfte des 16. Jahrhunderts.

Nun ist es aber noch gar nicht so lange her, dass Adam und Eva deutlich differenziert dargestellt werden, ca. 300 Jahre. Wir konnten mehrere Schritte beobachten, die zu einer Polarisierung der Geschlechter und zu einer »Vernatürlichung«[7] der Differenzen führen. Man kann also mit gutem Grund argumentieren, dass sich an den ganz unterschiedlichen Adamfiguren bei Dürer zeigt, dass die Differenzierung der Geschlechter, die Schoen wie selbstverständlich – natürlich – erwartet, noch im Entstehen ist.

Ein Blick auf ältere Adam-Darstellungen zeigt, dass die Künstler am Ende des 15. Jahrhunderts den geraden Typus zu bevorzugen scheinen. Das kann man bei der Adamfigur des Genter

Altars (Abb. 12) von 1432 nur vermuten, weil sie im Halbprofil gezeigt ist. Hugo van der Goes' Diptychon (Abb. 13) von 1477 ist geradezu ein »klassisches« Beispiel für einen Adam mit geradem Rumpf und schmalen Schultern. Auch Riemenschneiders Adam-Skulptur von ca. 1492 aus der Marienkapelle in Würzburg zeigt einen schmalschultrigen jungen Mann, wenn sich auch eine leichte Verbreiterung dadurch ergibt, dass er mit Taille gearbeitet ist.

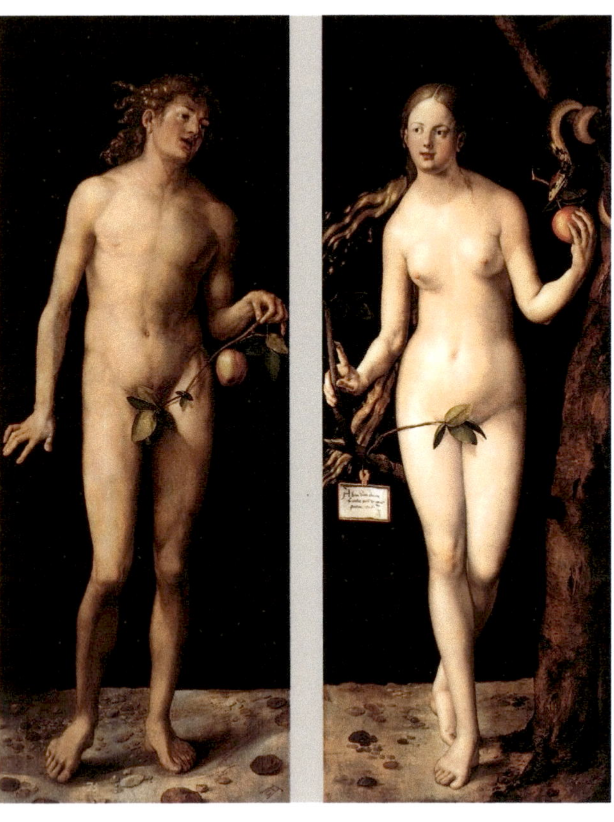

Abb. 15 Albrecht Dürer, Adam und Eva, 1507,
81 × 209 cm und 83 × 209 cm

Vielleicht kann man den Miniatur-Adam des Simultanbilds *Vertreibung aus dem Paradies* aus dem Stundenbuch des Grafen Berry von ca. 1416 (Abb. 2) bereits dem imposanten neuen Männertypus zurechnen. Aber der Standard der Adam-Darstellungen ändert sich erst mit Dürers Kupferstich-Adam von 1504. Für die Verbreitung des neuen Adam-Stils ist ein Kupferstich mit vielen Abzügen natürlich viel besser geeignet als eine Miniatur aus einem Stundenbuch.

Und so bleibt Dürers Adam nicht lange der einzige Breitschultrige. In der ersten Hälfte des 16. Jahrhunderts sehen wir neben dem Adam mit dem geraden Oberkörper immer häufiger den mit den breiten Schultern. Wir finden ihn bei Gossaert, Baldung Grien, Maarten van Heemskerck, Tintoretto und vielen anderen. Von den etwa 55 Adamfiguren aus der Werkstatt Cranach sind ungefähr die Hälfte mit deutlich breiteren Schultern als Hüften dargestellt, nur in etwa sieben Beispielen findet sich der Typus mit dem geraden Oberkörper. Tatsächlich prägt der imposante Typus unser Männerbild bis heute, wenn man die Beispiele der Bodybuilder als Maßstab nimmt.

Wir können also eine komplementäre Entwicklung feststellen: Während Evafiguren vermehrt mit fallenden Schultern dargestellt werden, dominiert zunehmend die breitschultrige Adamfigur. Evas Wohlgenährtheit signalisiert gute Voraussetzungen für Mutterschaft, viel »schultern« kann sie alleine allerdings nicht, sie braucht Unterstützung. Das wäre dann Adams Part.

Cranach und die Bewegung

Michelangelo hat die lateinische Übersetzung von Dürers *Vier Bücher[n] von Menschlicher Proportion* gelesen, stand dessen Ausführungen aber kritisch gegenüber. Ihm fehlte ein Kapitel darüber, wie man Bewegung darstellen kann. Nach Leonardos Ansicht ist es für den Maler das »Allerwichtigste (...) die Seelenzustände und die passlichen Bewegungen (...) zu malen«, und darin weiß er sich mit Michelangelo einig. Seine Überlegungen stellt er in seinem *Buch von der Malerei* vor.[8]

»Bewegung« scheint nun auch das Thema bei Malern nördlich der Alpen zu sein. Cranach ist hier als Erster zu nennen. Gut möglich, dass er und andere Leonardos Buch und die ganze Diskussion gekannt haben. Viele von Cranachs Bildern nackter Figuren kann man geradezu als Bewegungsstudien lesen.

Ganz abgesehen davon, welche Bilder Bewegungen besonders gelungen darstellen, soll hier untersucht werden, wem welche Bewegungen zugeordnet sind. Gibt es typische Adam-Bewegungen und typische Eva-Bewegungen?

Der Corpus Cranach, zusammengestellt von Wissenschaftlern der Universitätsbibliothek Heidelberg, der Universität Trier und der Akademie der Bildenden Künste Stuttgart mit dem Anspruch, alle Werke der Cranach-Werkstatt zu erfassen, führt zum Thema Eva und Adam 59[9] Werke (davon vier Fragmente) an. Hier lässt sich die Bewegungsvielfalt sehr gut studieren.

In jedem Bild steht Eva rechts, öfters mit fallenden Schultern und betontem Bauch (Abb. 16, 17). Adam steht links, meist breitschultrig, aber auch schmalbrüstig.

Auf den fast sechzig Bildern gibt es für Evas Hände viele mögliche Positionen. Sie verschränkt ihre Hände vor ihrer Taille, sie stemmt eine Faust in die Seite, sie verbirgt einen Apfel in der Hand hinter dem Rücken. Sie bietet Adam einen Apfel an, führt einen Apfel zum Mund, verdeckt mit einer Venus-pudica-Geste ihre Scham (Abb. 16) oder streckt lässig ihren Arm aus. Viele Male hat sie eine Hand über dem Kopf, um einen Apfel zu pflücken oder sich an einem Ast festzuhalten (Abb. 17), was eine Öffnung des Körpers bewirkt und wie ein Räkeln aussieht.

Während Evas Handhaltungen wie unwillkürlich oder sogar unbewusst wirken, spricht Adam mit seinen Händen (Abb. 16). Er scheint zu plädieren, Einhalt zu bieten, abzuwehren. Er spreizt graziös seine Finger ab. Auch er greift mit einer Hand gelegentlich nach oben, allerdings, um sich am Kopf zu kratzen, (Abb. 17) eine Geste des Zweifelns, Ausdruck einer Geisteshaltung, die bei Eva nicht vorkommt. Adams Gesten sind symbolisch, Eva »ist« einfach so.

Große Unterschiede gibt es in der Art, wie die beiden stehen. Adam steht meist mit geöffneten Knien und Beinen da. Eva dagegen hat ihre Füße fast immer geschlossen oder gekreuzt. Einige Male hat sie ihre Füße im 90-Grad-Winkel aneinandergestellt und geradezu eine Ballettposition eingenommen (Abb. 17,

Abb. 18), bei der die Ferse eines Fußes das Fußgewölbe des anderen berührt. Ihre Knie sind meist geschlossen, außer wenn sie die beschriebene Ballettposition einnimmt. Auf einigen Bildern steht sie nur auf einem Bein, weil sie das andere Bein anwinkelt und den Fuß am Baumstamm abstellt oder weil sie eine Fußfessel umgreift und den Fuß zum Gesäß hochzieht.

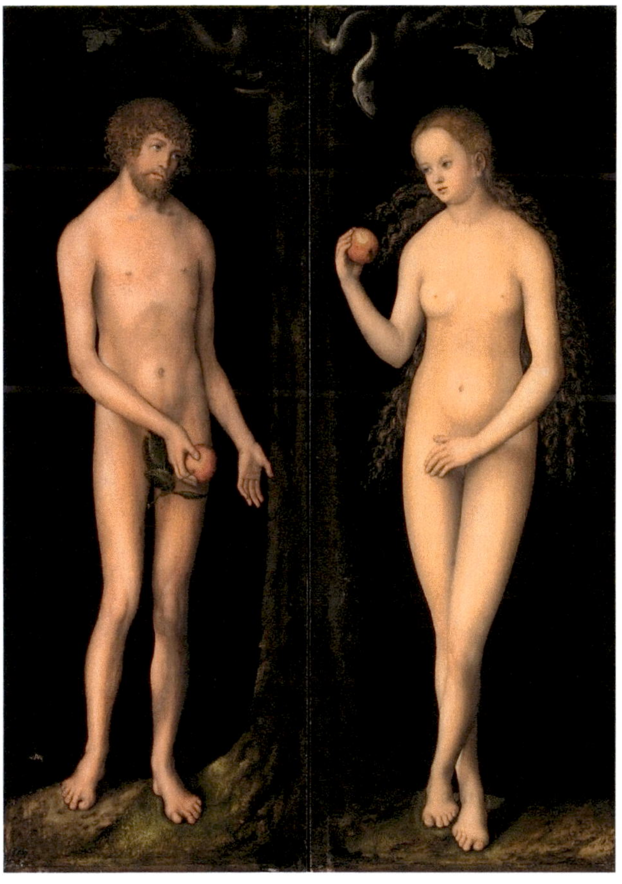

Abb. 16 Cranach, Braunschweig, ca. 1518, zwei Tafeln je ca. 30 × 86 cm

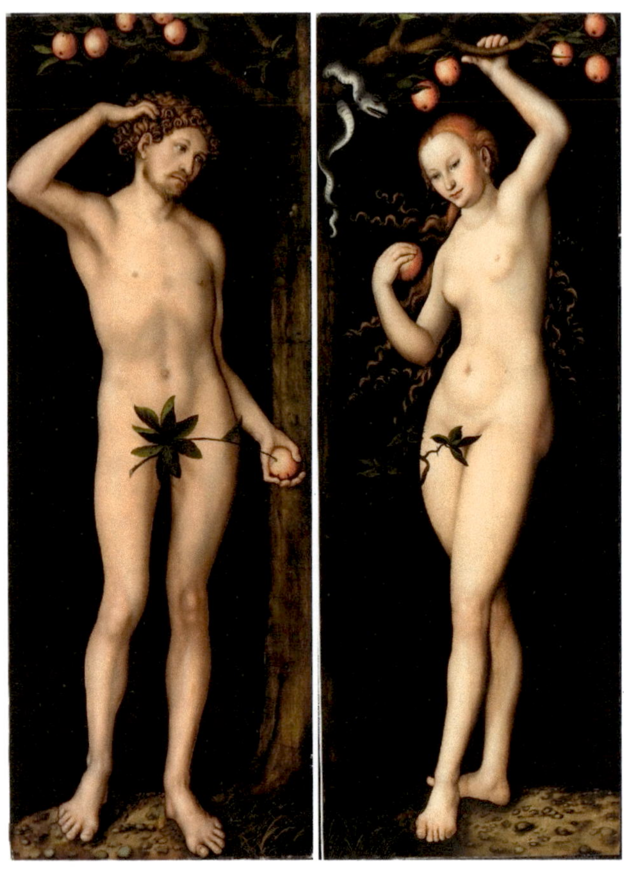

Abb. 17 Cranach, Pasadena, 1530, je 70 × 190 cm

Wie darf sich also Eva bewegen, wie Adam?

Seine geöffneten Beine geben Adam einen sicheren Stand. Eva dagegen nimmt mit Füßen und Beinen fast immer eine Spindelform ein, die einen unsicheren Stand verursacht: Sie berührt nur einen kleinen Teil des Bodens, nimmt wenig Platz ein. Die beschriebene Ballethaltung erschwert es ihr, das Gleichgewicht zu halten. Manchmal steht sie überhaupt nur auf einem

Bein. Dass es einige wenige Bilder (jeweils zwei) gibt, auf denen Eva mit geöffneten Beinen einen sicheren Stand und umgekehrt Adam nur wenig Bodenhaftung hat, macht deutlich, dass hier keine naturgegebenen Geschlechtsunterschiede abgebildet werden, sondern bevorzugte Verhaltensweisen zugeschrieben werden. Wir müssen also annehmen, dass Adam so erscheinen soll, als stehe er mit »beiden Beinen fest auf der Erde«, Eva dagegen so, als sei sie unsicher, wankelmütig. Diese Tradition geht ungebrochen bis zu heutigen High Heels weiter und wird auch

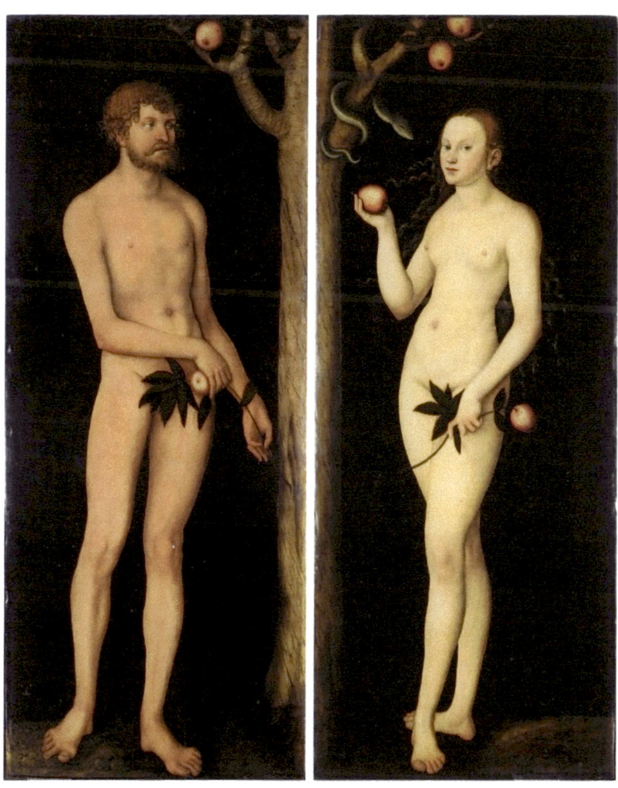

Abb. 18 Cranach, Dresden, 1531, je 69 × 170 cm

heutzutage medial vermittelt, z. B. mit Barbie-Puppen, die in der ursprünglichen Version auf ihren ballettartigen Füßchen nicht stehen konnten.

Auffallend häufig wird das erste Menschenpaar auf den Cranach-Bildern mit großer Nähe und Berührung dargestellt. Auf zweiundzwanzig Bildern berühren sich ihre Hände, meist ist auch der Apfel im Spiel. Es gibt siebzehn Bilder, auf denen sie in Umarmungen dargestellt sind, die zu zwei Dritteln von Adam ausgehen, und neunzehn Bilder, auf denen sich ihre Blicke treffen. Adam und Eva sind zu einem Liebespaar geworden.

Wenn er sie nicht umarmt oder von ihr umarmt wird, scheint Adam Eva zu beobachten. Diese Haltung passt durchaus zu der Schöpfungsgeschichte: Eva handelt, Adam schaut ihrem Handeln zu. In den Cranach-Bildern wird Adam aber auch zum Beobachter der variantenreichen Positionen, die Eva einnimmt. Evas Blick geht herausfordernd zu Adam oder zum Apfel, ins Nirgendwo und zweimal auch aus dem Bild zum Betrachter (Abb. 18). Dieser Blick holt einen Dritten, den Betrachter, ins Spiel. Es gibt also zwei Beobachter Evas: den Bildbetrachter außerhalb des Bildes und Adam, dessen Stellvertreter und Identifikationsfigur im Bild. Eva wird dadurch zur Person, die man anschaut, also zum Objekt der Betrachtung.

Zusammenfassend lässt sich bei den Werken aus der Werkstatt Cranach eine zunehmende Differenzierung in der Darstellung der Geschlechter feststellen. Für Eva gilt ein anderes Handlungsrepertoire als für Adam. Die Evafiguren, die sich mit nach oben gestrecktem Arm, geöffnetem Körper, mit lasziv ausgestreckten Armen oder mit hochgezogenen Beinen zeigen, scheinen sich geradezu anbieten zu wollen und sorgen so für eine zunehmende Erotisierung.

Die vielen Darstellungen mit Berührungen der Hände und Umarmungen betonen die Gemeinsamkeiten. Das sich umarmende erste Menschenpaar war aber keine Erfindung aus der Werkstatt Cranach. Eine Dürer-Zeichnung von 1510 (Abb. 19) zeigt Eva und Adam in inniger Zugewandtheit, wobei Eva in einer Rückansicht dargestellt ist.

Dürer stellt das Paar in enger Umarmung dar, die gleichermaßen von Adam wie Eva ausgeht. Dürers Formulierungen des

Themas auch in Holzschnitten der gleichen Zeit zeigen Begegnungen auf Augenhöhe.[10]

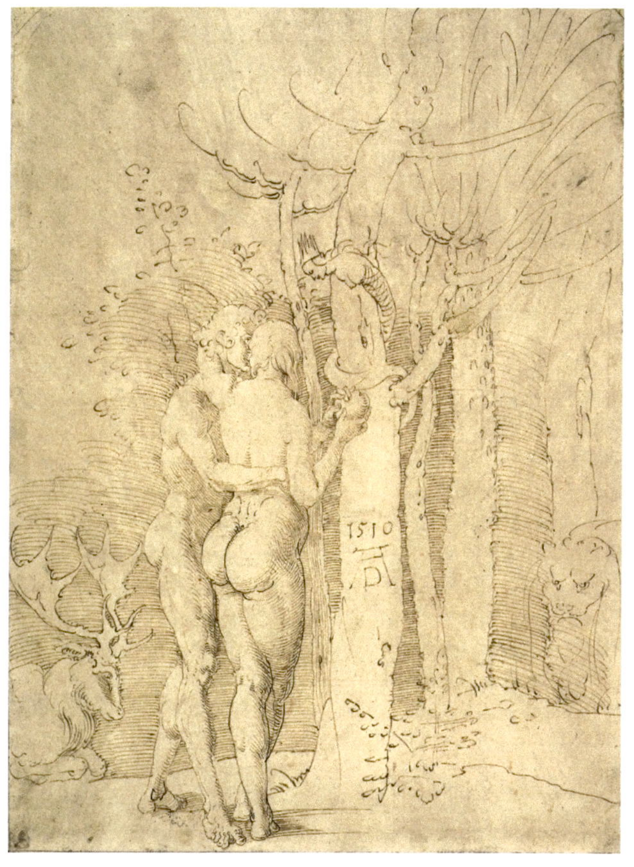

Abb. 19 Albrecht Dürer, Adam und Eva, 1510

Jan Gossaert, Hans Baldung Grien und andere werden das Liebespaar-Thema weiterentwickeln, dabei aber ganz andere Akzente setzen.

Aus dem Jahr 1531, dem gleichen Jahr wie Cranachs Dresdener Gemälde mit einer Eva, die den Zuschauer direkt anblickt (Abb. 18), stammt eine Bearbeitung des Themas durch Hans Baldung Grien (Abb. 20).

Mit leicht geöffneten Knien und Füßen steht Eva vor Adam. Ihr Körper beschreibt eine leichte S-Form, was ihren Stand verunsichert. Ihre zierlichen Füße tragen keine Last, vielmehr scheinen sie zu schweben.

Sie muss aber auch nicht fest stehen, denn sie wird gehalten von Adam, der breitbeinig hinter ihr steht, halb von ihr verborgen. Nach vorne wird ihr Spielraum durch den Stamm des Baumes der Erkenntnis eingegrenzt, nach hinten durch Adams Körper, nach links und rechts durch seine Hände. Sein Gesicht liegt an ihrer Schläfe und Wange und erlaubt ihr keine Kopfbewegung. Die Finger seiner rechten Hand krallen sich geradezu in die Haut unter Evas rechter Brust, sodass die Haut sogar Falten wirft. Seinen rechten Daumen hat er besitzergreifend auf ihrer Brust. Evas Scham ist mit einem durchsichtigen Schleier eher betont als verhüllt. Ihr Blick geht wie in Trance nach oben in Richtung von Adams Kopf, verfehlt ihn aber knapp. In ihrer linken Hand hält sie den Apfel fest, eine Geste, die als einzige entschieden und individuell wirkt. Ansonsten entspricht sie dem gängigen Schönheitsideal: eine hohe Stirn und stark fallende Schultern. Ihr Inkarnat ist hell, das Gesicht flächig, die Haut wenig gestaltet. Insgesamt wirkt sie teilnahmslos, apathisch, hingegeben, puppenhaft.

Adam – »natürlich« muskulös, mit dunklerem Inkarnat und festem Stand – blickt den Betrachter an. Er macht durch seine Haltung und Gesten klar, dass er Eva be-herrscht. Die Kraft, die in seinem muskulösen Körper deutlich wird, richtet sich an oder vielleicht gegen Eva. Sie ist ihm ausgeliefert, hat sich ihm ausgeliefert. Der Frauenkörper ist verfügbar geworden.

Das zeigt er dem Betrachter, den er aus den Augenwinkeln wie einen Komplizen anschaut. Eva ist Objekt von Adams Dominanz und zugleich Objekt des Betrachters. Die implizite Botschaft an die Betrachterin sowie den Betrachter dieser und der

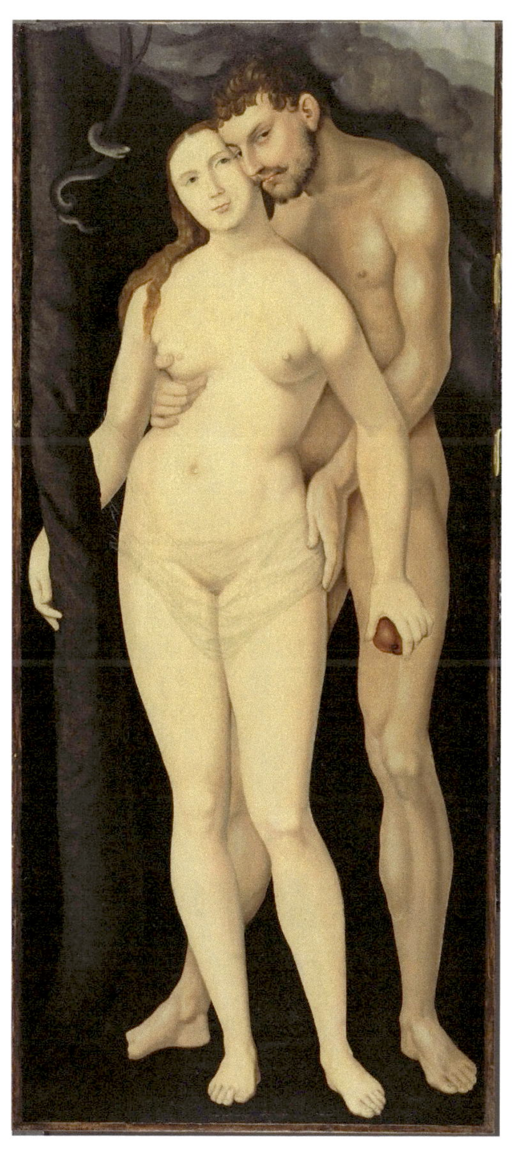

Abb. 20 Hans Baldung Grien, Adam und Eva, 1531, ca. 67 × 147 cm

nachfolgenden Bilder ist die Behauptung der Normalität solcher Verhältnisse.

Schon in seinem Holzschnitt *Der Sündenfall* von 1511 hatte Baldung Grien das Paar mit Blickkontakt zum Betrachter dargestellt.

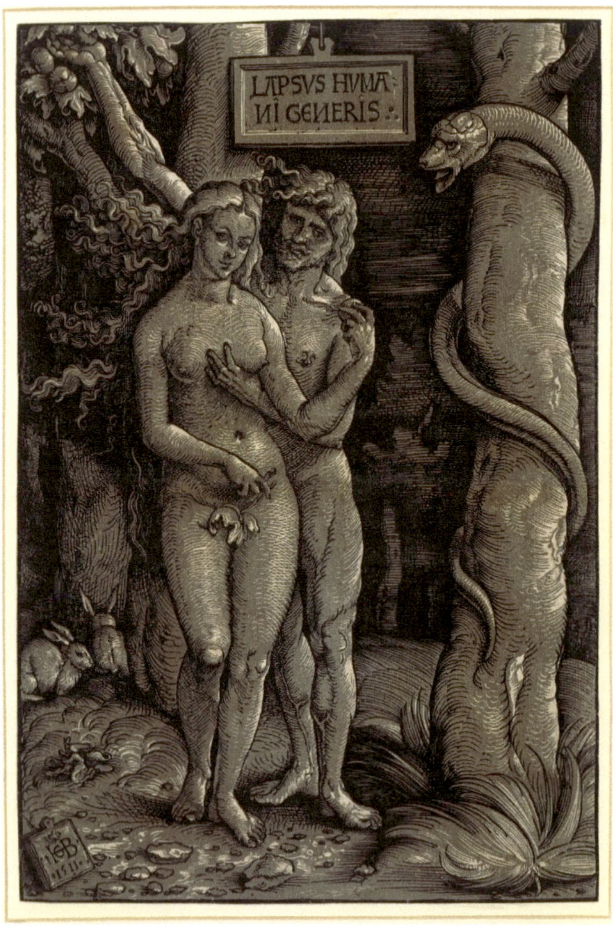

Abb. 21 Hans Baldung Grien, Der Sündenfall, 1511, Staatliche Kunstsammlungen Dresden, ca. 25 × 37 cm

Mit dem dunklen Wald, den Blättern des Baumes der Erkenntnis, Evas Lockenpracht und dem Hasen zitiert der Holzschnitt den Dürer'schen Kupferstich von 1504 (Abb. 14), die Gestaltung des Bodens vor dem Paar erinnert an Dürers zweiteiliges Adam-und-Eva-Gemälde von 1507 (Abb. 15). Ganz neu in seiner Deutlichkeit ist Adams Zugriff auf Evas Brust. Adam, wieder halb verdeckt von der vor ihm stehenden Eva, greift mit der rechten Hand nach einem Apfel, mit Daumen und Zeigefinder der linken Hand umfasst er gleichzeitig Evas Brust, eine Geste, die in seinem Gemälde von 1531 nur angedeutet ist. Hier wird die Analogie von Apfel und Brust mit aller Deutlichkeit fast ins Zentrum des Bildes gerückt. Das sexuelle Begehren ist mindestens zeitgleich mit der Übertretung des göttlichen Gebots vorhanden oder geht ihm vielleicht sogar voraus. Augustinus müsste hier natürlich widersprechen. Für ihn ist das sexuelle Begehren Folge und Bestrafung des »Sündenfalls«, des Ungehorsams gegen Gott.

Die Bearbeitung des Eva-und-Adam-Themas durch Maarten van Heemskerck treibt das doppelbödige Spiel mit den Betrachtern noch deutlicher. Es handelt sich um den rechten Flügel eines Gideon-Altars von 1550, dessen beide Flügel in Straßburg aufbewahrt werden (Abb. 22).

Gerade greift Eva nach dem Apfel, der aus dem baumartigen Gebilde über dem Paar leuchtet. Auch Adams Arm geht in diese Richtung, allerdings weniger zielgerichtet. Ihre beiden Arme bilden eine Diagonale, die oben links beginnt und mit Adams rechten Arm nach unten rechts fortgeführt wird. Auch der geschwungene Rand des Bildes in der rechten oberen Ecke wiederholt die Diagonale. Beide blicken direkt zu den Betrachtern, Adam als auffälliger Rückenakt. Ihre Blickrichtung wird durch die Diagonale unterstützt. Als hätte ihn jemand gerufen, scheint Adam gerade den Kopf zu wenden, will sich aber nicht wirklich umdrehen, nur aus den Augenwinkeln schaut er herüber. Seine Mimik deutet Ärger über die Störung an.

Eva hält seine rechte Schulter mit ihrer linken Hand, der Mittelfinger übt etwas Druck aus, als wolle sie vermeiden, dass Adam sich von ihr abwendet.

Das Bild hat die üblichen ikonografischen Zutaten für ein Sündenfall-Bild und doch wirken sie wie Zitate. Das liegt zum

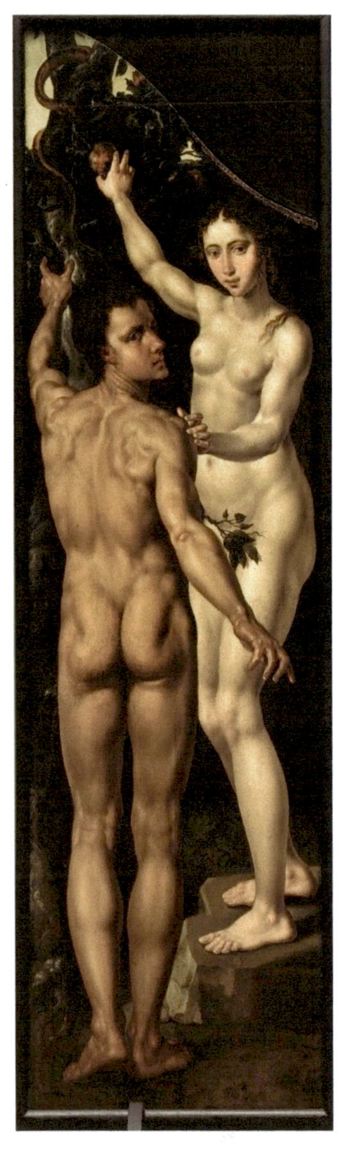

Abb. 22 Maarten van Heemskerck, 1550, 50 × 177 cm

einen an der ungewöhnlichen Rückenposition Adams, insbesondere aber an der Deutlichkeit der Inszenierung. Eva ist auf einen Sockel gehoben und damit hervorgehoben und ausgezeichnet. Sie ist so aber auch zu einer Statue geworden, der Trägerin einer Rolle. Damit ist sie eingefroren auf wenige Handlungsmöglichkeiten. Von ihrem Sockel aus könnte sie allein keinen einzigen Schritt machen. Nach vorne tut sich ein Abgrund auf, zur Seite beschränkt sie Adams rechter Arm.

Der an einen Vorhang erinnernde Rand des Bildes begrenzt das Bild nach oben rechts und macht es zu einer Bühne. Hier ist die Schöpfungsgeschichte zu einer literarischen Vorlage für die Aufführung eines Theaterstücks geworden.

Die Diagonale vom Apfel bis zu den Zuschauern bezieht diese in das Bild mit ein. Sie sind nun ein Teil des Ganzen. Was könnten Kirchenbesucherinnen und -besucher des 16. Jahrhunderts gesehen haben? Die Betrachter kennen die Geschichte und wissen, dass sie eine Warnung für sie sein soll. Gleichzeitig sehen sie aber, dass die Protagonisten sie anblicken, was zu der Geschichte nicht passt. Nur Gott könnte das Paar sehen. In diesem Stadium der Geschichte taucht er aber nicht auf. Die Kirchgänger wissen, dass Gott erst nach dem »Sündenfall« nach Adam ruft. Der Blick der beiden Figuren muss die Betrachter also irritieren, sie werden nach einer anderen Interpretation suchen und eher das Paar sehen, das im Begriff ist, sich einander zuzuwenden, dabei aber gestört wird und darüber verärgert ist. Eine anzügliche, erotisch aufgeladene Situation. Es schwebt der Ruch des Verbotenen über der Körperlichkeit des Paares. Aktualisiert wird zwar das Verbot aus der Schöpfungsgeschichte. Die eben dargestellte Irritation aber vermittelt das ungute und verbotene Gefühl, bei etwas Erotisch-Sexuellem zuzuschauen. Die Zuschauer sind zu Voyeuren geworden. Ihnen bleibt das widersprüchliche Gefühl, dass Lust und Heil nicht zusammengehören. Ihnen wird vermittelt, dass Sexualität etwas Sündiges ist.

Und schließlich Tintorettos *Sündenfall* von 1551/52 (Abb. 23).

Auffallend sind auch hier wieder die Diagonale und der männliche Rückenakt.

Geschmiegt an den Baum der Erkenntnis, von dem ein riesiges Schlangenmaul für Apfelnachschub sorgt, wendet sich Eva verführerisch Adam zu und bietet ihm den Apfel an. Sie, eine puttenhaft-kindliche Schöne mit geröteten Wangen, blickt den Apfel intensiv an. Ihre Blickrichtung geht aber gleichzeitig auch in Richtung auf Adams Geschlecht. Parallel zu ihr lehnt sich Adam zurück, auf seinen linken Arm gestützt. Er betrachtet sie, was nur aus seiner Kopfhaltung geschlossen werden kann. Seine rechte Hand hat er wie im Schreck an sein Kinn gehoben. Auch seine angespannte Muskulatur macht deutlich, dass er Eva nicht entspannt betrachtet, sondern eine Handlung kurz bevorsteht. Im Gegensatz zu Eva hat Adam – aufgrund der Darstellung als Rückenakt – kaum individuelle Züge.

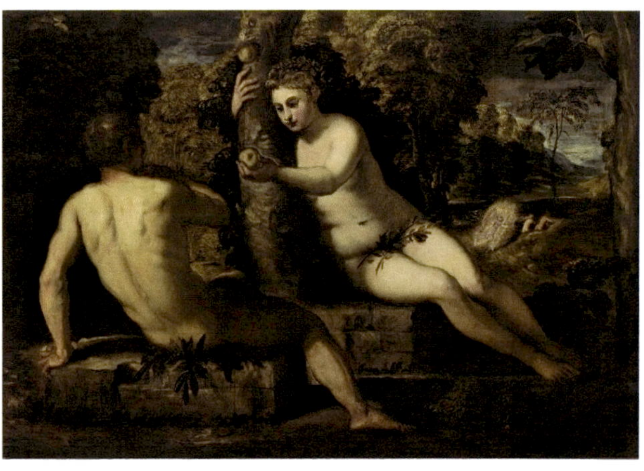

Abb. 23 Tintoretto, Sündenfall, 1551/52, 150 × 220 cm

Adam ist nur noch Betrachter und damit Stellvertreter für die Betrachter außerhalb des Bildes, die eben auch Eva betrachten, nicht Adam *und* Eva. Gewissermaßen wird Eva hier schon allein gelassen und Adam auf eine distanzierte Beobachterrolle festgelegt. Somit hätten wir hier eine Vorstufe von vielen späteren Bildern und Skulpturen, die Eva allein zeigen.[11]

Auffallend ist auch die Raumtiefe des Bildes. Für Adam in der dominanten linken Position öffnet sich der Blick über eine Szene mit der Vertreibung aus dem Paradies hinweg in eine weite Landschaft. Damit steht Tintorettos Sündenfallbild am Beginn einer neuen Art von Eva-und-Adam-Bildern: den Paradieslandschaften, wie sie von der Wende zum 17. Jahrhundert an sehr häufig gemalt werden.

Die Evafiguren werden zunehmend als Ziel erotisch-sexueller Wünsche gezeigt. Die Adamfiguren sind als Rückenakte (Maarten van Heemskerck, Abb. 22, Tintoretto, Abb. 23) dargestellt oder stehen hinter Eva (Baldung, Abb. 20 und 21), womit ihre Genitalien auch ohne Feigenblätter versteckt sind. Evas Körper, der Körper der Frau, wird exponiert. Adams Körper, der Körper des Mannes, beginnt, aus den Bildern zu verschwinden. »Erotische Sujets«, stellt die Kunsthistorikerin Daniela Hammer-Tugendhat für die holländische Malerei des 17. Jahrhunderts fest, »wurden fast ausnahmslos an weiblichen Körpern abgehandelt, der Mann findet sich nur als Betrachter vor dem Bild«.[12] Das allmähliche Verschwinden Adams, des Mannes, aus dem Fokus der Bilder ist bereits an diesen Bildern aus der Mitte des16. Jahrhunderts zu sehen.

Man könnte argumentieren, dass die hervorgehobene Position der Evafiguren – auf einem Podest, als Hauptblickpunkt in einem Bild – einen verbesserten gesellschaftlichen Status der Frauen signalisiere. Tatsächlich hatte sich der Blick auf das Paar, also die Ehe, für reformierte Theologen im 16. Jahrhundert verändert. Ehe sollte nicht mehr nur eine Notlösung für drängende sexuelle Wünsche des Mannes sein, die man besser in einer möglichst zölibatären Verbindung zügle. Für Luther war die Ehe der »edelste Stand« – »nicht nur ein ehrenvoller, sondern auch ein notwendiger Stand« –, der schon im Paradies allen Menschen als zwingende Lebensform auferlegt wurde.[13] Damit sind Eva und Adam zu Vorbildern für Ehepaare geworden.

Die protestantische Neubewertung der Ehe bedeutete allerdings nicht, dass sich die abwertende Sicht auf Eva geändert hätte. Frauen gelten weiterhin als das »geilere Geschlecht«, das unter Beobachtung gehalten werden muss. Diese Kontrolle auszuüben, war Aufgabe des Hausvaters, denn, so Luther, »ein Weib hat sich selber nicht in Gewalt«.[14] Der moralisch überhöhte Stand der Ehe begründete eine vom Hausvater zu kontrollierende Sittlichkeitsordnung, die nicht nur die Ehefrau und die Kinder, sondern auch die zum Haushalt gehörigen Personen umfasste. Handwerksmeister z. B. waren aufgefordert, sexuell abweichende Handlungen ihrer Gesellen zu melden, verheimlichte Geburten bekannt zu machen u. v. m.

Die Kontrolle der Frauen hat zugenommen, Männer dagegen dürfen ihre Sexualität weitgehend ohne Gewissensbisse leben, vorausgesetzt sie ist nicht »widernatürlich«. Frauen sind zu Objekten der Betrachtung, des Begehrens und der Kontrolle durch Männer geworden. Dieses Beziehungsverhältnis wird in den Bildern öffentlich dargestellt.

Eva und ihre zügellosen Schwestern

Die Evafiguren zeigen Frauen, die eingehegt, begrenzt und der Kontrolle Adams ausgesetzt sind – wie die Ehefrau ihrem Ehemann. Das ist in Übereinstimmung mit der weithin akzeptierten Meinung, Frauen seien, wie es im *Hexenhammer* formuliert wird, »in allen Kräften, der Seele wie des Leibes, mangelhaft«,[15] und Kontrolle deshalb unabdingbar. Was dieser Vorstellung nach passieren kann, wenn sich Frauen dieser Bewachung entziehen, zeigen die Hexenbilder, die vom beginnenden 16. Jahrhundert an entstehen. Wie bei den Bildern des Urelternpaares geht es auch bei den Hexenbildern letztendlich um zugeschriebene Unterschiede zwischen den Geschlechtern, die vermeintlich in der Sexualität begründet liegen.

Der historische Hintergrund der Bilder sind die Verfolgungen von vor allem randständigen Frauen als Hexen. Es ist die Zeit der ersten systematischen Hexenverfolgungen. Auch wenn die Hexenjagden zu keiner Zeit kritiklos hingenommen wurden, war die Vorstellung, es gäbe Hexen, für die meisten Zeitgenossen selbstverständlich. Luther z. B. hatte keine Zweifel. In Wittenberg predigte er 1526:

> »Es ist ein überaus gerechtes Gesetz, daß die Zauberinnen getötet werden, denn sie richten viel Schaden an, was bisweilen ignoriert

wird, sie können nämlich Milch, Butter und alles aus einem Haus stehlen (...). Sie können ein Kind verzaubern, daß es ständig schreit und nicht ißt, nicht schläft etc. Auch können sie geheimnisvolle Krankheiten im menschlichen Knie erzeugen, daß der Körper verzehrt wird. (...) Deswegen sind sie zu töten.«[16]

Es ist naheliegend, dass Hexen auch ein Thema der Kunst sind. Dürer hat das Sujet bearbeitet, ganz neu und bemerkenswert sind die nackten Hexen Hans Baldung Griens.[17] Wie in fast allen dieser Bilder sind in der Zeichnung von 1514 gleich mehrere Hexen dargestellt (Abb. 24).

Drei nackte Frauen unterschiedlichen Alters sind mit großem akrobatischen Einsatz dabei, Positionen einzunehmen, deren Sinn völlig unverständlich bleibt. Die vordere Frau kniet mit abgespreiztem rechtem Bein und streckt dem Betrachter des Bildes ihr Gesäß entgegen. Die hintere stützt sich mit ihrem rechten Bein auf dieser ab, sie hat das linke Bein abgespreizt. Mit ihrer linken Hand verdeckt – berührt? – sie ihre Scham, mit der rechten hält sie den Topf mit dem Höllenfeuer hoch. Die mittlere Frau mit zahnlosem Mund und großen Brustwarzen steht breitbeinig über der Kauernden, eine Position, die sogar ihre Schamhaare sichtbar werden lässt. Sie hält sich an der stehenden Frau fest und stützt sich auf der Kauernden ab. Die beiden halb stehenden Figuren scheinen ganz mit ihrem Tun beschäftigt, die Kauernde dagegen blickt unter dem abgespreizten Bein hindurch. Ob sie ihr Geschlecht betrachtet oder den Betrachter anblickt?

Die Komposition des Bildes ergibt eine Pyramide, die aber nur auf dem Papier von Dauer ist. Tatsächlich ausgeführt, würde sie vermutlich sofort in sich zusammenstürzen. Mittig im Vordergrund liegt das Täfelchen mit dem Monogramm Baldungs und der Jahreszahl 1514 – verkehrt herum in dieser verkehrten Welt. Daneben ist der Neujahrsgruß »EIN GUT JAR« angebracht sowie die Person angedeutet, der dieser Gruß gilt: »DER COR CAPEN«, »dem Chorherren, (...) also ausgerechnet einem Kleriker«.[18]

Vergleicht man die drei Frauen mit den Evafiguren z. B. von Cranach, deren Bewegungen wir betrachtet haben, so fällt auf, dass diese Frauen sich nicht an das Gebot halten, wenig Platz für sich einzunehmen, Knie und Beine zierlich geschlossen zu halten

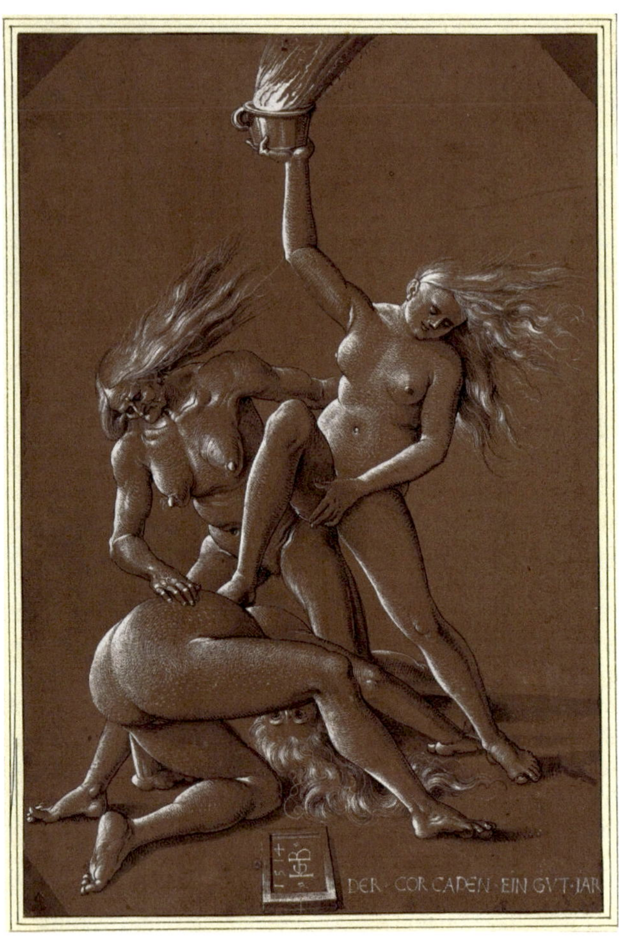

Abb. 24 Hans Baldung Grien, Neujahrsgruß mit drei Hexen, 1514, 21 × 30,9 cm

und sich Blicken nur diskret zu öffnen. Vielmehr zeigen sich die Hexen mit breit geöffneten Beinen, mit nicht oder nur knapp bedeckter Scham und sie präsentieren Körperteile, die zu verhüllen wären. Die obszöne Nacktheit und das schamlose Gebaren der drei Frauen könnten als Bestätigung der Ansicht gelesen werden, dass Frauen der Kontrolle bedürftig seien, weil sie ansonsten die Welt auf den Kopf stellen. Allein die gleichzeitige nackte Körperlichkeit von *drei* Frauen geht gegen jede Ordnung.

So könnte man das Bild als Warnung vor der Bedrohung der gesellschaftlichen und moralischen Ordnung durch lasterhafte Frauen lesen. Unter diesem Vorwand ist es gleichzeitig brauchbar, um die Schaulust zu befriedigen. Die nackten Frauenkörper eignen sich für die Projektion sexueller Wünsche des Voyeurs, wobei mögliche Gewissenskonflikte bezüglich der eigenen sexuellen Bedürfnisse zulasten der Betrachteten gedämpft werden können, denn die Verantwortung für die eigene Erregung kann der Betrachter den Frauen statt sich selbst zuschieben. Das ausgewählte Hexenbild (Abb. 24) kann diese Funktion besonders gut erfüllen, wird der Blick doch nicht durch zum Hexenflug benötigte Gegenstände wie Forken, Totenschädel, Kochgeschirr, Zauberanleitungen und feuerspeiende Katzentiere abgelenkt. Der Verzicht auf typisches Hexendekor wie in anderen Hexenbildern Baldungs ist wohl dem Umstand geschuldet, dass es sich bei dem Adressaten des *Neujahrsgrußes mit Hexen*, dem COR CAPEN, vermutlich um einen mit Baldung befreundeten Kleriker handelte.

Das Einbeziehen der Betrachter in das erotische Geschehen haben wir bereits in verschiedenen Adam-und-Eva-Bildern gesehen (Abb. 20–22). Hier nun wird der Betrachter zu einem an pornografischen Bildern interessierten Voyeur fast ohne mythologische oder moralische Verbrämung. Nur der dampfende Kessel macht das Bild zu einem Hexenbild und damit zu einer moralischen Warnung.

Vor dem Hintergrund der Tatsache, dass es immer auch kritische Haltungen zu den Hexenverfolgungen gegeben hat, könnte man argumentieren, dass es Baldung mit seinem Blatt eher um eine spöttische als eine moralische Sicht auf die Hexen gegangen sein könnte. Aber gleichgültig, welcher Haltung man zuneigt, so bleibt doch die misogyne Vorstellung von Frauen, die, kaum dass die Zügel gelockert sind, jenseits aller gesitteten Ordnung sinnlose Handlungen ausführen, sich schamlos zeigen und in jedem Alter brandgefährlich sind. Diese Haltung steht sowohl hinter den Eva-und-Adam-Bildern, die eher gewünschtes weibliches Verhalten vorstellen, als auch hinter den Hexenbildern, die vor den Gefahren unbewachter Frauen zu warnen vorgeben.

Anmerkungen

1 Zit. aus Rupprich (1956), S. 168.

2 Vgl. Sibylle Weber am Bach in Jacob-Friesen (Hg.) (2019), S. 446.

3 zit. nach W. Hütt (1988), S. 1451.

4 Auch für dieses Werk ist kein sakraler Rahmen nachweisbar. Diskutiert wird u. a., dass die Tafeln sich ursprünglich im Nürnberger Rathaus befunden haben oder auch im Besitz Kaiser Rudolfs II. Gesichert ist, dass sie zehn Jahre nach ihrer Entstehung sich in den Privatgemächern des Breslauer Bischofs befanden. Schoen (2001), S. 117 ff.

5 Auch die männlichen Figuren in Dürers Proportionslehre stellen den Typus mit dem geraden Rumpf dar. Hütt (1988), S. 1469–1472.

6 Schoen (2001), S. 32 f.

7 Hammer-Tugendhat (2006), S. 76.

8 Verspohl (1998), 142.

9 Stand Februar 2021. Digitalisate unter corpus-cranach.de.

10 Davon auszunehmen ist nur der sehr traditionelle Holzschnitt von 1493, in dem Adam mit einer anklagenden Geste auf Eva zeigt.

11 Ein sehr ungewöhnliches, frühes Beispiel einer Evadarstellung ohne Adam ist Baldungs Federzeichnung *Eva und die Schlange* von 1510, in der eine nachdenkliche Eva mit Blick auf den Betrachter ganz bewusst die verbotene Frucht ergreift.

12 Hammer-Tugendhat (2009), S. 156.

13 zit. n. Eder (2018), S. 320.

14 zit. n. Eder (2018), S. 324.

15 Behringer (Hg.) (1995), S. 97. Der *Hexenhammer* des Dominikaners Heinrich Cramer stellt als »Hexenlehre« die Grundlage für Hexenverfolgungen nach Erscheinen des Werkes (1487) dar.

16 Zit. n. Behringer (Hg.) (1995), S. 104.

17 Die Karlsruher Landesausstellung zu Baldung Grien im Jahr 2019 stellte für die Zeit zwischen 1510 und 1523 allein acht seiner Hexenbilder vor.

18 Christoph Metzger in Jacob-Friesen (Hg.) (2019), S. 323.

Johann Wolfgang von Goethe

Ein schöner Traum

METHISTOPHELES. Das hat nun heute keine Ruh.
Es geht zum Tanz; nun komm! wir greifen zu.

FAUST mit der Jungen tanzend.
Einst hatt' ich einen schönen Traum:
Da sah ich einen Apfelbaum,
Zwei schöne Äpfel glänzten dran,
Sie reizten mich, ich stieg hinan.
DIE SCHÖNE.
Der Äpfelchen begehrt ihr sehr,
Und schon vom Paradiese her.
Von Freuden fühl' ich mich bewegt.
Daß auch mein Garten solche trägt.

(um 1800)

Aus: Faust I, Walpurgisnacht, in: Goethe (1972), Verse 4126–4135.

6. Idyllen in der Katastrophe

17. und 18. Jahrhundert

Im Paradies

Ab der Wende zum 17. Jahrhundert sind viele Adam-und-Eva-Darstellungen Landschaftsbilder, in denen man das Paar suchen muss. Häufig sind sie umgeben von unzähligen Tieren und üppiger Vegetation. Es sind Wimmelbilder, die paradiesische Verhältnisse zeigen – Paradieslandschaften.

Ein Beispiel von vielen dieser Art ist das Bild *Paradieslandschaft mit Sündenfall* Jan Brueghels (Abb. 25), das mal dem Vater, mal dem Sohn Brueghel zugeschrieben wird.[1]

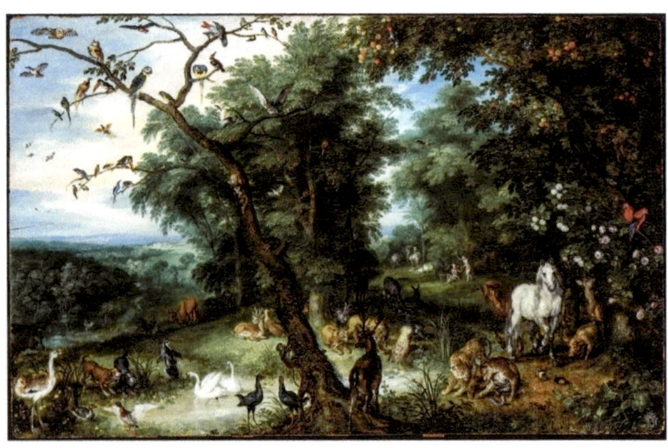

Abb. 25 Jan Brueghel, Paradieslandschaft mit Adam und Eva, ca. 1620

Auf der linken Seite schlängelt sich ein kleines Tal in die Tiefe des Bildes und öffnet einen weiten Blick in eine bewaldete und weiter hinten gebirgige Landschaft. Zur Tiefenwirkung trägt auch der

Vogelbaum im mittleren Vordergrund bei, der als Repoussoir[2] wirkt und mit seiner nach links geneigten Diagonale den Blick auf die Landschaft im Hintergrund lenkt. Die Betrachter haben einen deutlich erhöhten Augenpunkt, sodass sie aus der Aufsicht einen weiten Blick ins Land haben. Heimische wie exotische Tiere werden im Vordergrund und Mittelgrund zur Schau gestellt. Anders als bei Dürers rund hundert Jahre älteren Kupferstich sind die Tiere nicht in erster Linie Symbolträger. Hier kann man sie mit zoologischem Interesse betrachten.

Eva und Adam muss man regelrecht suchen, sie sind in den weit entfernten Mittelgrund gerückt. Wenige Tiere stehen noch weiter hinten als das Urelternpaar. Eva steht, Adam sitzt.

Das Bild variiert ein Gemälde Jan Brueghels d. Ä. (1568–1625) von 1613,[3] wird also etwas jünger sein. Das Vor-Bild zeigt ebenso eine Paradieslandschaft mit markantem Vogelbaum, allerdings nicht mit Adam und Eva, sondern mit dem Einzug in die Arche Noah. Die Austauschbarkeit des Bildthemas wie auch die Positionierung des ersten Menschenpaares in den Mittelgrund machen deutlich, dass es in erster Linie um Landschaft und Tiere geht, nicht um Eva und Adam, die biblische Geschichte.

Aber es gibt auch Bilder zum Thema, in denen das Paar in den Vordergrund gerückt ist. Ein Beispiel ist das Kooperationswerk zwischen Brueghel d. Ä. und Peter Paul Rubens (1577–1640) (Abb. 26).

Den fast blätterlosen Vogelbaum mit vielen Papageien gibt es diesmal gleich zweimal. Nach rechts geneigt, teilen sie das Bild in Vordergrund, Mittelgrund und Hintergrund und verbinden die Teile auch wieder.

Blickachsen führen in die Tiefe des Raums. Umgeben von opulenter Vegetation und Tieren im Überfluss sind die von Rubens[4] gemalten Akte in den Vordergrund gerückt. Hier ist es wohl kein Zufall, welche Tiere in der Nähe des Menschenpaares platziert sind. Das Pferd hinter Adam kann man als Symbol der Männlichkeit sehen, der Pfau neben Eva betont ihre Schönheit. Der Hund ist ein klassisches Symbol der ehelichen Treue, wie auf vielen Sarkophagen.

Wie im vorangegangenen Bild sitzt Adam, wogegen Eva steht. Ihr Körper beschreibt wie eine Figura serpentinata eine leichte

Schlangenbewegung, setzt so die Bewegung der Schlange über ihrem Kopf fort und macht Eva auf subtile Weise selbst zu einer Schlange. Sie ist im Halbprofil gezeigt, der nach oben gereckte Arm öffnet ihren ganzen Körper den Augen der Betrachter, die etwa auf der Höhe von Adams Augen zu denken sind – und natürlich Adams Augen. Ihr weißer Körper ist auffallend ins Licht gerückt. Ihre Brüste scheinen wie von unten beleuchtet und damit hervorgehoben. Adam ist im Profil dargestellt. Er ist nicht nur nackt, sondern ausgezogen: Seine Arme sind gebräunt, sonst ist sein Körper heller, als würde er normalerweise Kleidung tragen. Adam ist zwar muskulös und hat ein jugendliches Gesicht, aber um den Bauch herum hat er schon etwas Fett angesetzt.

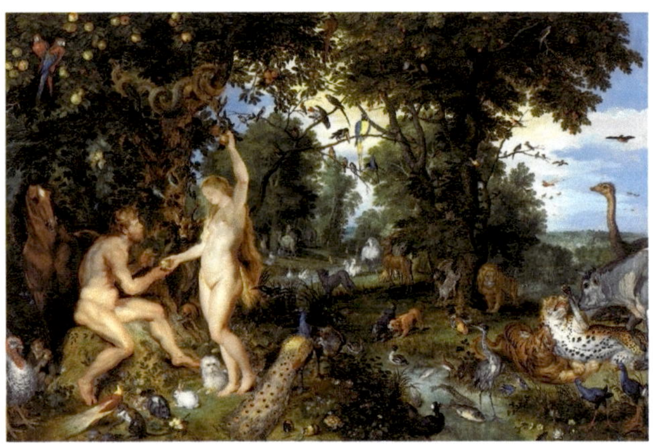

Abb. 26 Jan Brueghel d. Ä., Peter Paul Rubens, Paradieslandschaft mit Sündenfall, um 1616, ca. 115 × 74 cm

Eva macht zweierlei, sie greift nach einem Apfel und reicht Adam einen.

Auch in Poussins (1594–1665) Gemälde *Le Printemps ou le Paradis terrestre* (Abb. 27) aus dem Jahreszeitenzyklus von ca. 1660–65 ist Eva die geschäftige Person. Das Bild kommt ohne Schlange aus und auch auf Tiere verzichtet es, abgesehen von einigen Wasservögeln auf dem See im Hintergrund. Von einem deutlich erhöhten Augenpunkt aus geht eine Sichtachse links vom Baum der Erkenntnis an einem bewachsenen dunklen Felsvorsprung vorbei in eine sehr weit entfernte besonnte Landschaft, rechts vom Baum führt eine weitere Achse an dem kleinen See vorbei auf eine etwas nähere Gruppe hoher Berge.

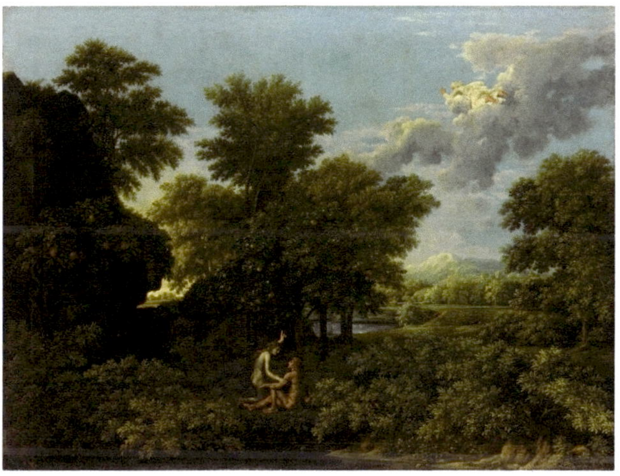

Abb. 27 Nicolas Poussin, Le Printemps, ca. 1660/64, 160 × 118 cm

Im Vordergrund, wo sich die Sichtachsen kreuzen, halten sich Adam und Eva auf. Sie sind am Rande eines kleinen Teiches, der das Bild nach unten begrenzt. Wie in den vorangegangenen Bildern ist das Paar eingebettet in eine üppige Natur. In dem Gemälde von Poussin entsteht zudem der Eindruck von Abgeschiedenheit. Idyllische Baumgruppen umgeben ihr Lager fast wie ein Nest, der überhängende Felsen auf der linken Seite deutet die Existenz einer Höhle an und verstärkt damit das Gefühl von Behaustheit, die Tiere halten Abstand.

Adam sitzt auf dem Boden, Eva hat sich zu ihm niedergekniet und macht wieder zweierlei: Mit einer großen Geste des linken Arms weist Eva auf den Baum der Erkenntnis hin, zugleich fasst sie Adam mit der rechten Hand am Oberarm, als wollte sie ihn aufrütteln. Der Nachdruck, der in ihrer Haltung zum Ausdruck kommt, macht ihr Interesse, ja ihre Neugier deutlich. Was sie gesehen hat, möchte sie mit Adam teilen: die Früchte, den Baum, die Schönheit, die Chance, etwas Gutes zu essen. Sie möchte mit Adam darüber sprechen, was sie gesehen hat, und mit ihm gemeinsam entscheiden, die Früchte zu essen. Es geht also um Neugier, Genuss, Schönheit, Erkenntnis und Gemeinsamkeit.

Der auf einer Wolke schwebende Schöpfergott scheint das – optimistisch interpretiert – ohne Groll zu sehen.

In allen drei Beispielen ist Eva auffallend aktiv und initiativ. Evafiguren, die mit zwei Handlungen gleichzeitig dargestellt sind, haben wir auch schon bei Cranach gesehen. In den hier betrachteten Bildern wird ihre Geschäftigkeit aber besonders dadurch hervorgehoben, dass Adam auffallend untätig wirkt.

Sitzen und Stehen

Ein bemerkenswertes Beispiel für die gerade beschriebene Adam-und-Eva-Konstellation ist die kleine Elfenbeinskulptur Leonhard Kerns (1588–1662), einem Künstler aus dem Hohenloheschen, der das Thema mehrfach bearbeitet hat.

Adam wirkt besorgt und hilfsbedürftig. Seine Sorge scheint aber nicht der Übertretung des Verbots, vom Baum der Erkenntnis zu essen, zu gelten, denn in Gestik und Körperhaltung nimmt er nicht Kontakt zu Eva auf, die dabei ist, das Verbot zu missachten. Seine Stirn ist in Falten gelegt, seine Lippen sind aufeinandergepresst, sein Blick ist in sich gewendet oder geht in die Weite. Er scheint mit seinen Gedanken beschäftigt, seine linke Hand krault den hinter Eva verborgenen Hund. Im Gegensatz zu seinem Körper lässt sein Kopf eher an einen älteren Mann denken. Die jugendliche Eva ist um ihn bekümmert, als wollte sie dafür sorgen, dass es ihm besser gehe. Er nimmt den Apfel, den Eva ihm gibt, als würde ihm eine Medizin verabreicht, die ein Leiden kurieren soll.

In den Achtzigerjahren des 20. Jahrhunderts wurde vermutet, dass die Skulptur 1646 anlässlich der Hochzeit Friedrich Wilhelms von Brandenburg, später »Großer Kurfürst« genannt,

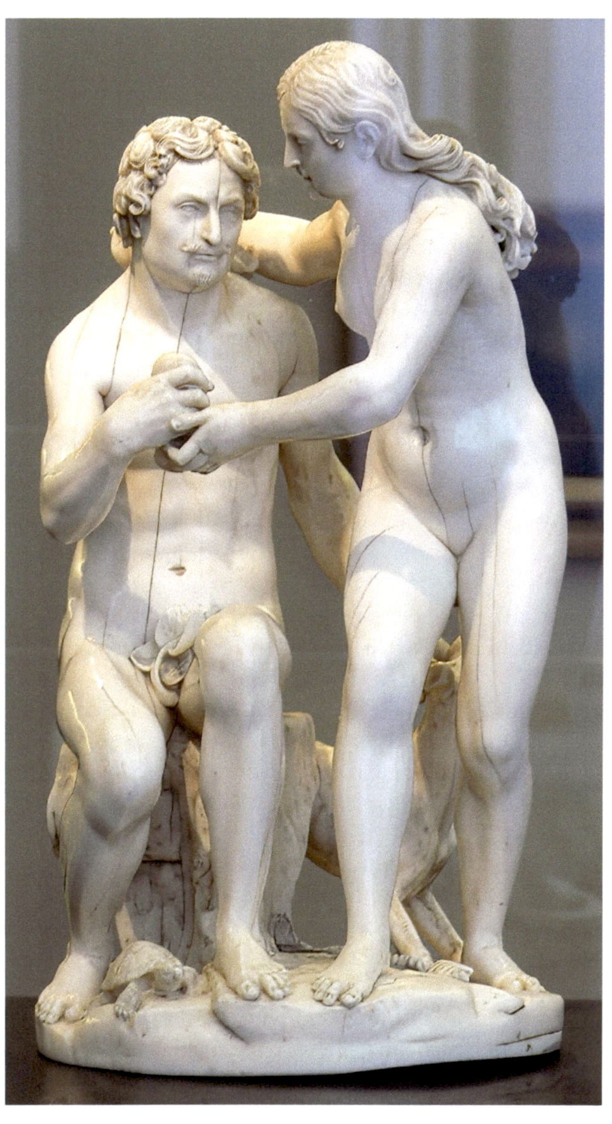

Abb. 28 Leonhard Kern, Adam und Eva (Sündenfall), ca. 1646, 12,4 × 22,8 cm

mit Louise Henriette von Oranien als Hochzeitsgeschenk entstanden, und dass das Paar selbst dargestellt sei, was aber aus Gründen der fehlenden Übereinstimmung mit der Bartform der historischen Persönlichkeit in Zweifel gezogen wurde, nicht etwa weil die unbeholfene Haltung eines Herrschers möglicherweise nicht würdig sei.[5] Gleichgültig ob das genannte Paar tatsächlich dargestellt ist oder nicht: Es wurde für möglich gehalten, dass dieses Werk einem herrschaftlichen Paar als Abbild seiner selbst geschenkt worden sein könnte. Genau das macht die Skulptur besonders interessant, denn es erlaubt die Annahme, dass die Darstellung als mustergültig empfunden wurde. Zumindest die Interpreten aus den Achtzigerjahren des 20. Jahrhunderts sehen in Adams Haltung also eine als vorbildlich betrachtete Haltung einer Autoritätsperson und in Evas Haltung das als vorbildlich betrachtete Verhalten *zu* einer Autoritätsperson. Das Muster: Der Mann ist mit seinen Gedanken und Problemen beschäftigt, nebenher vielleicht mit seinem Hund, aber nicht mit seiner Frau. Die Frau ist mit dem Mann beschäftigt: Sie hegt und pflegt ihn, kümmert sich um sein Wohlergehen. Diese Fürsorge, Zuwendung, Anteilnahme und Empathie zu erfahren, ist für Adam offenbar so selbstverständlich, dass dies nicht seinerseits durch Zuwendung beantwortet werden muss. Im Gegenteil, er scheint Eva zu ignorieren. Zuwendung erhält der Hund. Diese Verteilung der Rollen von Dienen und Bedientwerden ist sicher nicht ungewöhnlich. Erstaunlich ist aber doch, dass sie offenbar auf ein gesellschaftlich herausragendes Paar appliziert werden konnte. Trotz der Anwesenheit von Dienerschaft wurde auch die gesellschaftlich hoch stehende Dame in der dienenden Rolle gesehen. Das spricht dafür, dass das Muster der Frau, die den Mann bedient, so stark ist oder sein soll, dass es die realen Verhältnisse eines fürstlichen Paares überlagerte.

Die Kombination aus sitzendem Adam und stehender Eva, die ihn versorgt, kommt vereinzelt auch schon im 16. Jahrhundert vor,[6] lässt sich aber an unzähligen Werken ab dem Übergang zum 17. Jahrhundert beobachten.[7]

Sitzen und Stehen sind keine beliebigen Haltungen, sie haben einen kulturgeschichtlichen »Hof«. Wer darf sitzen, wer muss stehen? Der Vorsitzende sitzt, der Herrscher sitzt, der Denker sitzt. Vor einem Thron stehen die Höflinge, wenn sie nicht niederknien. Die Bedienung steht, die Restaurantbesucher sitzen. Man erhebt sich, um jemandem Respekt zu erweisen. Sitzen kann also hohen, Stehen niedrigen Status signalisieren. Sitzen ist aber auch ein Vorrecht von Alten und Kranken.

Wie nun sitzt Adam? Es ist kein klassisches herrschaftliches Sitzen, kein Thronen, das den Herrscher üblicherweise frontal darstellt. Adam sitzt auch nicht als Denker, wenngleich er gelegentlich auch etwas von einem Denker hat. Er sitzt auch nicht als gebrechlicher, alter Mann, und doch fällt auf, dass er häufig deutlich älter zu sein scheint als Eva und manchmal wie erschöpft wirkt. Adam repräsentiert eine Figur, die offenbar das Vorrecht hat zu sitzen, sich bedienen und sich Respekt erweisen zu lassen.

Auf der Ebene des Bildinhalts, dem »Sündenfall«, kann man feststellen, dass Adam allein schon durch sein Sitzen weiter entfernt ist vom Thema der Verbotsübertretung. Jedenfalls ist er durch seine Passivität auf der sicheren Seite: Er ist am »Sündenfall« kaum beteiligt. Aktivität ist gelegentlich in seiner Gestik zu erkennen, mit der er Eva, allerdings nicht sehr energisch, zu beeinflussen versucht. Im Vergleich zu vielen früheren Adam-Darstellungen – als Beispiel der Dürer'sche Kupferstich von 1504 (Abb. 14) mit einem Adam, dessen angespannte Muskeln eine direkt bevorstehende Handlung ankündigen – wirkt der sitzende Adam geradezu passiv.

Geboten wird hier das Rollenvorbild des Mannes, der das Recht auf materielle und körperliche Versorgung, emotionale Fürsorge und auf seine Ruhe hat. Er ist der Nehmende, büßt aber auch Initiative und Aktivität ein.

Seine Passivität macht Eva umso auffallender. Wie schon im 16. Jahrhundert, wird sie dargestellt als Verführerin, deren erotische Reize zur Schau gestellt werden, wie in dem Bild von Brueghel und Rubens (Abb. 26), allerdings ohne dass die Betrachter über die Blickregie miteinbezogen würden. Darüber hinaus ist Eva vielfältig aktiv, immer in Kontakt, im Gespräch mit Adam und um ihn besorgt.

Sie ist nicht mehr nur das Püppchen, das behandelt und zur Schau gestellt wird, sondern auch diejenige, die die Initiative ergreift. Das entspricht natürlich der Schöpfungsgeschichte. Aber anders als noch in Dürers gerade erwähntem Kupferstich, in dem Eva einen der Äpfel zu verbergen scheint, vermitteln diese Bildformulierungen nicht den Eindruck, als würde sie etwas Verbotenes tun.

Eva ist in der typischen Rolle der für die Versorgung zuständigen Frau dargestellt. Sicher ist dies im 17. Jahrhundert keine neue Frauenrolle, sie wird hier aber ganz auffallend betont. Die Frau ist zuständig für Versorgung und Bedienung mit Nahrung wie mit Zuwendung. Ihr Stehen ist also das Stehen des Servicepersonals, positiver formuliert: der »Herrin« im Haus. Das ist ein Schritt weg von der negativen Kennzeichnung als Inkarnation des Bösen oder als passives Sexualobjekt. Ihr wird eine positive Rolle als Gebende zugesprochen, auf die sie aber auch festgelegt wird.

Etwa hundert Jahre später wird Rousseau die Rollenverteilung, die wir in den Bildern sehen, in seinem pädagogischen Hauptwerk von 1762 *Emil oder Über die Erziehung* so auf den Punkt bringen:

> »Die ganze Erziehung der Frauen muß daher auf die Männer Bezug nehmen. Ihnen gefallen und nützlich sein, ihnen liebenswert und achtenswert sein, sie in der Jugend erziehen und im Alter umsorgen, sie beraten, trösten und ihnen das Leben angenehm machen und versüßen: das sind zu allen Zeiten die Pflichten der Frau, das müssen sie von ihrer Kindheit an lernen.«[8]

Vermessung und Kunst

Allein aus der Werkstatt Brueghel soll es über hundert Paradieslandschaften geben, wenn auch nicht alle mit dem Thema Eva und Adam.[9] Die schmückende Wirkung der Bilder ebenso wie ihr Exotismus waren sicher Gründe für ihre Beliebtheit. Die Vorliebe für Landschaft, Pflanzen und Tiere ist kein Zufall, vielmehr ist sie Teil eines weitverbreiteten Interesses an der Erkundung der Welt im Zeitalter der europäischen Expansion. Berichte über »Entdeckungen« unbekannter Länder und Kontinente im 16. Jahrhundert veränderten das Weltbild und schufen ein neues Bewusstsein von der Ausdehnung der Welt. Die Entdeckung der

Seewege nach Asien, die weltweite Ausbreitung der Handelsbeziehungen und Kolonisierungsprojekte veränderten und vergrößerten auch das Wissen über die Welt.

Natürlich reagierten die bildenden Künstler darauf. Themen aus der Genesis wie *Die Erschaffung der Tiere*, *Einzug in die Arche Noah* und eben *Das Paradies* boten den Malern, Zeichnern und Kupferstechern die Gelegenheit, alle möglichen Tiere, die sie kannten, von denen sie gehört und von denen sie Abbildungen gesehen hatten, gleichzeitig darzustellen. In ihren Bildern ist Landschaft nicht mehr nur Hintergrund, sondern wird Hauptdarsteller. Landschaft als Bildgegenstand wird erfunden[10] und in großer Vielfalt bearbeitet.

Entsprechend der sich wandelnden Kenntnis der Welt weitet sich auch der Horizont in den Gemälden. Die Grenzen des Wahrnehmbaren werden scheinbar immer weiter hinausgeschoben. Mit einem extrem hohen virtuellen Blickpunkt bieten die Bilder dem Betrachter ein fürstliches Panorama und vermitteln das fast schon koloniale Gefühl, selbst Herrscher der Welt zu sein.[11]

Die Künstler reagierten auf die Vergrößerung ihrer Welt nicht nur mit neuen Perspektiven und Bildthemen. Es gab auch neue Rollen, Aufgaben und Auftraggeber für sie. Eine Gesellschaft, die Handel treibt, zur See fährt und Länder kolonisiert, braucht Landkarten, Seekarten, Ansichten von Städten, von Festungsanlagen und Flussverläufen. Mit solchen Abbildungen lassen sich Expeditionen und Eroberungen planen. Auf diese Weise wurde die »Darstellung von Landschaft (...) zu etwas Nützlichem«.[12] Es galt, die reale Wirklichkeit mit topografischer Exaktheit in die Zweidimensionalität zu übertragen. Detailgenauigkeit und Verständlichkeit sollten bei gleichzeitiger Reduktion der Komplexität erreicht werden. Nicht von ungefähr nahm die Kartografie hier ihren Aufschwung. Hier bot sich ein weites Aufgabenfeld für die Künstler.

Claes Janszoon Visscher (1587–1652), Begründer einer Amsterdamer Dynastie von Kupferstechern, ist ein Beispiel für einen solcherart vielseitigen Künstler. Er hinterließ ein umfangreiches Werk von Zeichnungen und Drucken, darunter Weltkarten, Stadtpläne, Grundrisse, Ansichten von Festungsanlagen, Landschaften und eben Paradieslandschaften mit Adam und Eva in der zu dieser Zeit üblichen Konstellation: Eva steht, Adam sitzt.

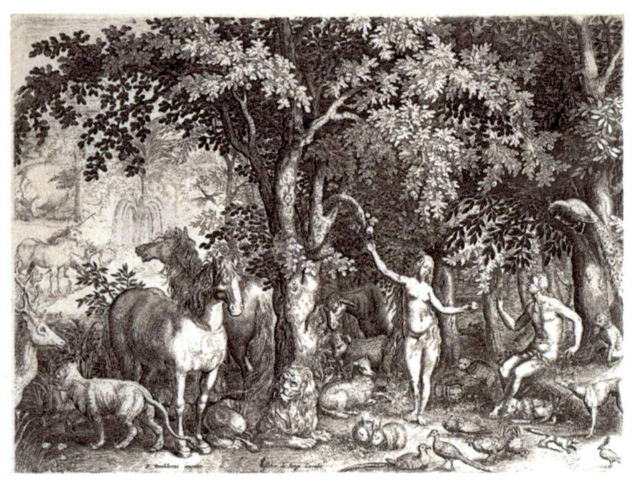

Abb. 29 Claes Janszoon Visscher, ca. 1640, 32 × 26 cm

Dieser Druck (Abb. 29) ist nicht das einzige und auch nicht das erste Werk, das genau oder fast genau dieses Motiv zeigt. Der Urheber ist am unteren Bildrand genannt: »D. Vinckboons inventor«. Kopieren war nichts Ehrenrühriges, vielmehr ist es in den Arbeitsprozess eingeschrieben. Nicht jeder Künstler war sowohl ein guter Zeichner als auch ein guter Graveur. In großen Werkstätten, bei Rubens zum Beispiel, sorgten viele Graveure für die Umsetzung der Zeichnungen, Gemälde oder auch Skizzen für den Druck. Es galt, mittels der Drucke den eigenen Ruf zu verbreiten. Reproduzierbarkeit war ein hohes Gut geworden. In unserem Beispiel ist es Vinckboons, der die Ursprungszeichnung, eine Federzeichnung, die in Wien aufbewahrt wird, angefertigt hat für die Umsetzung durch den Graveur Boetius Adams Bolswert. Das Motiv gibt es auch als Gemälde von Jan Brueghel d. J.[13] Bei Brueghel und bei Boetius sitzt Adam auf der linken Seite, bei Visscher und Vinckboons auf der rechten.

In einer Zeit großer Forschungsreisen galt es aber auch, das neue Wissen über die Welt aus Expeditionen aller Art festzuhalten, zu ergänzen, zu ordnen und weiterzugeben. Unersetzlich dafür: Künstler-Handwerker, die die Techniken des Reproduzierens beherrschen. An der beginnenden wissenschaftlichen Erkundung und Beschreibung der Natur waren Künstler maßgeblich beteiligt. Als Johann Moritz, Graf zu Nassau-Siegen, als neu ernannter Generalgouverneur der Niederländischen Westindischen Kompanie im Oktober 1636 zu einer achtjährigen Expedition nach Holländisch-Brasilien aufbrach, wurde er von vierzig Gelehrten und sechs Malern begleitet, unter ihnen der 1612 in Leiden geborene Frans Post.[14] Ihre an Dürer geschulte perspektivische Genauigkeit machte die Maler zu unersetzlichen Chronisten der Expedition. Beeindruckende Zeugnisse ihrer Arbeit sind beispielsweise die Skizzenbücher und die sieben Landschaftsgemälde von Frans Post sowie die zwölfbändige *Historia Naturalis Brasiliae*[15], ein Werk zur Flora und Fauna des Landes mit Darstellungen, wie wir sie auch in den Paradiesbildern finden. Auf dem Deckblatt prangt ein nacktes brasilianisches Menschenpaar, auf der rechten Seite die Frau – wie Eva – mit von Blättern verhülltem Schambereich.

Die Kooperation zwischen Landesherren, Militärs, Kaufleuten, Gelehrten und Künstlern führt zu einer gegenseitigen Befruchtung von Vermessung und Kunst und zu einer Neubestimmung der Natur. Die Künstler gewinnen neue Aufgabenfelder und Betätigungsmöglichkeiten. Bei der geforderten Genauigkeit und Nüchternheit im Dienste der Vermessung büßen sie allerdings oft etwas Wesentliches ein: Schönheit. Die Fülle an Paradieslandschaften und der Landschaftsbilder überhaupt mit ihrer Idyllisierung der Natur kann deshalb vielleicht auch als Zeichen für eine Verlusterfahrung sowohl aufseiten der Künstler als auch aufseiten der Betrachter gewertet werden.

Katastrophen

Das klingt danach, als hätten wir es mit einer friedlichen Zeit in Europa zu tun. Aber wir befinden uns in der Katastrophe des Dreißigjährigen Krieges. Religiöse Konflikte und dynastische Interessenkonflikte fast aller europäischer Herrschaften wurden überwiegend auf deutschsprachigem Gebiet ausgetragen. Die Heere aus angeworbenen Söldnern mussten von den Ländern, in denen gerade gekämpft wurde, versorgt werden. Wo das nicht erfolgte, fielen marodierende Söldner in die Ortschaften ein, brandschatzten und terrorisierten die Bevölkerung. Schließlich waren ganze Landstriche verwüstet und entvölkert. Nach dem Westfälischen Frieden von 1648 brauchten manche Gebiete mehr als ein Jahrhundert, um sich von den Folgen des Krieges zu erholen. Unter solchen Bedingungen konnte die Kunst in deutschsprachigen Gebieten nicht prosperieren.

Es ist kein Zufall, dass die meisten Bildbeispiele aus den Niederlanden stammen, wenngleich auch die Niederlande von kriegerischen Auseinandersetzungen betroffen waren. Während des Achtzigjährigen Krieges zwischen den Niederlanden und Spanien (1564–1648) kam es zur Teilung der alten Niederlande.

Die spanischen, katholischen Landesherren hatten die ständischen Freiheiten, die sich die sieben calvinistisch geprägten Nordprovinzen erkämpft hatten, aufgehoben. Als Reaktion darauf kam es 1572 zu einem Aufstand, mit dem die Nordprovinzen die Ziele verfolgten, die ständischen Freiheiten wieder herzustellen und die Inquisition und die Verfolgung der Protestanten zu beenden. Viele Adlige verließen die Nordprovinzen und siedelten in die Südprovinzen über. 1581 erklärten die Nordprovinzen ihre Unabhängigkeit von Spanien und schlossen sich zur Utrechter Union (die heutigen Niederlande) zusammen, während die katholischen Südprovinzen (heute im Wesentlichen Belgien und Luxemburg) bei Spanien blieben. 1602 wurde ein Waffenstillstand erreicht, der bis zum Wiederaufbrechen der Kämpfe 1621 hielt. Erst 1648, im Rahmen des Westfälischen Friedens, wurde auch dieser Konflikt geregelt.

Also auch hier keineswegs Friedenszeiten. Und doch war die Situation eine andere als in deutschen Landen, denn in den Niederlanden ging es darum, Freiheiten wieder und neu zu erkämpfen, Forderungen, hinter denen einflussreiche Bevölkerungsschichten standen. Außerdem hatte Ende des 16. Jahrhunderts eine Heeresreform stattgefunden, die zum Ziel hatte, die gefürchteten Verheerungen durch marodierende Söldner zu vermeiden. Die entscheidenden Verbesserungen für die Künstler lagen aber im wirtschaftlichen Aufschwung der Provinzen der Utrechter

Union, der unter anderem auf der Abwesenheit von König, Klerus und Adel, der Einwanderung gut qualifizierter religiös Verfolgter und dem besten Bildungsstand mit der höchsten Alphabetisierungsrate in Europa gründete.

Die Teilung der Niederlande spiegelt sich auch in der Kunstproduktion der Zeit wider. Vorausgegangen waren heftige Bilderstürme in der zweiten Hälfte des 16. Jahrhunderts in allen niederländischen Provinzen, wie zuvor schon in vielen deutschen Gebieten. Die Zerstörungen fanden häufig unter der Führung reformierter Prediger statt. Nur mit Mühe konnte der Genter Altar zweimal vor der ikonoklastischen Zerstörungswut gerettet werden, wie bereits kurz erwähnt.

In den calvinistischen niederländischen Nordprovinzen wurden traditionelle christliche Bildthemen abgelehnt. Hier entwickelten sich jetzt neue Bildtypen: Genreszenen, Stillleben, Interieurs, Landschaften, Themen, die dann auch im katholischen Süden bearbeitet wurden. Unzählige Bilder entstanden.

Die Paradieslandschaften mit biblischen Themen stammen zwar überwiegend aus der Antwerpener Schule, also aus den katholischen Südprovinzen (Brueghels, Rubens, Roelandt Savery, Jordaens), dennoch gibt es auch Beispiele aus den Nordprovinzen (Jacob Savery d. Ä., Claes Janszoon Visscher). Vielleicht können sie als ein gemeinsamer Ausdruck der Sehnsucht nach Frieden gedeutet werden. Sicher aber hielten sowohl die Bewohner der calvinistischen Nordprovinzen wie die des katholischen Südens Darstellung des Urelternpaares in den Kategorien des Bedienens und Bedientwerdens für natürlich.

»Geheiligte Natur-Wissenschaft«

Ab dem Übergang zum 18. Jahrhundert, dem Zeitalter der Vernunft mit seinem Interesse an Fernrohren, Mikroskopen und Prismen, machen sich die Eva-und-Adam-Bilder rar. In katholischen Gegenden, in Oberschwaben zum Beispiel, gibt es sie noch: Adam sitzend, Eva stehend. In der zwischen 1728 und 1733 erbauten »schönsten Dorfkirche der Welt«, in Steinhausen nahe Biberach, befindet sich über dem Hauptportal, dem Hochaltar gegenüber, das Fresko einer Paradieslandschaft mit sitzendem Adam und stehender Eva von Johann Baptist Zimmermann (1731). Auch im Benediktinerkloster Ottobeuren sind sie in dieser Konstellation vertreten.

Auf reformiertem Terrain, in Zürich, unternahm der vielseitige Gelehrte Johann Jacob Scheuchzer zu Beginn des 18. Jahrhunderts den Versuch, die naturwissenschaftlichen Erkenntnisse seiner Zeit in Einklang zu bringen mit Aussagen aus der Bibel zur Natur des Menschen und der Welt. Sein vierbändiges Monumentalwerk *Physica sacra oder Geheiligte Natur-Wissenschaft*, aufgrund der 753 Kupferstiche auch *Kupferbibel* genannt, erschien zwischen 1731 und 1735. Es handelt sich um ein Gemeinschaftswerk des Gelehrten Scheuchzer und vieler Künstler. Der Kunstmaler Johann Melchior Füßli erstellte sämtliche Vorlagen, eine ganze Reihe von Stechern arbeitete die Kupferstiche.

»Im Zeitalter der Aufklärung«, so die Malerin Anita Albus, »ist die Bibel nicht mehr Schlüssel zur Natur, sondern ihren Gesetzen selbst unterworfen«[16], was nicht die Zustimmung der Kirche, gleich welcher Konfession fand. Aus Vorsicht den Theologen gegenüber erklärt sich Scheuchzer als nicht zuständig für theologische Fragen und widmet sich in dem Werk den »in Heil. Schrifft vorkommenden Natürlichen Sachen«.[17] Es geht ihm darum zu beweisen, dass die Schöpfung, wie sie in der Bibel berichtet wird, nicht im Widerspruch zur Naturerkenntnis des 18. Jahrhunderts steht. Zu diesem Zweck hat jeder Kupferstich ein Binnenbild für die jeweilige biblische Geschichte und einen aufwändig gestalteten Rahmen, der dazu dient, in naturwissenschaftlichen Randbildern das Wissen der Zeit zu vermitteln.

Als Paläontologe glaubt Scheuchzer, in Fossilien Überreste der Sintflut erkennen zu können. Die erste »Bekleidung« des Urelternpaares dient ihm dazu, den Feigenbaum samt seiner Früchte zu erklären.

Das Bild des Sündenfalls (Abb. 30) zeigt eine Landschaft im Stil des 17. Jahrhunderts, aber mit relativ niedrigem Augenpunkt. Es geht nicht um den überwältigenden Landschaftseindruck, sondern um lehrhafte Detailgenauigkeit. Das Sündenfallbild hat den zoologischen Zweck, sieben verschiedene Schlangen darzustellen. Wieder haben wir als Bildtyp eine Paradieslandschaft,

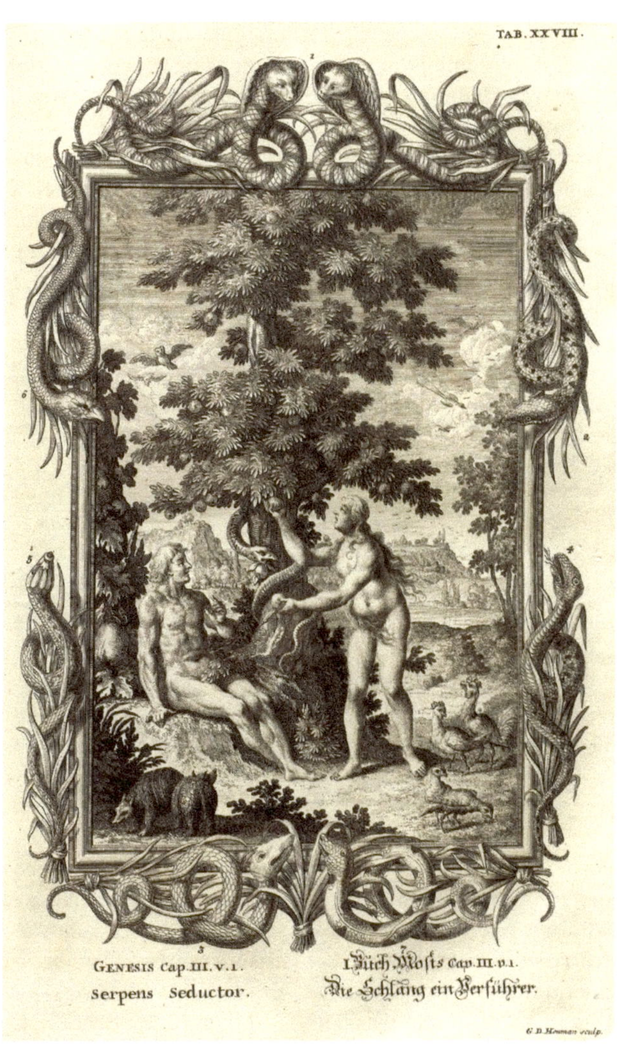

Abb. 30 Georg Daniel Heumann, ca. 1730, ca. 26 × 36 cm

bewährt als Vehikel zur Darstellung bekannter und weniger bekannter Tiere und Pflanzen. Das erste Menschenpaar ist in der beliebten Konstellation gezeigt: Adam sitzt, Eva ist stehend doppelt aktiv.

Paradieslandschaften mit sitzendem Adam und rühriger Eva bleiben offenbar noch lange ein beliebtes Sujet.

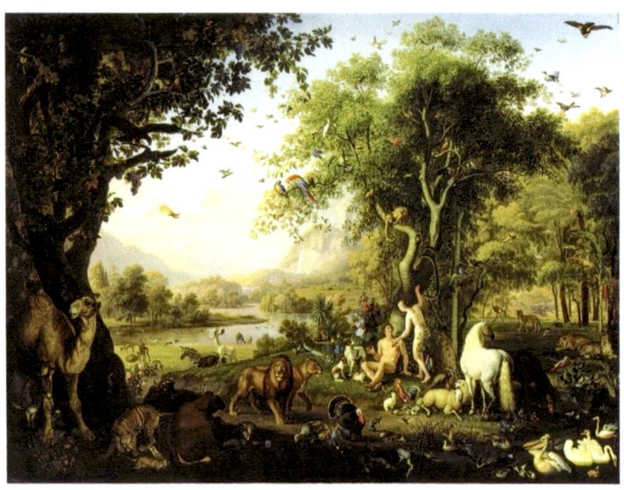

Abb. 31 Peter Wenzel, Adam und Eva im irdischen Paradies, ca. 1831, 336 × 247 cm

Noch zu Beginn des 19. Jahrhunderts war der tschechische Maler Peter Wenzel (1745–1829) mit solchen Bildern sehr erfolgreich. Papst Gregor XVI kaufte zwanzig seiner Gemälde, darunter ein Bild *Adam und Eva im irdischen Paradies* (Abb. 31), ganz »klassisch« im Stil des 17. Jahrhunderts mit einer weiten Landschaft aus hoher Perspektive gesehen, mit einer Fülle von exotischen und heimischen Tieren und mit einem sitzenden Adam, der von einer geschäftigen Eva umsorgt wird.

Über 200 Jahre hinweg zeigen die Eva-und-Adam-Bilder die bekannte Konstellation von sitzendem Adam und eifriger Eva mit geringen Variationen. Die immer gleiche Darstellungsweise legt den Gedanken nahe, dass das Verhältnis der Geschlechter klar reglementiert und unumstritten gewesen sei. Tatsächlich breiten sich aber im 18. Jahrhundert mit Kants Aufforderung den »Ausgang des Menschen aus seiner selbstverschuldeten Unmündigkeit« zu suchen und den »Muth« zu haben, sich seines »eigenen Verstandes zu bedienen« Ideen der Selbstermächtigung aus, die aber nur für Männer gelten sollen. Diese Einschränkung trägt dazu bei, das Verhältnis der Geschlechter maßgeblich zu verändern. Gegen Mitte des 19. Jahrhunderts zeigt sich diese Veränderung auch in der Darstellung des mythischen Paares, wie wir im nächsten Kapitel sehen werden.

Anmerkungen

1 Ertz (1979), S. 247.
2 Gegenstand im Vordergrund eines Gemäldes, der Tiefenräumlichkeit erzeugt, da er ein Davor und Dahinter festlegt.
3 Ertz (1979). S. 246 f.
4 Ertz (1979), S. 247.
5 Grünenwald (1988), S. 186 ff.
6 Zum Beispiel Lucas Cranachs Holzschnitt von 1509 und Lucas van Leydens Kupferstich von 1530.
7 Daniel Görres in Jacob-Friesen (Hg.) (2019), S. 339, kommentiert den sitzenden Adam auf dem Holzschnitt Cranachs von 1509 als »äußerst selten[es]« Motiv, was natürlich nur für die Zeit dieses Holzschnitts stimmt.
8 Rousseau (1971), S. 394.
9 Ertz (1979), S. 236.
10 Büttner (2000).
11 Berger (2016), S. 18: »Jede Zeichnung, jedes Gemälde in perspektivischer Darstellung ging davon aus, dass der Betrachter der Mittelpunkt der Welt war.«
12 Büttner (2000), S. 190.
13 Im Museo de Bellas Artes, Sevilla.
14 Wiemann (2006), S. 219.
15 Auf MBG Rare Books, www.botanicus.org/title/b12081164, als Digitalisate einsehbar.
16 Albus (1997), S. 153.
17 Aus dem Titelblatt der *Kupferbibel*, Krauss (1984).

John Milton

Das Verlorene Paradies

Drauf Eva so versetzt: »O du, *für* den,
Von dem ich wurde, Fleisch von deinem Fleisch,
Und ohne den ich zwecklos bin, mein Haupt
Und Führer, was du sagst, ist recht und gut.

Drauf Eva so, in ihrer hohen Schöne:
»Mein Ursprung und Gebieter, was du willst,
Das tu' ich gern, da Gott es so geordnet;
Denn Gott ist dir Gesetz, du mir; nicht weiter
Geht Weibes höchste Kenntnis und ihr Ruhm.

(1665)

Aus: Milton (2008), Vierter Gesang, Verse 440–443, S. 94, Verse 634–638, S. 100.

7. Femmes fatales

Zweite Hälfte des 19. Jahrhunderts und beginnendes 20. Jahrhundert

Auch im 19. und 20. Jahrhundert gibt es noch die klassischen Eva-und-Adam-Darstellungen mit dem ersten Menschenpaar, Baum, Schlange und Apfel. Zunehmend kann man allerdings eine gewisse Fremdheit zwischen Mann und Frau sehen.

Irritationen

Hans Thoma, der das Thema gleich mehrfach bearbeitet hat, bleibt in der Sprache seines Bildes *Adam und Eva* (Abb. 32) noch überwiegend der Tradition verpflichtet, wenn auch der Apfel durch einen Blumenstrauß ersetzt ist und die Schlange nur erahnt werden kann.

Ein Tiger wälzt sich zu Evas Füßen. Dem auf einer Rasenbank sitzendem Adam bietet sich eine Aussicht über eine Sichtachse, die in eine weite Landschaft führt – eine Figurenkonstellation wie wir sie von Bildern aus dem 17. und 18. Jahrhundert kennen. Das gilt aber nicht für die Charaktere der Figuren und ihr Verhältnis zueinander.

Adam, als Rückenakt dargestellt, ist noch in der Position des zu Versorgenden, er ist aber kein selbstbewusst Sitzender. Mit rundem Rücken hat er seine Schultern nach vorne gekrümmt und die Unterschenkel übereinandergeschlagen, was den Eindruck vermittelt, dass er sich am liebsten zurückzöge, aber wider Willen sitzen bleibe. Damit passt er zu anderen ambivalenten Adamfiguren der Zeit, die wir gleich betrachten werden. Auch die düstere Umgebung und der unheildrohende Blick in die Ferne hat nichts von einer heiteren Paradieslandschaft.

Eva steht etwas linkisch vor Adam. Ihre eingesunkene Haltung, die zusammengepressten Knie und der gesenkte Kopf

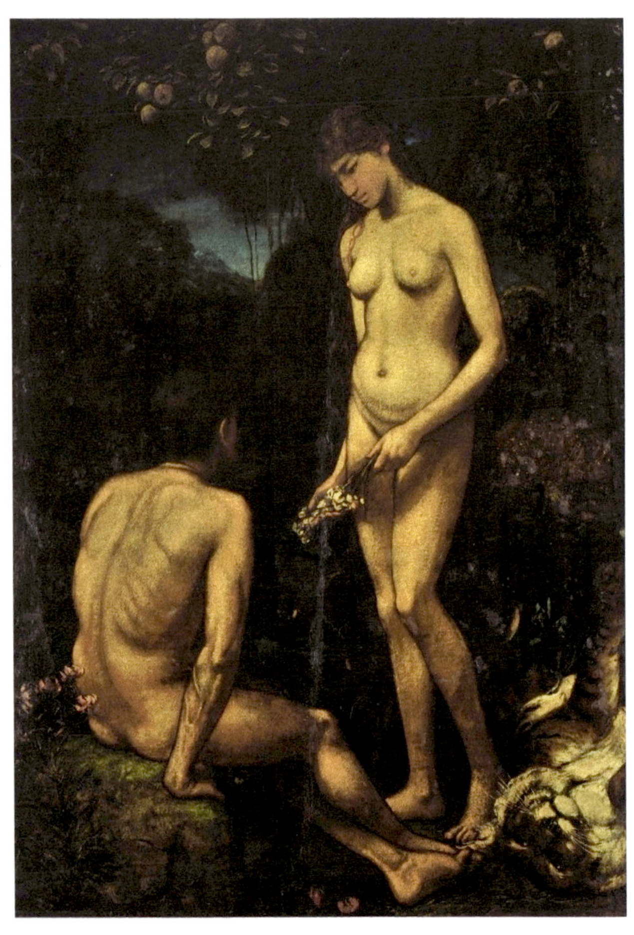

Abb. 32 Hans Thoma, Adam und Eva, 1886, 79 × 108,5 cm

geben ihrer Haltung etwas um Entschuldigung Bittendes. In ihrer Hand hält sie einen Blumenstrauß, der nicht zur Bildtradition einer Adam-und-Eva-Darstellung gehört. Der fehlende Apfel nimmt der Szene den Charakter der Gesetzesübertretung und könnte, zusammen mit dem Blumenstrauß, eigentlich zu einer freundlichen Stimmung führen. Aber die Beziehung zwischen Eva und Adam ist hier auch ohne den mythologischen Zusammenhang gestört. Dass Eva trotz ihrer unbeholfenen Erscheinung gefährlich ist, macht der Tiger deutlich, der verspielt wie ein Kätzchen erscheint, aber trotzdem bedrohlich ist.

Ein interessantes Beispiel für eine neue Formulierung des Paarthemas ist Munchs Bild *Metabolismus* – früher *Adam und Eva* genannt – von 1899 (Abb. 33). Mit der Konstellation der Figuren um einen Baumstamm schließt es an die Adam-und-Eva-Tradition an. Das Bild mit den etwa lebensgroßen Figuren war Teil der sogenannten *Lebensfriese*, zu denen Munch einige seiner Bilder in unterschiedlichen Kombinationen zusammengestellt hat.

Die beiden Figuren bleiben in ihrer jeweiligen Bildhälfte, die durch den »Baum der Erkenntnis« definiert ist. Während die Frau mit ihrem rechten Arm eine geschmeidige Bewegung auf den Mann zu macht und damit Bereitschaft zur Kontaktaufnahme signalisiert, oszilliert dessen Haltung zwischen sich öffnen und sich verschließen. Den rechten Arm hat er abgewinkelt gehoben, die Hand hinter den Kopf gelegt und sich so geöffnet. Zusammen mit dem etwas gesenkten Kopf entsteht aber keineswegs der Eindruck, dass er sich würde zeigen wollen, sondern eher dass er seinen Arm unter Kontrolle bringen möchte. Der linke Arm ist in einer abweisenden Verschlusshaltung um den Oberkörper gelegt. Auf diese Weise sind beide Arme wie fixiert. Es wurde darauf hingewiesen, dass die Haltung der männlichen Figur an Michelangelos Skulptur *Der Sterbende Sklave* erinnert. Munchs Figur nimmt die spiegelbildliche Haltung ein. Diese Analogie würde betonen, dass der Mann als Sklave der weiblichen Figur dargestellt ist.[1]

Das Gesicht der Frau ist weitgehend verschattet, man sieht nur ihr rechtes Auge, das auf den Mann gerichtet ist. Das Gesicht des Mannes ist klar zu erkennen, er hat die Augen geschlossen. Während die Frau mit ihren langen roten Haaren im Profil und leichter Schrittstellung zu sehen ist, ist der Mann fast frontal gemalt. Sein Geschlecht ist mit einer Art Lendenschurz verhüllt. Beide scheinen wie in Trance, er passiv erduldend, sie mit etwas Aktivität. Passend zu dieser Verteilung von Aktivitäts- und

Passivitätswerten ist »Eva« hier auf der linken Seite des Bildes, also als handlungsstärkere Person dargestellt.

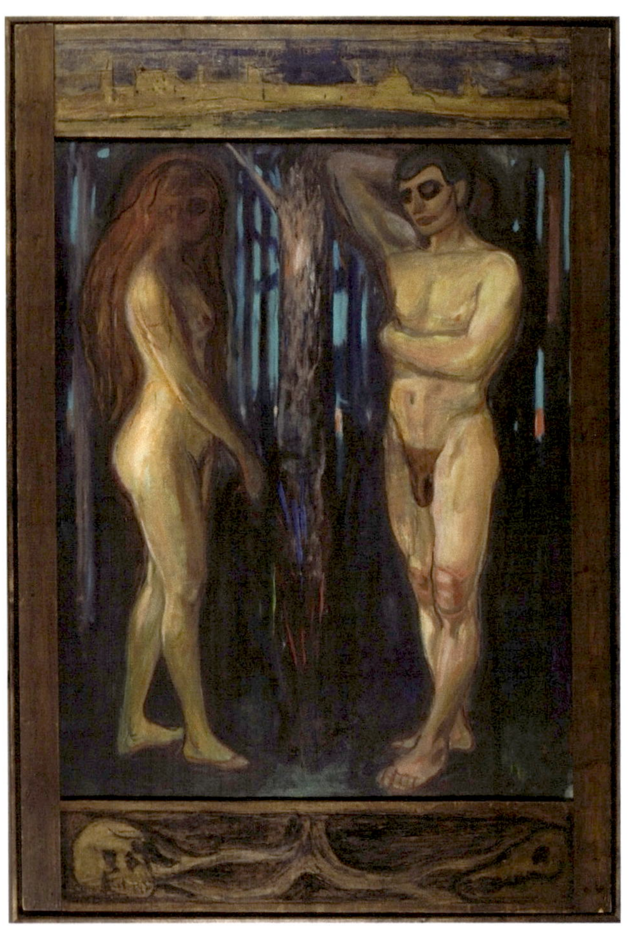

Abb. 33 Edvard Munch, Metabolismus, 1899, 143 × 172 cm

Im Hintergrund sind dünne Baumstämme zu sehen, die wie ein Lattenzaun wirken, durch den gespenstisches blaues Licht dringt. Rote Flecken am Horizont deuten Feuer an. Diese düster-gefährliche Stimmung wird noch verstärkt durch den zum Bild gehörenden hölzernen Rahmen. Im unteren Querbalken sieht man einen Totenschädel, Wurzeln und einen Tierschädel. Dieser Teil thematisiert den Tod, kann aber auch als Hinweis auf eine Rezeption der Evolutionslehre von Darwin verstanden werden, der von vielen Künstlern der Zeit gelesen wurde. Im oberen Querbalken ist die Ansicht einer Stadt als schöpferische Leistung des Menschen den Köpfen zugeordnet.

Der Rahmen des Bildes definiert also den Lebensrahmen des Paares zwischen tierischer Herkunft und schöpferischer Leistung. In diesem Rahmen spielt sich das Leben ab, der »Kampf zwischen Mann und Frau, genannt Liebe.«[2] Mit diesen Worten kommentierte Munch den *Lebensfries*, zu dem auch dieses Bild gehört. Mit dem Titel, *Metabolismus*, also Stoffwechsel, bedient sich Munch eines naturwissenschaftlichen Fachbegriffs aus der Biologie. Damit weist er dem dargestellten Paar die Zuständigkeit für den ewigen Kreislauf des Lebens, den Aufbau, Umbau und Erhalt der Körpersubstanz und -funktion zu. Das Paar wird damit zu einer Allegorie für die Gattung Mensch schlechthin.

Franz von Stucks Bild *Adam und Eva* (Abb. 34), das er 1920 gemalt hat, zeigt das Paar vor einem dunklen Hintergrund. Evas rechtes Bein ist von einer riesigen, blauen Schlange umwunden. Ihr frontal dem Betrachter zugewandter Körper nimmt die Bewegung der Schlange auf. Ihr linker Arm ist energisch und selbstbewusst in die Hüfte gestemmt, der rechte wächst mit der Schlange zu einem neuen Wesen zusammen.

Der Kopf der Schlange und die rechte Hand, deren Finger zu Reißzähnen werden, halten Adam einen feuerroten Apfel entgegen. Evas Kopf mit den roten Haaren ist Adam zugewandt und leicht zur Seite geneigt. Ihre Lippen sind etwas geöffnet, sie blickt Adam direkt an. Ein Bild der Verführung.

Adams Haltung ist zwiespältig, er ist hingezogen und zurückgehalten zugleich. Mit dem Unterkörper strebt er Eva zu, mit dem Oberkörper weicht er zurück. Der rechte Unterarm mit der ausgestreckten Hand greift nach Eva, wird aber vom Oberarm zurückgehalten. Sein Ziel ist Eva, nicht der Apfel. Sein Gesicht ist Eva zugewandt und gesenkt, seine Augen sind verschattet. Unwillkürlich reagiert er auf die Anziehung, die von Eva ausgeht, er handelt nicht aus eigener Entscheidung, sondern gehorcht der erotischen Attraktion.

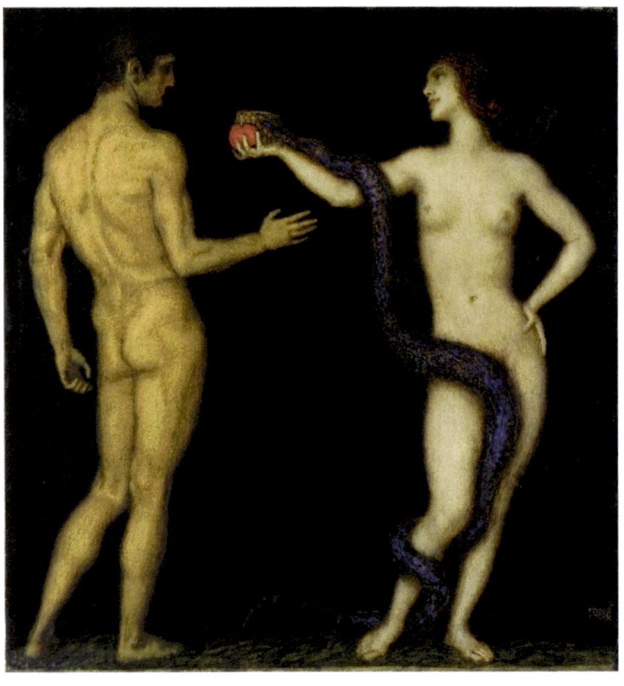

Abb. 34 Franz von Stuck, Adam und Eva, 1920, 93,7 × 98 cm

Auffallend ist auch, dass Adam als Rückenakt dargestellt wird, Eva dagegen fast unverhüllt von vorne. Verhüllt ist sie durch eine Windung des Schlangenkörpers. Dass sie durch die Schlange, durch ein phallisches Symbol, verhüllt ist, hebt die Verhüllung gewissermaßen wieder auf.

Alle drei Bilder zeigen eine veränderte Sicht auf das Paar, beide Figuren sind neu gefasst. Werfen wir noch einmal einen Blick zurück. Um 1500 hatte Dürer sowohl Adam als auch Eva seiner Vorstellung vom idealen Menschen gemäß dargestellt (Abb. 14) und hatte Frau und Mann auch in herzlicher Verbundenheit gezeichnet (Abb. 19). Baldung zeigt Eva dominiert von Adam (Abb. 20). Später kamen die Bilder, die Adam als Sitzenden zeigen, umsorgt von Eva.

In den Bildern um 1900 ist der Mann ambivalent dargestellt, hin- und hergerissen, verschlossen, wie in einem inneren Kampf, angezogen und zurückgehalten zugleich. Er ist offenbar einer stärkeren Macht, der Sexualität, unterworfen. Das Begehren ist bei ihm, aber die Veranlassung dazu und die Verantwortung dafür liegen bei der Frau. Wir haben diesen Mechanismus bereits bei der Wirkung des Hexenbilds von Baldung (Abb. 24) gesehen. Die sexuelle Macht, die im 16. Jahrhundert bei den Hexen verortet wurde, wird jetzt auf die Frau schlechthin übertragen.

Zu dieser Entwicklung passt das allmähliche Verschwinden Adams aus dem Bild. Schon im 16. Jahrhundert haben wir gesehen, dass Adam von Eva halb verdeckt (Abb. 20, Baldung) und in Rückenansicht (Abb. 22, van Heemskerck, Abb. 23, Tintoretto) dargestellt wurde. Diese Entwicklung wird jetzt mit den Bildern von Thoma und von Stuck (Abb. 32, Abb. 34) fortgeführt. Es ist nur folgerichtig, dass Eva nun zunehmend allein gezeigt wird, wie wir gleich sehen werden.

Auch die Frauenrolle ist verändert dargestellt. Im 16. Jahrhundert wurde Eva mit Bildern wie dem von Baldung (Abb. 20) und van Heemskerck (Abb. 22) zum Objekt der Betrachtung und des Begehrens. In den Bildern von Munch (Abb. 33), von Stuck (Abb. 34) und vielen anderen entwickelt sich ein neuer fordernder Frauentypus, der bei Thoma (Abb. 32) noch gar nicht angedeutet ist. Munchs Eva wirkt zwar nicht kämpferisch, wie der Kommentar des Malers, Liebe sei der Kampf zwischen Mann und Frau, vermuten lassen könnte, aber ihre üppigen roten Haare, seit jeher Zeichen für Ungezügeltheit, signalisieren Gefahr.

Die Haarfarbe teilt sie mit von Stucks Eva, die darüber hinaus mit ihrer herausfordernden Haltung und ihrer Symbiose mit der Schlange wie die verkörperte Aufforderung zum Kampf wirkt, von dem Munch gesprochen hatte. Mit solchen Evafiguren wird die Frau dämonisiert und zur erotischen Bezwingerin des Mannes stilisiert: Die Femme fatale ist geboren.

Wir werden sehen, dass hinter diesen veränderten Männer- und Frauenbildern die Rezeption verschiedener Denker der Zeit steht.

Eva und die Schlange

Mit die auffallendsten Bildfindungen der Zeit fokussieren sich auf Eva und die Schlange, wie wir es schon in dem gerade betrachteten Bild von von Stuck gesehen haben. Dass die Schlange fast immer Eva zugeordnet wird, z. B. indem der Kopf der Schlange zu ihr weist, ist von Beginn an zu sehen. Ab dem 13. Jahrhundert gibt es Darstellungen von Schlangen, die einen Frauenkopf tragen. Neu ist nun, dass Eva selbst von der Schlange umwunden und ohne Adam dargestellt wird.

Als Vorläufer kann eine von Blakes Illustrationen zu Miltons *Paradise Lost* von 1808 gesehen werden, auf der Eva zum ersten Mal von der Schlange umschlungen dargestellt ist (Abb. 35).

Eine pythonartige Schlange hat Eva mehrfach umschlungen, sodass sie wie gefesselt erscheint. Der Kopf der Schlange schiebt ihr eine Frucht in den Mund. Dieser Vereinnahmung und Vereinigung steht sie offensichtlich ambivalent gegenüber. Mit ihrem Oberkörper neigt sie sich dem Kopf der Schlange zu. Ihr rechter Unterarm und die rechte Hand liegen unterstützend zärtlich auf der Schlange, die linke Hand hält den Kopf der Schlange. Aber ihr Blick ist starr, verängstigt und zugleich fasziniert. Sie ist ganz auf die phallische Situation konzentriert.

Adam ist noch im Bild, aber die Beschränkung durch die Schlange entfernt Eva von ihm, wie auch der Baum die beiden trennt, nicht verbindet. Mit erhobenen Händen und aufgespannten Fingern scheint Adam im Gespräch mit Gott zu sein und seine Unschuld beteuern zu wollen. Er hat den Blick erhoben und Eva den Rücken zugekehrt. Er spricht über sie, nicht mit ihr, ist von ihr isoliert. Eva ist auf die passiv-empfangende Rolle reduziert, ja regelrecht in ihr gefangen.

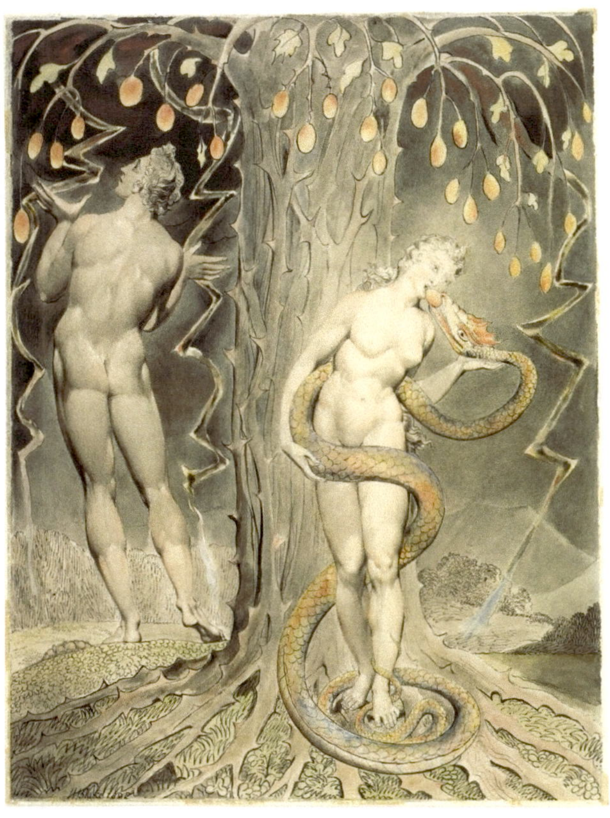

Abb. 35 William Blake, The Temptation and Fall of Eve, 1808, 38,7 × 49,7 cm

Zu Lebzeiten war Blake (1757–1827) nicht sehr erfolgreich mit seinen Werken. Erst nach seinem Tod wurde er in der Mitte des Jahrhunderts von den Präraffaeliten, maßgeblich von Rossetti, entdeckt. Deshalb darf man wohl annehmen, dass John Collier (Abb. 36), der zum Künstlerkreis der Präraffaeliten gehörte, von Blake und seinen Zeichnungen zu *Paradise Lost* Kenntnis hatte. Sein Bild *Lilith* von 1889 nimmt Blakes Motiv der Eva, die von der Schlange umwickelt ist, auf und zeigt sie alleine.

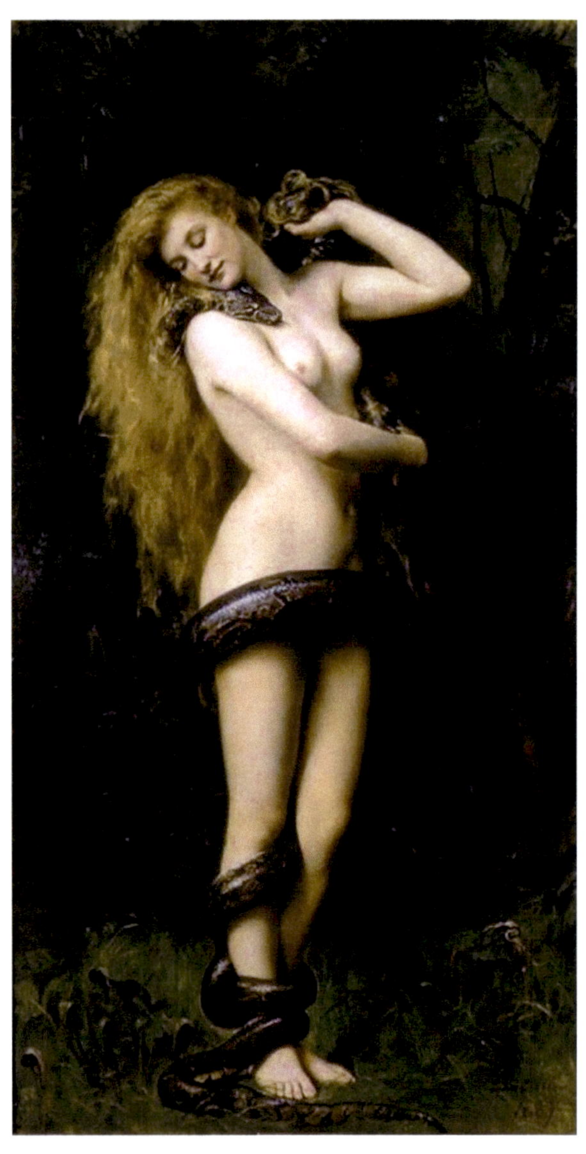

Abb. 36 John Collier, Lilith, 1889, 104 × 194 cm

Im Gegensatz zu Blakes kleinformatiger Farbzeichnung handelt es sich bei Colliers Ölbild um ein Aktbild in Lebensgröße, das im viktorianischen England sicher Aufsehen und Anstoß erregte.

Auf dem Bild ist Lilith dargestellt, nach dem Talmud Adams erste Frau, also nur fast eine Eva. Sie steht inmitten einer Art Urwald, Farne rollen sich neben ihren Füßen auf, Rhododendronblätter, Palmwedel und Lianen bilden den Hintergrund. Die schwarz-braun gemusterte, glänzende Schlange wirkt auf dem Körper der Frau wie ein überdimensioniertes Schmuckstück. Umgekehrt lässt das Dunkel der Schlange ihren Körper noch makelloser und weißer erscheinen. Im Unterschied zu Blakes Version fällt hier die eindeutig lustvolle Hingabe an die Schlange auf. Lilith umgibt sich mit der Schlange, zieht sie nah zu sich, spielt mit ihr, legt ihre Wange auf ihren Kopf. Ihre rötlichen Haare sind geöffnet. Ihr Haar und die Zeichnung der Schlange gehen ineinander über – ein bildlicher Beweis für die Gefährlichkeit von roten Haaren. Ihre Augen sind geschlossen. Sie nimmt keinen Kontakt zum Betrachter auf. Dieser wird zum Voyeur einer phallisch konnotierten Vereinigung.

In der Folge ist es Franz von Stuck, der das Motiv der von Schlangen umwundenen Frau am häufigsten gemalt hat.

In seinem Gemälde (Abb. 37) sehen wir den stolz aufgerichteten, weißen Oberkörper einer nackten Frau. Ihre langen, schwarzen Haare verdecken die Brüste zum Teil. Um Körper und Hals liegt eine riesige Schlange, die sie zu einer Eva macht. Das Gesicht der Frau ist im Dunkeln, aber ihre Augen – und das ist der entscheidende Unterschied zum Bild von Collier – blicken hypnotisierend den Betrachter direkt an. Ihr Blick, der magisch gedoppelt wird vom Blick der Schlange, deren Kopf auf ihrer Schulter ruht, ist selbstbewusst und herausfordernd. Diese Eva ist attraktiv, verführerisch und gefährlich, eine Femme fatale.

Das Gemälde trägt den Titel *Die Sünde*, nicht *Der Sündenfall*. Diese Generalisierung und die metonymische Gleichsetzung der Frau mit einer abstrakten moralischen Kategorie verdinglicht sie und spricht ihr geradezu das Menschsein ab. Zugleich wird betont, dass es nicht nur um die biblische Figur der Eva geht, sondern um die Frau schlechthin.

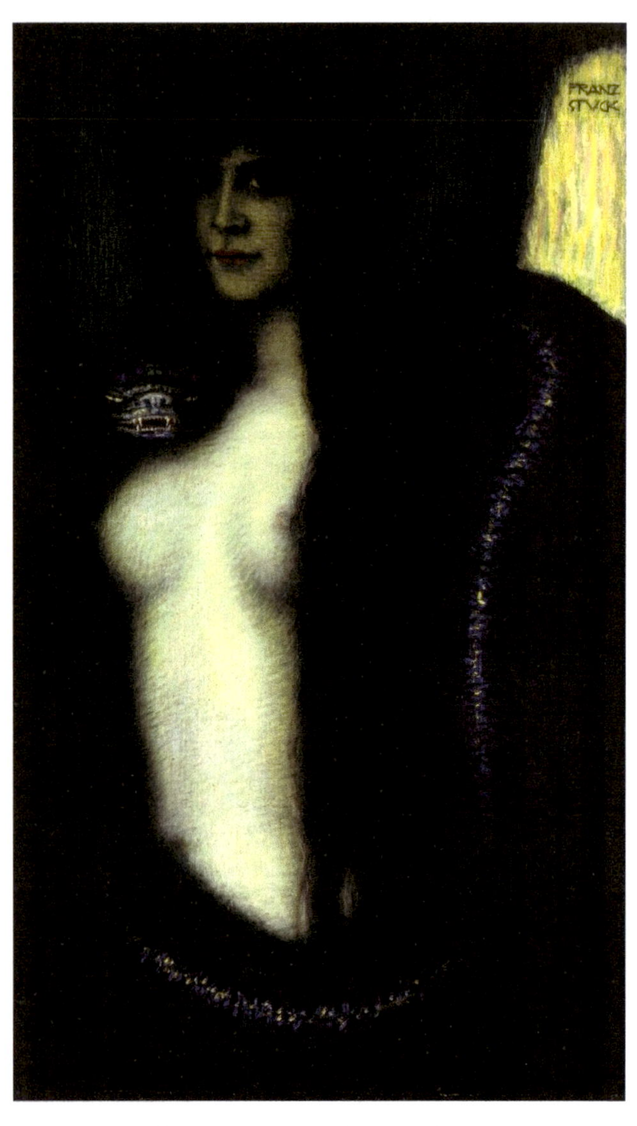

Abb. 37 Franz von Stuck, Die Sünde, 1912

Das Gesicht der Frau ist im Dunklen. Sie zeigt ihr Gesicht nicht offen, als habe sie etwas zu verbergen, wird also als moralisch fragwürdig charakterisiert. Gleichzeitig wird der Wunsch angestachelt zu wissen, was hinter der Erscheinung steckt. Damit mag sich der männliche Betrachter der Zeit einerseits erotisch angesprochen fühlen, zugleich kann sich ein Gefühl der moralischen Überlegenheit einstellen. Es entsteht also ein explosives Gefühlsgemisch aus Attraktion, Selbstüberhebung und Angst, mit dem vermittelt wird, dass Sexualität, zumal die Sexualität der Frau, Sünde sei.

Zwischen 1891 und 1912 hat von Stuck ein knappes Dutzend Fassungen dieses Motivs gemalt[3] und für diese Bilder auch Abnehmer gefunden. Er hat damit ganz offensichtlich einen Nerv der Zeit getroffen und Stimmungen wiedergegeben, die in der Gesellschaft vorhanden waren. Auch andere Maler haben das Motiv aufgegriffen und variiert, so z. B. Max Klinger mit seiner Skizze *Evas Sündenfall*[4], Carl Strathmann mit seinem großformativen Gemälde *Salambo* (1894)[5] oder Félicien Rops mit einem kolorierten Stich *Und ihr werdet sein wie Gott* (1896)[6]. Auch Edvard Munchs Lithografie *Das Weib und die Schlange* (1908/09) aus dem Zyklus *Alpha & Omega* kann in dieser Reihe gesehen werden.[7]

Munchs liegender Akt (Abb. 38) zeigt die Frau von der Schlange nicht umschlungen, aber fast bedeckt in einer angedeuteten Landschaft mit Fluss oder Meeressaum und Wald. Der Kopf der Frau und der Kopf der Schlange sind etwa auf einer Höhe. Sie scheint vor Erregung rote Wangen zu haben. Sie geht in der Natur auf, ihre Haare wirken wie verwachsen mit Gebüsch und Gras. ihr Körper unterscheidet sich kaum von dem Boden, auf dem sie liegt.

Die Darstellungen zeigen die Frau alleine und machen den Mann zu einem Betrachter außerhalb des Bildes, bei Collier (Abb. 36) zum Voyeur, bei von Stuck (Abb. 37) zu dem direkten Adressaten. Sie betonen die Nähe zwischen Frau und Tier. Frauenkörper und Schlangenkörper bilden fast eine Einheit, Schlangenkopf und Frauenkopf sind ganz nah bei einander. In Colliers Bild sind Liliths Haare und die gleichfarbige Zeichnung der Schlange stellenweise ununterscheidbar, in Munchs Bild

(Abb. 38) finden die Haare des »Weibs« eine Fortsetzung in der Vegetation. Lilith und die Frau in Munchs Bild (Abb. 38) verhalten sich in der Natur, als wären sie in einem geschützten Innenraum. Diese intime Nähe der Frau zur Vegetation und zur Schlange verkörpert die Vorstellung von der Animalität und Naturgewalt des Weiblichen und ihrer angeblich unersättlichen, für Männer gefährlichen Sexualität.

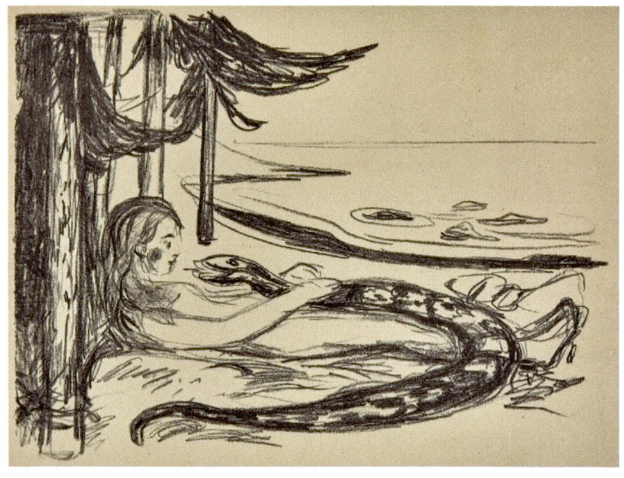

Abb. 38 Edvard Munch, Das Weib und die Schlange 1908/09

Aus der Sicht eines männlichen Betrachters, der sich als naturgemäß dominant versteht, wirken diese drei Frauenfiguren unbezähmbar und bedrohlich. Ein Wesen, das sich mit gefährlichen Schlangen umgibt, ist selbst gefährlich, ist unheimlich, so attraktiv es sein mag. Gleichzeitig verweigern Frauen, die selbstbewusst Stärke zeigen, männlichen Betrachtern ihre ritterliche Beschützerrolle und greifen so ihre Identität als Mann an. Sowohl männliche Ängste als auch Begierden lassen sich auf die Bilder projizieren.

Die hier gezeigten Frauenfiguren sind sexuell emanzipiert und überschreiten damit die in ihrer Zeit geltenden gesellschaftlichen

Grenzen ihres Geschlechts. Dafür werden sie in die Nähe von Tieren gerückt. Damit ist sicher eine deutliche Warnung auch an die Frauen unter den Betrachtern verbunden. Sie sind aber auch starke Frauenfiguren, stark in ihrer Hingabe, ihrer Sinnlichkeit und in ihrer Verführungskraft. Entgegen der vermutlich geplanten Absicht könnten sie auch zu Identifikationsfiguren von nach Unabhängigkeit strebenden Frauen geworden sein.

Evas monströse Schwestern

Die Vorstellung, dass Frauen kraft ihrer erotischen Macht Männer in Tod und Verderben stürzen, findet sich besonders auch in Frauendarstellungen eines anderen, sehr beliebten Genres der Zeit. Die Femmes-fatales-Evas stehen in einer Reihe mit einer Fülle von Femmes fatales aus der griechisch-römischen Antike und aus biblischen Kontexten, die als männermordend gelten: Salomés, Judiths, Medusas, Amazonen, Sirenen, Circen, Sphingen.[8] Sie alle gelten als gefährlich für Männer, weil sie deren Dominanz nicht respektieren und sie durch ihren Machtanspruch symbolisch enthaupten oder sie »tatsächlich« köpfen, wie im Fall von Salomé und Judith. Die Bilderwelt der zweiten Hälfte des 19. Jahrhunderts ist voll von ihnen.

Insbesondere die in der Darstellung manchmal kaum unterscheidbaren Figuren der Salomé und der Judith, die seit der Renaissance die Maler – und mindestens eine Malerin[9] – zu Bildern angeregt haben, sind vor und um 1900 prominent vertreten.

Der Legende nach[10] führt Salomé, die Tochter der Herodias, anlässlich der Geburtstagsfeier ihres Stiefvaters Herodes Antipas, einen Tanz auf, mit dem sie ihn derart in Verzückung versetzt, dass er schwört, ihr jeden Wunsch zu erfüllen »bis zur Hälfte seines Reiches«. Herodes Antipas hatte in zweiter Ehe seine Schwägerin Herodias geheiratet, was Johannes der Täufer kritisierte. Diese Kritik will Herodias nicht auf sich sitzen lassen und stiftet deshalb ihre Tochter Salomé an, als »Wunsch« den Kopf des Johannes zu fordern.

Mit seiner Salomé, die den vergeistigten Kopf des Johannes auf einer Schale präsentiert, folgt Benner der Bildtradition (Abb. 39).

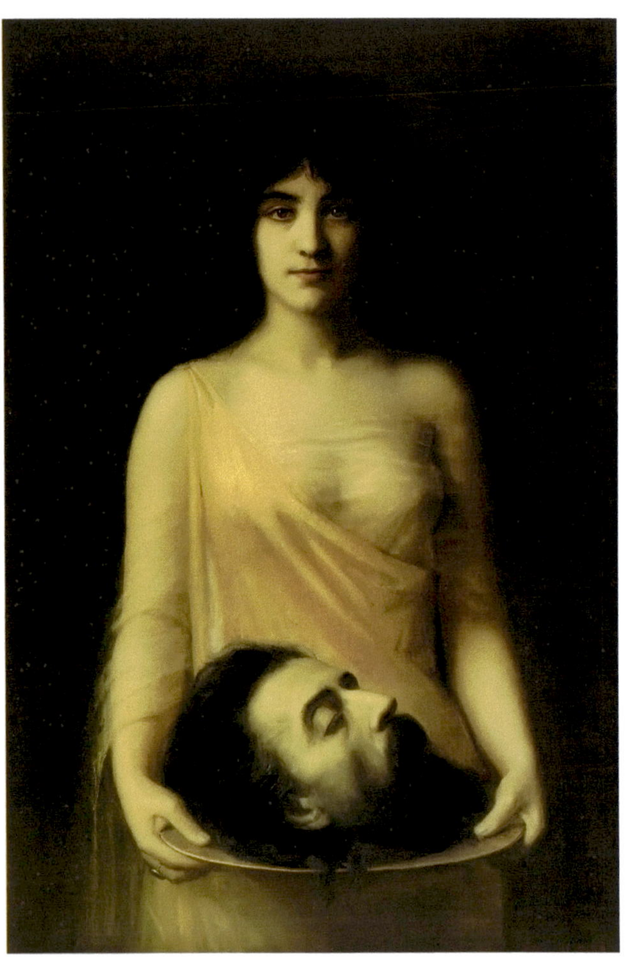

Abb. 39 Jean Benner, Salomé, Museé des Beaux-Arts, Nantes, 1899

Vor einem dunklen Hintergrund, in dem ihre Haare fast verschwinden, steht eine mädchenhafte Salomé frontal dem Betrachter gegenüber. Ihr Gesicht ist ebenmäßig, ihr voller, etwas zusammengepresster Mund zeigt Entschlossenheit. Ihr gefälliger

Körper ist zart verhüllt, aber auch die rechte, von zwei Stofflagen bedeckte Brustwarze ist deutlich zu sehen. Ihr Blick fixiert die Betrachtenden, deren Blickpunkt auf der Höhe ihrer Augen zu denken ist. Die Frontalität des Bildes bewirkt eine herausfordernde Konfrontation, wobei die Haltung der Dargestellten klar ist: Sie ist ruhig, ungerührt, mit der stattgefundenen Enthauptung einverstanden.

Die Warnung an Betrachter: Auch hinter einer mädchenhaften Schönheit steckt eine grausame, gegebenenfalls von der Mutter manipulierte Frau, die den Kopf und damit die Vorrangstellung des Mannes fordert. Die vielen Bilder von Salomés und anderen Femmes fatales können als Beiträge zur gesellschaftlichen Debatte der Zeit über die Rollen von Frau und Mann gelesen werden. Das gilt im Übrigen auch für Werke der Literatur und Musik. Der Bogen lässt sich von literarischen Werken von Hebbel (1840), Flaubert (1877) und Oscar Wilde (1891) bis zu Opern von Massenet (1881), Strauß (1906) und Glasunow (1908) spannen.

Der Schock, den das Bild auch jetzt noch auslöst, ist zunächst in der Spannung zwischen Erotik und Grausamkeit begründet. Es geht aber offenbar nicht darum, das Töten überhaupt anzuprangern. Das Bild schockiert vor allem deshalb, weil das Thema Erotik und Gewalt in der Verkleidung gleich zweier typischer Frauenrollen präsentiert wird. Die dargestellte Frau kann zum einen als brave Tochter gesehen werden, die den Auftrag ihrer Mutter erfüllt; zum anderen nimmt sie die Haltung einer Frau an, die für die Versorgung von Gästen bei einem Festmahl zuständig ist. Durch den Kopf auf der Platte werden diese Rollen pervertiert und die Frau als Monster charakterisiert. Mit dieser auf Kampf gebürsteten Sicht auf das Verhältnis zwischen Frau und Mann ist Benner nicht allein.

Unmissverständlich und ohne Umwege als Monster gezeigt wird die Frau in Bildern von Sphingen, Hybridwesen, die in der zweiten Hälfte des 19. Jahrhunderts geradezu Kultstatus haben. Es gibt unzählige Bilder zum Thema, Freud bedient sich mit seiner Ödipusinterpretation des Mythos und auch die Monatsschrift der Münchner Psychologischen Gesellschaft, die 1886 gegründet wurde, nennt sich *Sphinx*.

In Gustave Moreaus Bild *Ödipus und die Sphinx* (Abb. 40) hat eine Sphinx mit eindeutig weiblichem Oberkörper Ödipus angesprungen. Ihr Blick ist starr, die Brüste sind aufreizend emporgereckt, die Löwenpranken werden sich gleich in Ödipus' Körper bohren. Ödipus schaut der Sphinx direkt in die Augen. Er ist ein zarter Jüngling, gelassen und sicher, diesen Kampf zu gewinnen.

In einer Interpretation seines eigenen Bildes stellt Moreau selbst den Zusammenhang zum Frau-Mann-Thema her. In einer entscheidenden Stunde stehe der Mann dem ewigen Rätsel, dem »énigme eternelle«, gegenüber, einem zugleich gemeinen und attraktiven Mischwesen, das wie eine betörende Frau aussehe, aber ein Raubtier sei, das ihn vernichten werde.[11]

Auch Franz von Stuck, der ebenfalls in diesem Genre sehr produktiv war, bedient den Mythos vom Mann, der von dämonisierten Frauen verfolgt wird. Dabei reklamiert er für sich grundsätzlich Allgemeingültigkeit:

> »Bei der Wahl meiner Stoffe gehe ich darauf aus, nur das Rein-Menschliche, das Ewig-Gültige zu machen.«[12]

Demnach muss man also annehmen, dass von Stuck seine Darstellungen von aggressiv verführerischen Frauen für ewig gültig und rein menschlich hält.

Diese monströsen Frauenfiguren sind dem 19. Jahrhunderts gewissermaßen, was die Hexen dem 16. Jahrhundert waren. Die Hexenbilder zeigen, was passieren würde, wenn die angeblich unersättliche Sexualität der Frauen nicht gezügelt würde und transportieren die Aufforderung an Männer, die Frauen zu kontrollieren.

Die Evafiguren um 1900 verkörpern eine sexuelle Macht, die noch im 16. Jahrhundert den Hexen zugeordnet wurde. Evas monströse Schwestern steigern die Aussagen der Eva-Bilder ins Allgemeingültige. Die verschiedenen Femme-fatale-Figuren aus der Bibel und der Antike haben auch die Aussage im Gepäck, dass der Charakter der Frau immer schon und überall gefährlich gewesen sei und immer so bleiben werde, »l'énigme éternelle«[13]. Das bedeutet einen weiteren Versuch der »Vernatürlichung«[14]

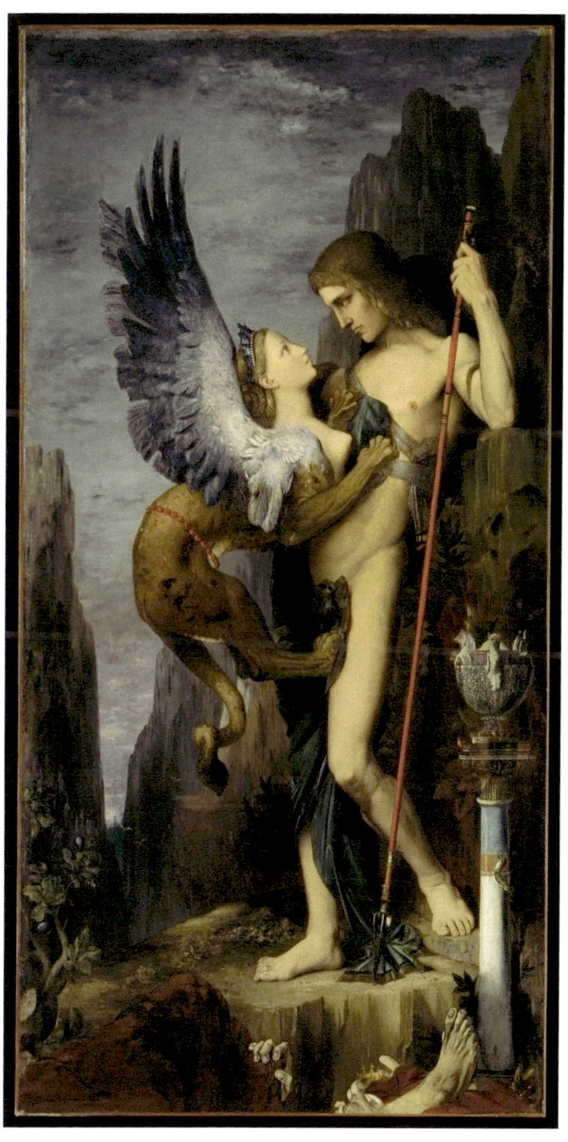

Abb. 40 Gustave Moreau, Ödipus und die Sphinx, 1864

dessen, was für den Geschlechtscharakter der Frau gehalten wurde.

Mit solchen Ansichten standen die Maler nicht allein. Unterstützung kam aus vielen Quellen.

Meisterdenker der Zeit

Für viele Künstler der zweiten Hälfte des 19. und beginnenden 20. Jahrhunderts wurde die Philosophie Arthur Schopenhauers, insbesondere seine Schriften *Metaphysik der Geschlechtsliebe*[15], *Über die Weiber*[16] sowie die Schriften zu Kunst und Musik eine maßgebliche Inspirationsquelle.

Friedrich Hebbel schreibt 1852 seiner Frau über seine Schopenhauer-Lektüre: »... und leihe dem Philosophen Schopenhauer mein Ohr, der im ganzen verrückt ist, (...) im einzelnen aber höchst genial. Andere Bücher habe ich leider nicht bei mir.«[17]

Nietzsche liest Schopenhauer 1865 schon als Schüler. Edvard Munch und Max Klinger waren insbesondere beeinflusst durch Schopenhauers *Parerga und Paralipomena*. Strindberg, Ibsen, Wedekind und andere Künstler des Berliner Bohème-Zirkels »Schwarzes Ferkel« wären hinzuzufügen und Richard Wagner – um nur einige zu erwähnen.

Schopenhauer (1788–1860) hatte sein Hauptwerk *Die Welt als Wille und Vorstellung* schon 1819 veröffentlicht. 25 Jahre später, 1844, erschien eine zweite um einen Band erweiterte Auflage, 1851 dann *Parerga und Paralipomena*. Schließlich gegen Ende seines Lebens stellte sich der ersehnte Erfolg ein.

Im Zentrum von Schopenhauers Sicht auf die Geschlechterbeziehung steht die Spannung zwischen Individuum und Gattung. Für den »Geist der Gattung« verwendet er verschiedene Bezeichnungen: »den Genius der Gattung«, »den Willen zum Leben«, »die Stimme der Natur«, »der verlarvte Instinkt«. Dem Geist der Gattung, von dem wie von einer Person die Rede ist – er »beabsichtigt«, »verlangt«, »seufzt« – geht es nicht um das Individuum, sondern um den Fortbestand des Menschengeschlechts. Er steht im Gegensatz zu den Interessen des Individuums.

»In der Tat führt der Genius der Gattung durchgängig Krieg mit den schützenden Genien der Individuen, ist ihr Verfolger und Feind, stets bereit, das persönliche Glück schonungslos zu zerstören.«[18]

Die Wirkung des »Willens zum Leben«, also der Stimme der Natur, sieht Schopenhauer hauptsächlich in der »Geschlechtsliebe«:

»Die Genitalien sind viel mehr als irgendein anderes äußeres Glied des Leibes bloß dem Willen und gar nicht der Erkenntnis unterworfen. (...) Diesem allen zufolge sind die Genitalien der eigentliche Brennpunkt des Willens und folglich der entgegengesetzte Pol des Gehirns (...).«[19]

Was dem Individuum als Verliebtheit und Interesse an einer bestimmten Person erscheint, ist tatsächlich die Wirkung des Geists der Gattung, der »sehr geschickt die Maske einer objektiven Bewunderung« annimmt und so das Bewusstsein täuscht: »denn die Natur bedarff dieses Strategems zu ihren Zwecken«[20].

Ein weiteres Mittel der Natur: Sie bedient sich der Mädchen, die sie mit einem »Knalleffekt« versehen hat,

»indem sie dieselben, auf wenige Jahre, mit überreichlicher Schönheit, Reiz und Fülle ausstattete, auf Kosten ihrer ganzen übrigen Lebenszeit, damit sie nämlich, während jener Jahre, der Phantasie eines Mannes sich in dem Maße bemächtigen könnten, dass er hingerissen wird, die Sorge für sie auf zeitlebens (...) zu übernehmen; zu welchem Schritte ihn zu vermögen, die bloße vernünftige Überlegung keine hinlänglich sichere Bürgschaft zu geben schien.«[21]

Im Gegensatz zum Geist der Gattung ist das Individuum dagegen bemüht, das Los der Menschheit – Mühe, Leiden, Sterben – zu lindern, z. B. durch Gerechtigkeit, indem der Gerechte »die Lasten und Leiden, welche das Leben mit sich bringt, nicht durch List oder Gewalt auf andere wälzt, wie es der Ungerechte tut, sondern selbst trägt, was ihm beschieden ist«.[22]

Das wiederum können Frauen – Weiber – nicht leisten, denn man wird

> »als den Grundfehler des weiblichen Charakters *Ungerechtigkeit* [Hervorhebung des Autors] finden. Er entsteht zunächst aus dem dargelegten Mangel an Vernünftigkeit und Überlegung, wird zudem aber noch dadurch unterstützt, dass sie als die schwächeren von der Natur nicht auf die Kraft, sondern auf die List angewiesen sind: daher ihre instinktartige Verschlagenheit und ihr unvertilgbarer Hang zum Lügen. Denn wie den Löwen mit Klauen und Gebiß, den Elephanten mit Stoßzähnen, den Eber mit Hauern, den Stier mit Hörnern und die Sepia mit der wassertrüben Tinte, so hat die Natur das Weib mit Verstellungskunst ausgerüstet (...).«[23]

Damit ist klar, dass, wenn von »Individuum« die Rede ist, eigentlich »Mann« gemeint ist, und auch die »Menschheit« ausschließlich männlich gedacht werden muss. Schließlich seien Frauen mit ihrer knapp bemessenen Vernunft

> »läppisch und kurzsichtig, mit *einem* [Hervorhebung des Autors] Worte: zeitlebens große Kinder (...) – eine Art Mittelstufe zwischen dem Kinde und dem Manne, welcher der eigentliche Mensch ist«.[24]

Man soll es sich wohl so vorstellen: Die Männer werden zum einen durch ihren Geschlechtstrieb, mit dem die Natur ihre Vernunft täuscht, zum anderen aber durch das Locken der Frauen dazu gebracht, sich auf eine Beziehung zu ihnen einzulassen. Würden sie nur nach ihrer Vernunft handeln, täten sie das nicht, denn sie können dabei nur verlieren. Denn heiraten heißt »seine Rechte halbieren und seine Pflichten verdoppeln«.[25] Aber: »Gegen die mächtige Stimme der Natur vermag die Reflexion wenig.«[26]

Die Frauen haben keine andere Funktion als für die Reproduktion der Gattung zu sorgen, das ist der Sinn ihres Daseins. Deshalb sind nur gebärfähige Frauen interessant.

> »Ein altes d. h. nicht mehr menstruiertes Weib erregt unseren Abscheu.«[27]

Das Zeugungsgeschäft ist mit Scham und schlechtem Gewissen belegt, weil dadurch das Elend des Lebens verlängert wird:

> »Der Akt, durch welchen (...) der Mensch entsteht, ist eine Handlung, deren alle sich im Innersten schämen, die sie daher sorgfältig verbergen, ja auf welcher betroffen, sie erschrecken, als wären sie bei einem Verbrechen ertappt worden. Es ist eine Handlung, deren man bei kalter Überlegung meistens mit Widerwillen, in erhöhter Stimmung mit Abscheu gedenkt.«[28]

Schopenhauer, der bewusste Pessimist und Atheist, bezieht sich immer wieder auf den Mythos von Adam und Eva:

> »Wenn man demgemäß den Menschen ansieht als ein Wesen, dessen Dasein eine Strafe und Buße ist – so erblickt man ihn in einem schon richtigeren Lichte. Der Mythos vom Sündenfall (...) ist das einzige im Alten Testament, dem ich eine metaphysische, wenngleich nur allegorische Wahrheit zugestehen kann; ja er ist es allein, was mich mit dem Alten Testament aussöhnt. Nichts anderem nämlich sieht unser Dasein so ähnlich wie der Folge eines Fehltritts und eines strafbaren Gelüstens.«[29]

Mit seiner frauenfeindlichen Haltung steht Schopenhauer in einer langen Tradition. Die großen Ideen des 18. Jahrhunderts – Freiheit, Gleichheit, Gerechtigkeit – hatten umstürzende Veränderungen bewirkt. Dass sie im gleichen Atemzug mit Brüderlichkeit genannt wurden, ist kein Zufall, denn für die Schwestern waren sie nicht gedacht. Das bekam Olympe de Gouges auf fatale Weise zu spüren, nachdem sie 1791 die Frauenrechtserklärung *Déclaration des droits de la Femme et de la Citoyenne* veröffentlicht hatte. Nach monatelanger Einkerkerung wurde sie 1793 guillotiniert.

Die Meisterdenker der Zeit suchen nach Wegen, wie die Frauen von den neuen Rechten ausgeschlossen werden können.[30] Kant war in seiner *Metaphysik der Sitten* (1797) der festen Überzeugung, dass Frauen nicht in den Genuss bürgerlicher

Rechtsgleichheit kommen können, trotz der von ihm vertretenen Idee der Gleichheit, derzufolge jeder Mensch »zu jeder Stufe seines Standes« gelangen dürfe, »wozu ihn sein Talent, sein Fleiß und sein Glück hin bringen können«. Er begründet dies mit der unveränderlichen Natur des weiblichen Geschlechts. Auch bestehe für den Mann die Gefahr der »Aufzehrung« durch die »öfteren Ansprüche des Weibes« an das männliche »Geschlechtsvermögen«[31].

Das sieht auch Rousseau ganz ähnlich, auf den sich Schopenhauer bezieht, wobei er Rousseaus Ansichten aber »ungenügend«[32] findet. Zwar ohne den geifernden Ton Schopenhauers, aber in seiner Aussage ganz ähnlich geht Rousseau in seinem Werk *Emil oder Über die Erziehung* (1762) von der »gewöhnlichen List«[33] der Frauen aus und behauptet, Frauen seien der Natur nach »unbegrenzten Begierden«[34] ausgeliefert. Sie seien »eigens geschaffen (...) dem Mann zu gefallen«, nicht jedoch umgekehrt.[35]

Anders als Kant begibt sich Johann Gottlieb Fichte in seiner 1796 veröffentlichten Schrift *Grundlage des Naturrechts* nicht in den Widerspruch, einerseits Freiheitsrechte einzufordern, andererseits die Frauen davon auszunehmen. Dennoch ist auch für ihn klar, dass Frauen keine selbständige Persönlichkeit haben. Seine Erklärung: Aus angeborener Liebe machen sich Frauen »zum Mittel der Befriedigung des Mannes«, damit hören sie auf, das Leben eines Individuums zu führen.

Egal wie die Argumentation im Einzelnen läuft, das Ergebnis ist das gleiche: Das Verweigern bürgerliche Freiheitsrechte wird mit der Biologie, dem vermeintlichen sexuellen Charakter der Frau, der »unveränderlich«, »angeboren«, »von der Natur« eingerichtet sei, begründet. Dem 19. Jahrhundert, so die Historikerin Ute Frevert, gilt es, »die unterschiedliche »Bestimmung« der Geschlechter aus den Zeugungsorganen abzuleiten«.[36]

Auch vonseiten von Wissenschaftlern der Zeit wird versucht, das tradierte Verhältnis zwischen Frau und Mann als naturgegeben darzustellen, und gerade ihre Befunde waren von Bedeutung: Je mehr »wissenschaftlich« bestätigte Unterschiede gefunden wurden, desto leichter ließen sich Argumente dafür finden, dass Frauen ganz andere, nämlich zweitklassige Menschen seien, denen die Bürgerrechte vorenthalten werden mussten.

Darwins Schrift *Die Abstammung des Menschen und die geschlechtliche Zuchtwahl*, 1871 erschienen, wurde noch im gleichen Jahr in einer Übersetzung von Julius Victor Carus auf Deutsch veröffentlicht. Wie die Häufung der Femmes-fatales-Bilder und von Stucks Serienproduktion des »Sünde«-Motivs belegt auch die umgehende Übersetzung des Darwin-Werkes das gesteigerte Interesse der Zeit an festen »Geschlechtscharakteren«. Laut Darwin führen der »Kampf ums Leben« und der »Kampf ums Weib« schließlich zu folgendem Ergebnis, was den Unterschied der Geschlechter betrifft:

> »Der hauptsächlichste Unterschied in den intellectuellen Kräften der beiden Geschlechter zeigt sich darin, dass der Mann zu einer grösseren Höhe in Allem, was er nur immer anfängt, gelangt, als zu welcher sich die Frau erheben kann, mag es nun tiefes Nachdenken, Vernunft oder Einbildungskraft, oder bloss den Gebrauch der Sinne und der Hände erfordern. Wenn eine Liste mit den ausgezeichnetsten Männern und eine zweite mit den ausgezeichnetsten Frauen in Poesie, Malerei, Sculptur, Musik (mit Einschluss sowohl der Composition als der Ausübung), der Geschichte, Wissenschaft und Philosophie mit einem halben Dutzend Namen unter jedem Gegenstande angefertigt würde, so würden die beiden Listen keinen Vergleich mit einander aushalten.«[37]

Das klingt nicht nur wie Schopenhauer[38], im Kapitel zuvor hatte sich Darwin mit dem »Knalleffekt«-Zitat explizit Unterstützung bei dem Philosophen geholt.[39]

1903 veröffentlichte der Neurologe und Psychiater Paul Julius Möbius seine Schrift *Über den physiologischen Schwachsinn des Weibes*, mit der er gegen die Frauenbewegung zu Felde zog und in die Debatte um die Zulassung von Frauen zum Studium der Medizin eingriff. Im Vorwort seiner immer wieder neu aufgelegten und erweiterten Schrift nennt er den »Darwinismus« als eine wichtige Quelle und bezieht sich mehrfach explizit auf Schopenhauer, den er auch in seiner Schrift zitiert, z. T. ohne das Zitat zu kennzeichnen und nachzuweisen. Nach vielen schon von Schopenhauer bekannten Urteilen über die »Geschlechtscharaktere« kommt Möbius schließlich dazu festzustellen:

> »*Der Instinkt nun macht das Weib thierähnlich, unselbständig, sicher und heiter* [Hervorhebung des Autors].«[40]

Die Schrift löste eine heftige Debatte aus, auch Frauenrechtlerinnen wie Hedwig Dohm meldeten sich zu Wort. In der Ausgabe von 1903 ist eine Besprechung des Buches abgedruckt, in der Hedwig Dohms Wortmeldung folgendermaßen vom Autor der Buchbesprechung kommentiert wird:

> »Man lese z. B. die albernen und leidenschaftlich-gehässigen Redensarten, mit denen ein bekanntes Haupt der modernen Frauenbewegung *(Hedwig Dohm)* die Schrift abzuthun glaubt, und man wird sehen und fühlen, wie recht er [Möbius] mit seiner Bekämpfung dieser Emancipirten sowie der männlichen »Feministen« hat.«[41]

Wie unter einem Brennglas wird hier der gesellschaftliche Zusammenhang deutlich, in dem die Maler ihre Werke schaffen: Es ist die Zeit der Kämpfe um die Öffnung des Medizinstudiums für Frauen und überhaupt der beginnenden Frauenbewegung, die sich 1865 offiziell konstituiert. Dieses öffentliche Einfordern von bürgerlichen Freiheitsrechten für Frauen musste eine starke Verunsicherung aufseiten vieler Männer auslösen. Ob vonseiten der Philosophie, der Evolutionstheorie oder der Medizin – es wird versucht, die aus der Bibel hergeleiteten Vorurteile über die Verschiedenheit der Geschlechter zu belegen. Als Begründungen dienen die Meinungen der Verfasser, die als wissenschaftliche und philosophische Ergebnisse vorgebracht werden.

Frauen werden nicht nur als anders dargestellt, sondern als schlechter. Sie sind »das in *jedem* [Hervorhebung des Autors] Betracht zurückstehende zweite Geschlecht«[42], so Schopenhauer 1851. Ob ihm wohl bewusst war, dass er sich mit dieser Formulierung ganz in der Nähe des Dominikaners Heinrich Cramer, Verfasser des *Hexenhammers*, des Handbuchs der Hexenverfolgung, bewegte? Dieser hatte als Begründung dafür, dass Frauen viel anfälliger für das Hexenwesen seien, 1487 festgestellt, dass »Frauen in allen Kräften, der Seele wie des Leibes mangelhaft« seien.[43]

Den Malern, die sich mit diesen Schriften auseinandergesetzt haben, öffnet sich ein weites Themenfeld. Auffallend oft stellen sie gefährliche Frauen als mythische Gestalten dar und rücken so die Gefährlichkeit von Frauen in eine graue Vorzeit des »Immer schon«. Auf diese Weise wird das akute Thema der Geschlechtergerechtigkeit entpolitisiert und die Komplexität menschlicher Beziehungen reduziert. Hier sei auch noch einmal daran erinnert, dass von Stuck behauptet, er male nur das »Rein-Menschliche«, das »Ewig-Gültige« – auch das ein Versuch, das umstrittene Thema der Frauenrechte aus dem Bereich des Politischen in den des Natürlichen zu rücken und eine wirkliche Lösung zu umgehen.

In den Konversationslexika der Zeit sind solche Meinungen bereits zu nachschlagbarem Wissen geronnen.[44] Die »Geschlechtscharaktere« erscheinen im 19. Jahrhundert von Natur aus unterschieden und unveränderlich. Frauen sind für Haus und Kinder zuständig, Männer zeichnen sich durch einen soldatisch-männlichen Tugendkatalog aus – durch Stärke, Mut, Tapferkeit. Sie sind für das Leben außer Haus zuständig, insbesondere für die Verteidigung des Vaterlandes. Biologische Unterschiede bestimmen die gesellschaftlichen Rechte. Diese Aufteilung bietet konservativen Kräften auch die argumentative Grundlage zu entscheiden, wer ein Staatsbürger ist, wählen und gewählt werden darf. Ein Staatsbürger kann nur sein, wer den Staat auch verteidigen kann, also Männer. Damit kann man Frauen wirksam staatsbürgerliche Rechte vorenthalten. »Wahlrecht und Wehrpflicht« sind »zwei Seiten derselben staatsbürgerlichen Medaille«[45] geworden. Dieser Zusammenhang beleuchtet schlaglichtartig die Rolle des Militärs für die wilhelminische Gesellschaft.

Den Frauen, die sich nicht dem Typus der Femme fatale zurechnen lassen wollen, bleibt die Schamhaftigkeit. In ihrer Untersuchung zum Thema »Scham« hat die Historikerin Ute Frevert wieder Lexika zwischen 1740 und 1890 als Indikatoren »für das, was eine Gesellschaft weiß, wissen kann und wissen möchte«[46] untersucht. Sie stellt fest, dass Scham immer stärker mit dem weiblichen Körper und seinen Sexualfunktionen verbunden wird. In Zedlers Universal-Lexikon von 1742 wird die Körperscham auf beide Geschlechter bezogen, in Meyers Konversationslexikon von 1890 heißt es: »Scham, weibliche, siehe Scheide«. Freverts Schlussfolgerung:

> »Das 19. Jahrhundert, vor allem seine zweite Hälfte, beschäftigt sich geradezu zwanghaft mit der Kontrolle weiblicher Sexualität. Wie Frauen ihren ›Geschlechtstrieb‹ regulierten, mit wem sie wie oft oder gar nicht schliefen, welche Folgen das für die Ehe, Familie und Gesellschaft hatte, wurde von Juristen und Theologen ebenso heftig und anhaltend erörtert wie von Ärzten und Romanautoren.«[47]

Blicken wir abschließend noch einmal zu Munchs Bild *Metabolismus* (Abb. 33) und von Stucks Bild *Adam und Eva* (Abb. 34) zurück. Die attraktiven und lockenden Frauenfiguren entsprechen der »Knalleffekt«-Sicht von Schopenhauer auf die Frau, die ambivalenten Männerfiguren kann man wie eine Verkörperung seiner Vorstellung des leidenden Menschen (= Mannes) lesen, der sich zur Frau hingezogen fühlt, das aber eigentlich gar nicht will. Sicher nicht zufällig klingen die Definitionen dessen, was Liebe ist, bei Munch und Schopenhauer ganz ähnlich. Wo Schopenhauer von der »... eigensinnigen Auswahl zur Befriedigung des Geschlechtstriebes, die man Liebe nennt«[48], spricht, formuliert Munch: »Der Kampf zwischen Mann und Frau, genannt Liebe«[49].

Ein besonders eindrückliches Beispiel der Schopenhauer-Rezeption findet sich bei Max Klinger (Abb. 41): Diese Radierung, die in verschiedenen Fassungen vorliegt, zeigt Adam und Eva auf Knien flehend vor zwei Gestalten, die als Tod und Teufel vorgestellt werden. Eva ist in eher anbetender, Adam in eher argumentierender Haltung dargestellt. Es handelt sich um das sechste Blatt des Zyklus *Eine Liebe*, der in zehn Stationen von der ersten Begegnung eines Paares, der Verführung, der Vereinigung über die Schande für die Frau bis zu deren Tod reicht. Das Blatt trägt auch den Titel *Intermezzo*, womit angedeutet ist, dass es aus dem Erzählzusammenhang herausfällt. In einigen Varianten ist es mit einer Notiz versehen: »cachinnus auditur diaboli« oder auch »Motto: Illico post coitum cachinnus auditur diaboli« (= man gleich nach dem Beischlaf das Lachen des Teufels hört). Klinger

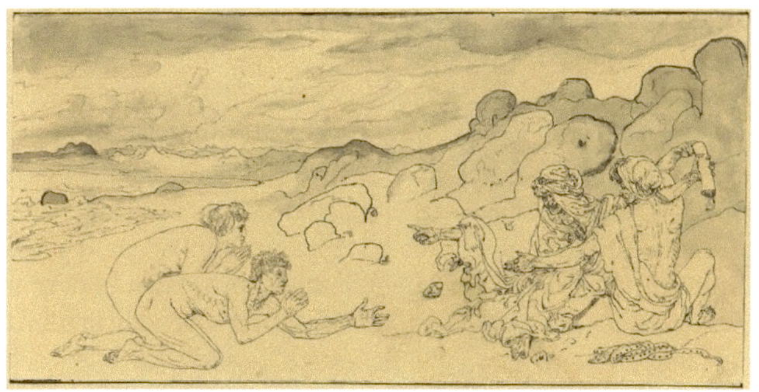

Abb. 41 Max Klinger, Adam und Eva und Tod und Teufel, aus dem Zyklus *Eine Liebe*, 1887

zitiert hier Schopenhauer.[50] In der entsprechenden Passage seiner *Parerga und Paralipomena* betont Schopenhauer wieder, dass das Zeugungsgeschäft mit Scham und Schuld belegt sei. Er sieht wieder das Wirken des »Geistes der Gattung« am Werk, hier in der Figur des Teufels:

> »Es könnte uns jedoch auch bedünken, der Teufel habe nur sein Spiel dabei verstecken wollen: denn der Beischlaf ist sein Handgeld und die Welt sein Reich. Hat man denn nicht bemerkt, wie illico post coitum cachinnus auditur diaboli [= man gleich nach dem Beischlaf das Lachen des Teufels hört]? – welches, ernstlich gesprochen, darauf beruht, daß die Geschlechtsbegierde, zumal wenn durch Fixieren auf ein bestimmtes Weib zur Verliebtheit konzentriert, die Quintessenz der ganzen Prellerei dieser noblen Welt ist; da sie so unaussprechlich, unendlich und überschwänglich viel verspricht und dann so erbärmlich wenig hält.«[51]

Klinger übernimmt mit dem Blatt *Intermezzo*, das direkt nach dem Blatt *Glück* eingeordnet ist, also Schopenhauers negative Sicht auf die Sexualität als Grund allen Übels und findet in dem Urelternpaar Eva und Adam die ersten Repräsentanten für diese Sicht.

Am Ende ihres bisherigen Weges sind Adam und Eva wieder zu schamgebeugten Figuren geworden. Hier aber werfen sie sich in den Staub vor Tod und Teufel und flehen diese, nicht Gottvater, um Verschonung an.

Die Vorstellungen davon, was ein Paar ausmacht, sind auf einem Tiefpunkt angelangt. Den Frauen geht es schlecht, weil sie eine Vorstellung von Weiblichkeit akzeptieren sollen, die ihren Platz in der Gesellschaft auf halbem Wege zwischen Kind und Mann verortet, ja ihn sogar in die Nähe von Tieren rückt. Auch den Männern kann es damit nicht gut gehen. Ihnen wird eingeredet, dass sie allein für alles verantwortlich seien, da ja nur sie die eigentlichen Menschen seien. Zudem würden sie von ihrer eigentlichen Bestimmung als Geistwesen von den erdverhafteten Frauen abgelenkt, in denen ihr sexuelles Verlangen begründet sei. In beiden Fällen werden Geist und Körper auseinanderdividiert.

Hier kann nicht diskutiert werden, was gute Rahmenbedingungen für ein gedeihliches Zusammenleben sind. Aber Paare, die in einer Welt leben, in der maßgebliche Vertreter des kulturellen Lebens – Philosophen, Mediziner, Forscher, Literaten, Künstler – verkünden, dass das Zusammenleben von Mann und Frau nur ein Kampf sein könne, haben es schwer. Solche Paare, die aneinander leiden, sehen wir in den vorgestellten Bildern.

Anmerkungen

1 Eschenburg (1995), S. 94.
2 zit. nach Schneede (1988), S. 21.
3 Es gibt zwei Varianten: die liegende Ganzfigur und die stehende Halbfigur.
4 Max Klinger, Evas Sündenfall, Blatt 5 aus dem Skizzenbuch 1874–1877, Feder, Pinsel, Museum der bildenden Künste Leipzig.
5 Stiftung Weimarer Klassik, Weimar. Das Bild illustriert eine Szene aus Gustave Flauberts gleichnamigem Roman von 1862.
6 Hamburger Kunsthalle, Kupferstichkabinett.
7 Wie bei vielen seiner Werke gibt es auch hier verschiedene Varianten. Innerhalb des *Alpha-&-Omega*-Zyklus' gibt es eine ganz ähnliche Lithografie mit dem Titel *Die Wolke* mit einer Adamsfigur, die Eva bei ihrem

Spiel mit der Schlange beobachtet. Ebenfalls im Museum Kunst der Westküste, Alkersum/Föhr.

8 Colliers Lilith würde sehr gut auch hierher passen.

9 Artemisia Gentileschi, um 1612.

10 Mk 6,14–29, Mt 14,1–12. In den angegebenen Stellen ist die Tochter von Herodias noch namenlos. Erst später wird sie als Salomé bezeichnet.

11 Mathieu (Hg.) (1984), S. 60.
»Le peintre suppose l'homme arrivé à l'heure grave et sévère de la vie, se trouvant en présence de l'énigme éternelle. (…) C'est la chimère terrestre, vile comme la matière, attractive comme elle, représentée par cette tête charmante de la femme, avec ces ailes prometteuses de l'idéal, mais le corps du monstre, du carnassier qui déchire et anéantit.«

12 Franz von Stuck, zit. nach: Husslein-Arco, A., Klee, A. (Hg.) (2016), S. 90.

13 Siehe Anmerkung 99.

14 Hammer-Tugendhat (2006), S. 76.

15 In: Schopenhauer, Die Welt als Wille und Vorstellung Zweiter Band, Ergänzungen zum 4. Buch, Kap. 44. Alle Schopenhauer-Zitate nach der angegebenen Ausgabe, Schopenhauer (1968).

16 In: Schopenhauer, Parerga und Paralipomena, Zweiter Band, Kapitel 27.

17 Hebbel (1952), an Christine Hebbel, Brief vom 23. August 1852, Werke Band 1, S. 648.

18 Schopenhauer, Die Welt als Wille und Vorstellung, Zweiter Band, Ergänzungen zum vierten Buch, Kap. 44, Metaphysik der Geschlechtsliebe, S. 712 f.

19 Schopenhauer, Die Welt als Wille und Vorstellung, Erster Band, § 60, Bejahung und Verneinung des Willens, S. 452.

20 Schopenhauer, Die Welt als Wille und Vorstellung, Zweiter Band, Ergänzungen zum vierten Buch, Kap. 44, Metaphysik der Geschlechtsliebe II, 684.

21 Schopenhauer, Parerga und Paralipomena, Zweiter _Band, Kapitel 27, Über die Weiber, § 365, S. 720.

22 Schopenhauer, Die Welt als Wille und Vorstellung, Zweiter Band, Ergänzungen zum vierten Buch, Kap. 48, S. 776.

23 Schopenhauer, Parerga und Paralipomena, Zweiter Band, Kap. 27, Über die Weiber, § 366. S. 723.

24 Schopenhauer, Parerga und Paralipomena, Zweiter Band, Kap. 27, Über die Weiber, § 364, S. 720.

25 Schopenhauer, Parerga und Paralipomena, Zweiter Band, Kap. 27, Über die Weiber, § 370, S. 730.

26 Schopenhauer, Die Welt als Wille und Vorstellung, Erster Band, § 54, S. 388 f.

27 Schopenhauer, Die Welt als Wille und Vorstellung, Zweiter Band, Ergänzungen zum vierten Buch, Kap. 44, Metaphysik der Geschlechtsliebe, S. 694.

28 Schopenhauer, Die Welt als Wille und Vorstellung, Zweiter Band, Ergänzung zum vierten Buch, § 45, Von der Bejahung des Willens zum Leben, S. 729.

29 Schopenhauer, Die Welt als Wille und Vorstellung, Zweiter Band, Von der Nichtigkeit und dem Leiden. Ergänzungen zum vierten Buch, Kap. 46, S. 743.

30 Ich folge in diesem Abschnitt hauptsächlich der Darstellung von Frevert, Bürgerliche Meisterdenker und das Geschlechterverhältnis, Göttingen (1988).

31 Kant, Metaphysik der Sitten, zit. n. Frevert (1988), S. 23.

32 Schopenhauer, Die Welt als Wille und Vorstellung, Zweiter Band, Ergänzungen zum vierten Buch, Kap. 44, Metaphysik der Geschlechtsliebe, S. 681.

33 Rousseau (1971), S. 388.

34 Rousseau (1971), S. 387.

35 Rousseau (1971), S. 386.

36 Frevert (1995), S. 48.

37 Darwin, https://bit.ly/3n2MoVu, Kap. 21.

38 Bei Schopenhauer, Parerga und Paralipomena, Zweiter Band, Kap. 27, Über die Weiber, § 369, S. 726 ff. liest man das so: »... wenn man erwägt, daß die eminentesten Köpfe des ganzen Geschlechts es nie zu einer einzigen wirklichen großen, echten und originellen Leistung in den schönen Künsten haben bringen, überhaupt nie irgendein Werk von bleibendem Wert haben in die Welt setzen können (...)«.

39 Darwin a. a. O, Kap. 20.

40 Möbius (1903), S. 21, https://bit.ly/39vYR0U.

41 a. a. O.

42 Schopenhauer, Parerga und Paralipomena, Zweiter Band, Kap. 27, Über die Weiber, § 369, S. 728.

43 Behringer (Hg.) (1995), S. 97.

44 Frevert (1995) hat ausführlich die Entwicklung in den Konversationslexika vom 18. bis zum 20. Jahrhundert nachgezeichnet und eine Zuspitzung für das 19. Jahrhundert festgestellt.

45 Frevert (1995), S. 119.

46 Frevert (2019), S. 24 f.

47 Frevert (2019), S. 25.

48 Schopenhauer, Die Welt als Wille und Vorstellung, Zweiter Band, Ergänzungen zum vierten Buch, Kap. 44, Metaphysik der Geschlechtsliebe, S. 685.

49 Schneede (1988), S. 21.

50 Eschenburg (1995), S. 238 f.

51 Schopenhauer, Parerga und Paralipomena, Zweiter Band, Bejahung und Verneinung des Willens, § 166, S. 373.

Rainer Maria Rilke

Zwischen Apotheose und Apfelpose

ADAM
Staunend steht er an der Kathedrale
steilem Aufstieg, nah der Fensterrose,
wie erschreckt von der Apotheose,
welche wuchs und ihn mit einem Male

niederstellte über die und die.
Und er ragt und freut sich seiner Dauer
schlicht entschlossen; als der Ackerbauer
der begann, und der nicht wußte, wie

aus dem fertig-vollen Garten Eden
einen Ausweg in die neue Erde
finden. Gott war schwer zu überreden;

und er drohte ihm, statt zu gewähren,
immer wieder, daß er sterben werde.
Doch der Mensch bestand: sie wird gebären.

EVA

Einfach steht sie an der Kathedrale
großem Aufstieg, nah der Fensterrose,
mit dem Apfel in der Apfelpose,
schuldlos-schuldig ein für alle Male

an dem Wachsenden, das sie gebar,
seit sie aus dem Kreis der Ewigkeiten
liebend fortging, um sich durchzustreiten
durch die Erde, wie ein junges Jahr.

Ach, sie hätte gern in jenem Land
noch ein wenig weilen mögen, achtend
auf der Tiere Eintracht und Verstand.

Doch da sie den Mann entschlossen fand,
ging sie mit ihm, nach dem Tode trachtend;
und sie hatte Gott noch kaum gekannt.

(1908)

Aus: Rilke (2003), Der Neuen Gedichte anderer Teil, S. 111 f.

8. Die Gesichter der Zeit

Erste Hälfte des 20. Jahrhunderts

»Jedenfalls trage ich das Gesicht der Zeit«[1].
Max Beckmann

Max Beckmann (1884–1950) hat sich während seines gesamten Künstlerlebens immer wieder mit dem Thema »Eva und Adam« beschäftigt. Dabei sind überwiegend Gemälde entstanden, aber auch Zeichnungen mit Feder, Tusche oder Kugelschreiber, eine Lithografie, eine Kaltnadelradierung und auch Plastiken. Zählt man alle Werke mit, die »Adam und Eva« oder »Sündenfall« im Titel tragen oder getragen haben, und solche Werke, die aufgrund der Attribute dem Thema zugerechnet werden können, auch wenn der Titel sie nicht so nennt, kommt man auf mindestens zehn Werke.

Interessant sind die Umbenennungen. Ein Gemälde aus dem Jahr 1932, das ursprünglich den Titel »Adam und Eva« trug (Abb. 43), wurde in einem Bilderverzeichnis für eine Ausstellung von Beckmann als »Mann und Frau« aufgeführt. Zu der Arbeit an einem neuen Triptychon, das schließlich den Titel »Karneval« bekam, schreibt Beckmann in seinem Tagebuch:

> »Neues Tryptic angefangen. Mit ADAM etc. – noch unbestimmt – kann aber was werden.«[2]

Etwas später:

> »Sehr starker Entwurf von ›Adam und Eva‹. Kann vielleicht ganz witzig werden.«[3]

Alle drei Teile des vollendeten Triptychons zeigen schließlich bekleidete und verkleidete Paare in unterschiedlichen Konstellationen, die mit Eva und Adam nicht mehr viel zu tun haben.

Diese Umbenennungen machen deutlich, dass es Beckmann mit dem Thema »Adam und Eva« um das Verhältnis der Geschlechter geht. Sie zeigen aber auch, dass viele andere künstlerische Auseinandersetzungen in den Kontext der Geschlechterbeziehung gehören, z. B. die Gemälde *Luftakrobaten* von 1928, *Odysseus und Sirene* von 1933 oder *Odysseus und Kalypso* von 1943, um nur drei zu nennen. 1950, im Jahr seines Todes, plante Beckmann wieder ein Adam-und-Eva-Triptychon. Entwürfe zum Mittelbild und einem Seitenflügel fanden sich im Nachlass seiner zweiten Frau Mathilde.[4] Damit ist klar, dass die Mann-Frau-Thematik ein zentrales Lebensthema Beckmanns ist.

Drei seiner Werke seien hier betrachtet.

Das Bild *Adam und Eva* (Abb. 42) ist 1917, also während des ersten Weltkriegs entstanden. In klassischer Verteilung stehen die Figuren links und rechts vom Baum der Erkenntnis, der das Bild in zwei Hälften teilt. Nur die Schlange, die sich um den Baumstamm windet, stellt eine Art Verbindung zwischen den beiden Bildhälften dar. Der fuchsartige Kopf der Schlange kommt direkt über Evas Kopf zu liegen.

Einen Apfel, Symbol der Verführung, gibt es in dem Bild nicht. Stattdessen bietet Eva mit ihrer linken Hand Adam ihre rechte Brust an. Die Haltung ihrer rechten Hand erinnert an eine Venus-pudica-Geste. Im Zusammenhang mit der schamlosen Geste der linken Hand muss man die Geste der rechten Hand aber eher als weiteren sich prostituierenden Hinweis auf ihr Geschlecht sehen. Das Vorbild der schamhaften Venus ist nur noch eine Erinnerung.

Einen Griff zur Brust haben wir schon in Hans Baldung Griens Holzschnitt von 1511 gesehen (Abb. 21), allerdings ist es dort Adam, der mit seiner linken Hand nach Evas linker Brust greift, das eindeutig erotische Angebot geht vom Mann aus. Baldungs Eva greift auch auf Adams Seite hinüber. Die korrespondierende Haltung der Arme signalisiert Einverständnis. Sie sind ein Liebespaar.

Das Paar in Beckmanns Gemälde hingegen steht berührungslos, einander halb zugewandt. Eva hat die Augen geschlossen. Es ist aber kein schamhaftes Niederschlagen der Augen, denn der Kopf ist nicht gesenkt. Stellvertretend für Eva blickt die Schlage

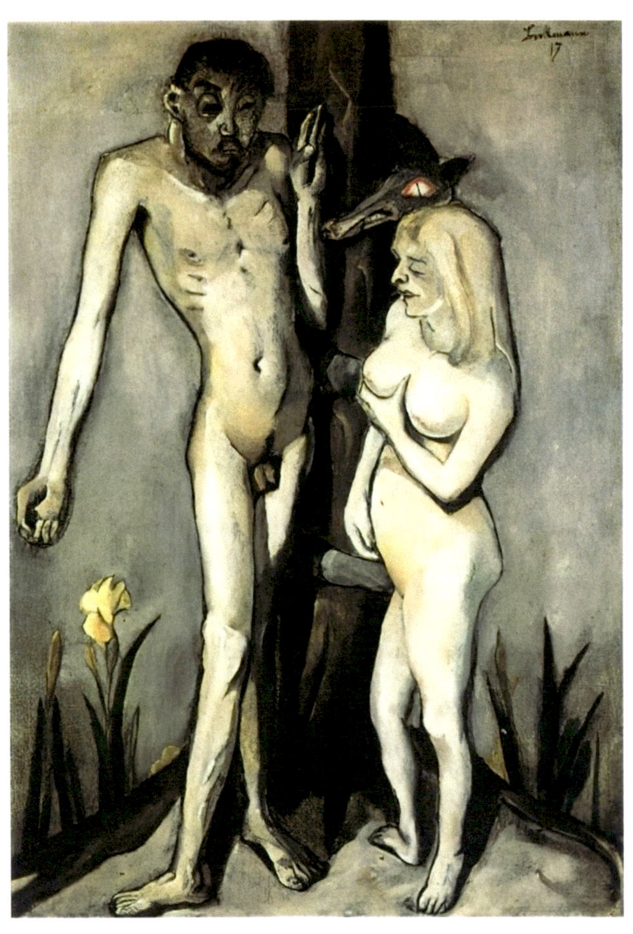

Abb. 42 Max Beckmann, Adam und Eva, 1917, 56,5 × 80 cm

mit ihrem roten Auge gierig zu Adam, wie um seine Reaktion nicht zu verpassen. Mit seinem verdrehten rechten Bein hat Adam einen unsicheren Stand. Der rechte Arm ist starr ausgestreckt, die linke Hand abwehrend erhoben, wie zum Schwur, die dargebotene »Frucht« nicht annehmen zu wollen – einen Schwur, den Adam wohl bald brechen wird, zumal er nicht mit der richtigen Hand und mit abgewinkeltem Daumen ausgeführt ist. Der Oberkörper ist nach hinten gebogen, als wolle er von dem Angebot Abstand nehmen. Eva bietet ihre körperlichen Reize als Ware an, ohne jede Andeutung von Magie.

Die beiden Figuren stehen auf einem von den Wurzeln des Baumes abgegrenzten dreieckigen Bereich. Boden, Figuren, Schlange und Baum sind in Grautönen gehalten. Etwas Farbe bringt das Rot des Schlangenauges, Gelb kommt von den Schwertlilien, die am Rande der Wurzelbegrenzung wachsen, eine Blüte ist voll aufgegangen, eine zweite ist knospig, zur Bildmitte hin rechts und links deuten Flecken des gleichen Gelbs an, dass dort weitere Lilien blühen. Das Gelb der Schwertlilien scheint Reflexe auf die grauen Körper der Figuren zu werfen. Ein Abglanz besserer Zeiten?

Lilien sind in mittelalterlichen Marienbildern Begleiter der Mutter Gottes. Ist es vorstellbar, dass Beckmann mit den Schwertlilien an Maria als neuer Eva erinnern wollte? Beckmanns Begeisterung für die Alten Meister ist bekannt. Minna Beckmann-Tube berichtet, dass sie während der Hochzeitsreise mit Max Beckmann in Florenz immer wieder ein Gemälde von Hugo van der Goes betrachteten:

> »(...) wir empfanden die Italiener [Maler] allmählich als Theater und flüchteten immer zu dem van der Goes.«[5]

Vermutlich ist der Portinari-Altar gemeint, der zu der Zeit in den Uffizien gezeigt wurde, ein Marienaltar. Im Mittelteil des Triptychons thront die Madonna mit dem Kind, vor ihr eine Vase mit weißen und blauen Schwertlilien und Madonnenlilien.

Im Kunsthistorischen Museum in Wien wird ein Diptychon von Hugo van der Goes von 1477 (Abb. 13) aufbewahrt, das auf der linken Bildtafel ein Sündenfallbild mit Schwertlilien zeigt. Die rechte Tafel zeigt die Beweinung Christi nach der Kreuzabnahme. Das Diptychon kann als Verbildlichung der Lehre von Jesus als dem neuen Adam und Maria als der neuen Eva gelesen werden.

Wenn Beckmann das Diptychon kannte, könnte man annehmen, dass er dort Anleihen gemacht hat für sein Sündenfallbild mit Schwertlilien und für seine Adamsfigur, deren starre Armhaltung an die Darstellung der Arme des Gekreuzigten bei der Kreuzabnahme erinnert. Die Schwertlilien in Beckmanns Eva-und-Adam-Bild könnten also als symbolischer Hinweis auf Maria als die neue Eva gelesen werden. Versteht man die Flecken an Adams rechter Seite und auf der linken Hand als Hinweis auf die Wundmale des Gekreuzigten, so könnte man hier einen Hinweis auf Jesus als den neuen Adam finden. Einen »Schmerzensmann« stellt die Figur allemal dar. So gesehen hätte Beckmann beide Teile des Vor-Bilds in einem Bild vereinigt und so neben dem Hauptthema »Sündenfall« auch eine Idee von Erlösung angedeutet.

In der spätmittelalterlichen Tafelmalerei findet sich die starre Armhaltung des Gekreuzigten auf vielen Darstellungen der Kreuzabnahme, sodass man nicht von einer Kenntnis des Wiener Diptychons ausgehen müsste. Auf Beckmanns eigenem Bild *Kreuzabnahme*, das ebenso aus dem Jahr 1917 stammt, sind gerade diese starren Arme auch zu sehen. Somit steht das Bild *Adam und Eva* von seiner Entstehungszeit her in einem christlichen Zusammenhang, der die angedeutete Interpretation plausibel werden lässt.

Auch eine andere Interpretation ist denkbar.

Beckmann las Zeit seines Lebens intensiv Schopenhauer. Wenn in seinen Notizen auch gelegentlich Distanz zu Schopenhauer deutlich wird,[6] kann man wohl davon ausgehen, dass Beckmann durch Schopenhauers Sicht auf die Beziehungen zwischen Mann und Frau beeinflusst war. Seine Eva im Gemälde von 1917 könnte man sehen als den Lockvogel im Dienste der Gattung, die den Mann gewinnen will. Sein Adam wird erst im Nachhinein feststellen, dass sein »vom Geschlechtstrieb umnebelte[r] männliche[r] Intellekt«[7] dem Angebot nicht widerstehen konnte, wie Schopenhauer sagen würde. Den Ärger über seine eigene Verführbarkeit formuliert bereits der ganz junge Beckmann mehrfach in seinen Tagebüchern. Während eines Aufenthalts in Paris 1903, im fiktiven Gespräch mit seiner späteren Frau Minna, notiert er zu

»solchen eckelhaften [sic] Stunden wo das absolute Weib mich ganz beherrscht«: »Was weißt Du von solchen entwürdigenden

> Tagen an welchen jeder Atemzug jeder Blick und jeder Schritt heißes tierisches Verlangen ist nur nach dem Weibe, nach dem anderen Geschlecht«[8].

Das Thema beschäftigt ihn auch noch 1945 im Exil in Amsterdam. Die Beziehung zum anderen Geschlecht fasst er immer wieder mit der Metapher »Kandare«:

> »Und es muss zugegeben werden, daß der Trick – sich in männlich und weiblich zu teilen[9], ein wirklich fabelhaftes und ›fast‹ nicht zu erlöschendes Reizmittel ist, um immer wieder an die Candare geschleift zu werden«[10].

Beckmann steht mit seinem Bild von 1917 noch ganz in der Tradition des Geschlechterdiskurses des 19. Jahrhunderts. Die Vorstellung, dass Frauen mit ihrer erotischen Macht Männer ins Verderben stürzen, kennen wir bereits von Munch, von Stuck und vielen anderen. Beckmann verschärft die Aussage sogar noch. Seine Eva ist keine verführerische, erotische Figur, die den Mann durch ihre Attraktivität gewinnen will. Das verhängnisvolle Spiel zwischen den Geschlechtern wird hier gezeigt mit einer schamlos sich prostituierenden Frau und einem erbärmlichen Mann.

Als Nächstes betrachten wir Beckmanns großformatiges Gemälde von 1932, das zunächst *Adam und Eva*, später *Mann und Frau* genannt wurde (Abb. 43).

Das Bild zeigt eine nackte, am Boden liegende Frauenfigur, hinter der in einem getrennten Bildbereich aufrecht und abgewandt eine nackte Männerfigur steht. Die Frau, der nur knapp ein Drittel der Bildfläche zuzuordnen ist, liegt auf bräunlichem, erdfarbenen Boden, umgeben von unbekannten Blumen, mit nach unten gesenktem Blick. Die Erdnähe suggeriert die bekannte angebliche Nähe der Frau zur Natur. Der Mann, umgeben von klarer, blauer Farbe, blickt in aufrechter Haltung in eine unbekannte Ferne. Er wirkt tatkräftig, weitschauend, entschieden und selbstbewusst. Die vegetalen Teile in vaginaler und phallischer Form entspringen dem Bereich der Frau. Somit ist die Figur der Frau der Geschlechtlichkeit zugewiesen, die Figur des Mannes der Vernunft, dem Geist. Von einer Neubewertung von tradierten

Geschlechterrollen kann nicht die Rede sein, stattdessen ist man wieder an Schopenhauer erinnert.

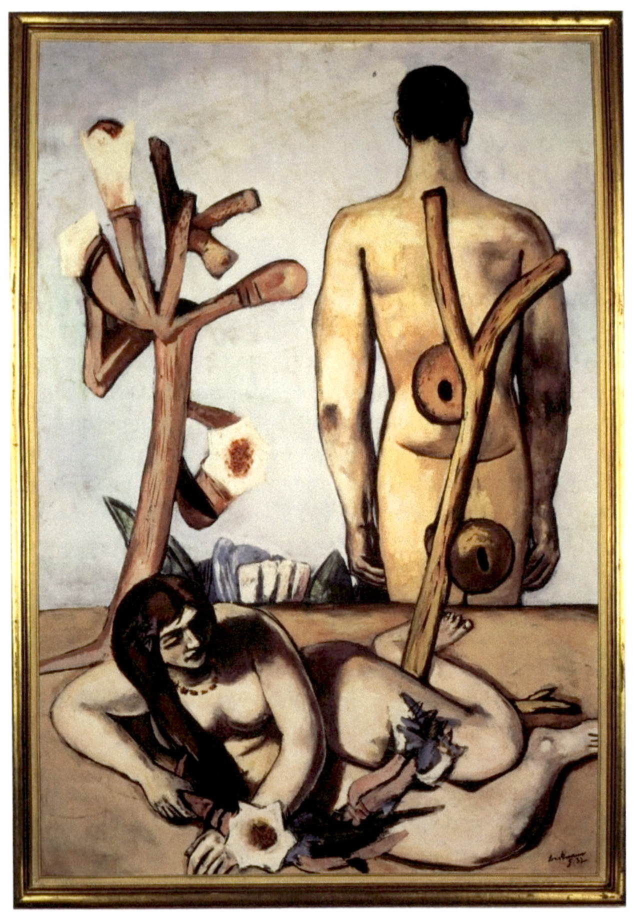

Abb. 43 Max Beckmann, Adam und Eva, 1932, 120 × 175 cm

Bei dem dritten Beispiel handelt es sich um eine Plastik mit einer sehr ungewöhnlichen Formulierung des Adam-und-Eva-Themas (Abb. 44). Die etwa lebensgroße Sitzfigur existiert in verschiedenen Varianten: aus Bronze, Steinguss, Terracotta.

Die großen Füße – wie bei vielen ägyptischen Sitzfiguren – und der gedrungene Unterkörper erwecken den Eindruck, man habe einen Sitzriesen vor sich. Diese Unausgewogenheit verschwindet, wenn man sich vorstellt, die Figur würde sich erheben. Ein großer Mann stünde vor einem, der wohlproportioniert ist, vielleicht abgesehen von den mächtigen Füßen. Ein Gang um die Plastik zeigt nämlich, dass der Schemel, auf dem Adam sitzt, für ihn viel zu klein ist. Er muss seine Unterschenkel spitz nach hinten anwinkeln, um sie unterzubringen. Die Schlange windet sich von der Basis des Hockers zwischen seinen Beinen hindurch, über sein Geschlecht hinweg, den Rücken hinauf und kommt mit ihrem Kopf auf seiner rechten Schulter zu liegen. Der Schemel und die Schlange zwingen ihn in eine unwürdige Sitzhaltung, die seiner Größe nicht entspricht. Trotzdem ist der Oberkörper aufrecht, er versucht, Haltung zu bewahren. Das Gesicht spricht, singt vielleicht, es schreit aber nicht, sonst wäre das Kinn angehoben. Auf der Hand seines angewinkelten rechten Arms hält er eine winzige Evafigur, die wie eine erwachsene Frau in Miniaturformat wirkt.

Mit dieser neuartigen Gestaltung des Themas greift Beckmann Darstellungen auf, die nur eine Figur von der Schlange umwunden zeigen (vgl. Abb. 34–37), wendet sie aber neu an. Während bei Franz von Stuck und anderen eine erotisch attraktive Eva in einer Symbiose mit der Schlange dargestellt ist, sehen wir bei Beckmanns Adam eher eine Figur in der Haltung desjenigen, der die Umklammerung erduldet. Die Schlange ist ein Teil von ihm und fesselt ihn zugleich. Diese Schlangendarstellung erinnert an einen Eintrag Beckmanns in seinem Tagebuch als junger Mann:

> »Meine Sinnlichkeit, sie zuckt immer wieder auf. Ich glaube man könnte sie wie einen Aal in Stücken hauen, sie würde in jedem Stück mit verdoppelter Stärke weiterleben.«[11]

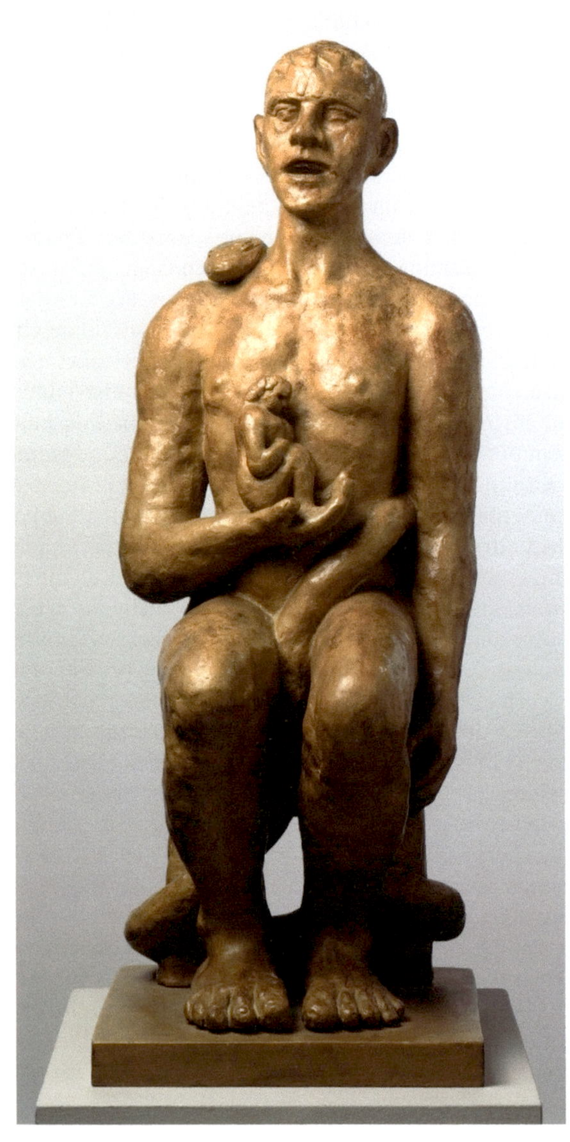

Abb. 44 Max Beckmann, Adam und Eva, 1936

Wie der junge Beckmann fühlt sich sein Adam von 1936 als Opfer seiner eigenen Sexualität.

Trotz neuer Verwendung der Bildelemente bleibt die Aussage im bekannten Rahmen: Der Mann wird gezeigt, wie er sich mit Geistesstärke seinen eigenen sexuellen Bedürfnissen entgegenzustellen versucht. Dabei sorgt er für die Frau, die in völliger Abhängigkeit vom Mann gesehen wird. Schon allein von der Größe her sind sie nicht ebenbürtig. Der Mann leidet an der Geschlechtsbeziehung, die Frau richtet sich darin ein. Vertrauensvoll neigt sie ihr Köpfchen an seine Brust.[12]

Das Bild von 1917 (Abb. 42) ist während des Ersten Weltkriegs entstanden. Beckmann war zu Beginn des Kriegs als freiwilliger Sanitätssoldat zunächst an der Ostfront, dann in Flandern eingesetzt, bis er 1915 physisch und psychisch zusammenbrach. Danach lebte er in Frankfurt am Main, wo das Bild entstand.

Beckmanns Zusammenbruch 1915, der sich vielleicht auch in der jämmerlichen Figur seines Adams im Bild von 1917 spiegelt, war nicht nur Ausdruck einer individuellen Krise. Vielmehr standen ein ganzes Männerbild und damit das entsprechende Frauenbild auf dem Prüfstand. Als der Krieg 1914 ausbrach, erwarteten viele, dass »die fein durchgebildete Technik und Wissenschaft der Männer, das männliche Pflichtgefühl, die musterhafte Manneszucht, das hochgespannte männliche Ehrgefühl« für die »Rettung des Volkes«[13] sorgen würden. Statt der wie selbstverständlich erwarteten Helden kehrten aus dem verlorenen Krieg traumatisierte Menschen zurück, die in ihrem Selbstverständnis erschüttert waren – wenn sie denn überhaupt überlebten. Die Konzepte von Männlichkeit und Weiblichkeit waren fragwürdig geworden.

Beckmanns Bild von 1932 (Abb. 43) zeigt aber nichts von dieser Verunsicherung. Vielmehr hat sein Adam sich die souveräne Männerrolle zurückerobert. Die Skulptur von 1936 (Abb. 44) verkörpert zwar einen diffusen Schmerz aufseiten des Mannes, verschiebt aber die unterschiedliche Bedeutung von Frau und Mann ins Groteske. Von einer Neudefinition von Geschlechterrollen kann nicht gesprochen werden.

Dabei war Beckmann von vielen Frauen umgeben, die nach Selbständigkeit strebten, allen voran seine beiden Ehefrauen: Seine erste Frau, Minna Tube, wollte schon als Elfjährige Malerin werden und war eine der ersten erfolgreichen Frauen an einer Kunstakademie. Seine zweite Frau, Mathilde von Kaulbach, war Geigerin und hatte ein Angebot für ein Engagement an der Dresdener Staatsoper. Das Festhalten an althergebrachten Geschlechterrollen trotz der Krise des Männerbildes zeigt sich nicht nur in den drei Kunstwerken, sondern auch in Beckmanns Beziehungen zu seinen Ehefrauen und auch in deren Verhalten. Von seiner ersten Frau, Minna Tube, verlangte Beckmann, dass sie das Malen aufgibt. In ihren Erinnerungen schreibt sie:

> »Max hat mich gebeten, meine Malerei zu lassen … Mir war das ein Opfer«[14].

Stattdessen verfolgte sie eine Karriere als Sängerin. Nach der Scheidung von Beckmann nahm sie das Malen wieder auf. Seine zweite Frau Mathilde lehnte das Angebot aus Dresden ab, weil sie Beckmann heiratete.

Der Erste Weltkrieg führte zwar zu einer »Krise der Männlichkeit«, aber nicht zu nachhaltigen Veränderungen im Geschlechterverhältnis. Dieser Befund stimmt nicht nur mit den Bildern von Beckmann überein. Die Kunsthistorikerin Änne Söll hat für Maler der Neuen Sachlichkeit wie Dix und Schad festgestellt, dass

> »Männlichkeit (und Weiblichkeit) zwar zur Disposition steht und ›Visionen‹ von Gleichberechtigung entworfen werden; eine grundsätzliche Veränderung im Geschlechterverhältnis (…) jedoch nicht zu verzeichnen«[15]

ist. Immerhin war es mit dem Ende des Ersten Weltkriegs auf politischer Ebene gelungen, das Frauenwahlrecht in Deutschland einzuführen. Die gelebte Wirklichkeit sah sehr lange noch anders aus.

Mit seiner selbstbewussten Selbsteinschätzung, er trage das Gesicht der Zeit, hatte Beckmann vielleicht nicht ganz unrecht, zumindest was die Kontinuität der bürgerlichen Geschlechterordnung betrifft. Im Vorgriff sei darauf hingewiesen, dass auch nach dem Zweiten Weltkrieg Frauen, die während des Krieges und nach Kriegsende viele Funktionen der Männer übernommen hatten, wieder auf das tradierte Terrain zurückgedrängt wurden. Unter Anwendung des Beamtengesetzes von 1937 konnte

> »ein verheirateter weiblicher Beamter« entlassen werden, »wenn seine wirtschaftliche Versorgung nach der Höhe des Familieneinkommens gesichert erscheint. Die wirtschaftliche Versorgung gilt als dauernd gesichert, wenn der Ehemann in einem Beamtenverhältnis steht (...)«[16].

Auch nach dem Zweiten Weltkrieg gab es also keine grundsätzliche Veränderung im Verhältnis der Geschlechter.

Andere Gesichter der Zeit

Aber die erste Hälfte des 20. Jahrhunderts hat noch andere Gesichter.

Suzanne Valadon (1865–1938), zunächst Modell und häufig auch Geliebte zahlreicher Maler, unter ihnen Renoir und Toulouse-Lautrec, hatte sich autodidaktisch das Malen beigebracht. Ihr Bild von 1909 (Abb. 45) zeigt sie selbst und ihren damaligen Partner als Eva und Adam. Während die Frau graziös im Kontrapost dargestellt ist, wirkt der Mann mit seinen nach innen gewendeten Füßen etwas ungelenk. Die Blätterranke, die sein Genital verdeckt, musste die Malerin später ergänzen, damit das Bild ausgestellt werden konnte.

Eva als die Aktivere greift nach einem Apfel. Adams Geste ist ambivalent: Unterstützt er Eva oder versucht er, sie zurückzuhalten? Dass beide damit beschäftigt sind, den Apfel zu pflücken, ist nun keine neue Interpretation des Sündenfall-Themas. Das Motiv des beim Pflücken beteiligten Adam findet sich zum Beispiel schon bei Hans Baldung Griens Holzschnitt von 1511 (Abb. 21). Es ist aber nicht anzunehmen, dass Valadon, die als nicht eheliche Tochter einer Wäscherin in Montmartre aufwuchs und die Schule mit elf Jahren verlassen musste, um zum Gelderwerb beizutragen, dieses oder ähnliche Bilder kannte. Deshalb ist der doppelte Griff Richtung Apfel durchaus als ihre Wieder-Erfindung anzusehen, die ihre Unabhängigkeit von verbreiteten Sicht- und Malweisen der Zeit unter Beweis stellt, in der sich vielleicht auch ihre gesellschaftliche Unabhängigkeit am Rande der Gesellschaft spiegelt.

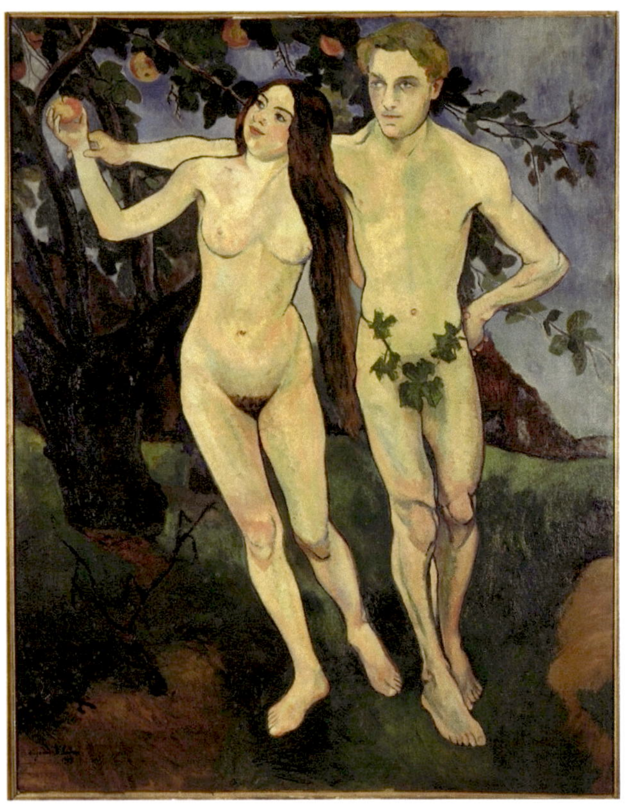

Abb. 45 Suzanne Valadon, Adam und Eva, 1909, 131 × 162 cm

Hannah Höch (1889–1978), Malerin, Graphikerin und Collagekünstlerin hatte in der Dada-Bewegung zusammen mit Raoul Hausmann die Technik der Fotomontage entwickelt. Mit ihren Fotomontagen und Gemälden stellt sie gesellschaftlich vorherrschende Rollenvorstellungen infrage. Den Nationalsozialisten galt sie als »Kulturbolschewistin«, sie hatte Ausstellungsverbot. Aus dieser Zeit stammt die Gouache von 1935 *Adam und Eva, Liebespaar* (Abb. 46). Wie Valadons Gemälde kommt auch Höchs Gouache ohne Schlange aus.

Frau und Mann in enger Umarmung sind ein Liebespaar. Ihre Beine scheinen noch in Bewegung, als wären sie sich gerade erst in die Arme gefallen. Eva hat die Augen geschlossen, Adam streicht ihr übers Gesicht, eine sehr innige Situation. Zwei Linien kommen für sein Profil infrage, sodass der Eindruck von Bewegung entsteht. Es sieht aus, als würde er sie küssen. Diese Technik erinnert an doppelt belichtete Fotos, wie Höch sie von sich allein und von sich und Raoul Hausmann angefertigt hat. Mit dem verheirateten Hausmann verband sie zwischen 1916 und 1922, also lange bevor sie das Adam-und-Eva-Bild malte, eine Liebesbeziehung.

Die Beziehung zwischen Eva und Adam ist deutlich gefährdet. Eva hält einen Apfel in der rechten Hand auf Adams Schulter. Der Baum der Erkenntnis rechts neben ihnen hat weitere prächtige Äpfel, deren feuerrote Farbe sich sowohl im Himmel links über ihnen als auch in dem höllenartigen Abgrund wiederholt, der sich zu ihren Füßen hinter ihnen auftut. Die Blätter der Bäume sehen mit ihrer Stacheligkeit wie Messer aus, als könnten sie das Paar jederzeit zerkratzen – für das Paar offensichtlich eine feindliche Umgebung. Halt finden sie nur aneinander.

Valadon und Höch stellen hier Versionen des Adam-und-Eva-Themas vor, in denen eben nicht die Unterschiedlichkeit von Frau und Mann, sondern ihre Zusammengehörigkeit betont wird. Mit der ungewöhnlichen Positionierung Evas auf der linken Seite kennzeichnen beide Malerinnen Eva als die handlungsstarke Person.

Es ist also nicht banal zu betonen, dass beide Werke von Malerinnen geschaffen wurden. Beide Malerinnen nutzen Ausdrucksformen, die nicht von den gängigen Vorstellungen der Zeit von der

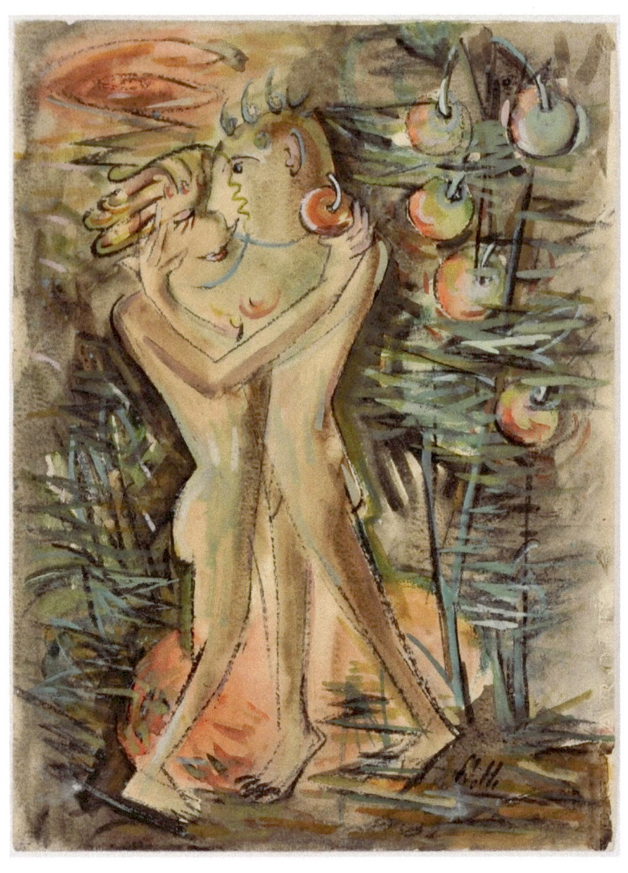

Abb. 46 Hannah Höch, Adam und Eva, Liebespaar, 1935, 35,4 × 47,3 cm

Überlegenheit und Vorrangstellung der Männer über die Frauen geprägt sind. Beide Malerinnen sind Frauen am Rande der bürgerlichen Gesellschaft in skandalträchtigen Rollen, »Cocotte« die eine, »Konkubine« die andere. Zur Zeit der Entstehung der vorgestellten Bilder war sowohl Valadon als auch Höch eine Beziehung zu einem über zwanzig Jahre jüngeren Mann eingegangen.

Auch das ein Skandal, der aber keiner war, wenn die Verhältnisse umgekehrt lagen, wie bei Beckmann und seiner zweiten Frau Mathilde.

Anmerkungen

1 Göpel (Hg.) (1979), Tagebücher 8. Januar 1946, S. 150.

2 Ebd., 1. August 1942. »Tryptic« ist Beckmanns Tagebuch-Wort für »Triptychon«.

3 Ebd., 25. Oktober 1942.

4 Herwig Guratzsch (Hg.) (1998).

5 Schmidt (Hg.) (1985), S. 174.

6 Während eines Aufenthalts in Paris 1904 notiert er in sein Tagebuch: »Vor mir liegt der Schoppenhauer [sic]. Pflichtschuldigst. Und trotz ihm hab ich gar keine Lust weiter in diese stumpfsinnigen blöden Mysterien eines Menschen einzudringen, der bei lebendigem Leibe vertrocknet scheint, Ich will leben ich schwöre es tausendmal, Ich will.«

7 Schopenhauer, Parerga und Paralipomena, Zweiter Band, Kap. 27, Über die Weiber, § 369, S. 725.

8 Schmidt (Hg.) (1985), S. 40.

9 Dahinter steht wohl die aus vielen Quellen bekannte Vorstellung, es habe zunächst einen Menschen ohne die Teilung in Mann und Frau gegeben.

10 Göpel (Hg.) (1979), S. 139.

11 Schmidt (Hg.) (1985), 9.12.1902, S. 53.

12 Bestätigung für solche Haltungen fand Beckmann nicht nur bei Schopenhauer. Seit 1934 las er intensiv auch indische und theosophische Literatur wie die *Geheimlehre* der Helena Petrovna Blavatsky und auch Otto Weinigers antisemitisches und misogynes Werk *Geschlecht und Charakter* von 1903.

13 Ludwig Langemann, Warum müssen Kirche, Gemeinde und Staat das Frauenstimmrecht grundsätzlich ablehnen?, zit. n. Frevert (1995), S. 124.

14 Schmidt (Hg.) (1985), S. 171.

15 Söll (2016), S. 13.

16 Deutsches Beamtengesetz vom 26. Januar 1937, zit. n. Rath, Lehrerinnen, zurück in den Zölibat? www.lto.de (31.10.2021).

Friedrich Schiller

Die glücklichste Begebenheit in der Menschengeschichte

Wenn wir also jene Stimme Gottes in Eden, die ihm den Baum der Erkenntnis verbot, in eine Stimme seines Instinktes verwandeln, der ihn von diesem Baum zurückzog, so ist sein vermeintlicher Ungehorsam gegen jenes göttliche Gebot nichts anderes als – ein Abfall von seinem Instinkte – also erste Äußerung seiner Selbsttätigkeit, erstes Wagstück seiner Vernunft, erster Anfang seines moralischen Daseins. Dieser Abfall des Menschen vom Instinkte, der das moralische Übel zwar in die Schöpfung brachte, aber nur um das moralische Gute darin möglich zu machen, ist ohne Widerspruch die glücklichste und größte Begebenheit in der Menschengeschichte, von diesem Augenblick her schreibt sich seine Freiheit, hier wurde zu seiner Moralität der erste entfernte Grundstein gelegt.

(1790)

Aus: Schiller (1968), Etwas über die erste Menschengesellschaft nach dem Leitfaden der mosaischen Urkunde, S. 722 f.

9. »Ein Sturm weht vom Paradiese her«[1]

Apokalypse I: Grieshabers *Weltgericht*

1969 wurde in Bonn das Abgeordnetenhochhaus des Architekten Egon Eiermann fertiggestellt. Für die Gestaltung der Flächen über den Doppelflügeltüren in den Sitzungssälen wurden verschiedene Künstler beauftragt, darunter HAP Grieshaber (1909–1981). Auf seinen Wunsch gestaltete er die Sopraporte über der Tür im Sitzungssaal des Verteidigungsausschusses. Geschickt greift Grieshaber in seinem Werk mit dem Titel *Weltgericht (Inferno des Krieges)* (Abb. 47) die Gegebenheit der Flügeltüren auf und gestaltet seine Sopraporte zu einem Triptychon. Überlebensgroße Figuren von Adam und Eva sind als Drucke auf den Innenseiten der Flügel zu sehen, die Außenseiten sind mit einem Tarnstoff der Bundeswehr bedeckt. Für den zentralen Mittelteil hat der Holzschneider von der Schwäbischen Alb die Druckstöcke aus Lärchenholz als Holzreliefs mit eingelegten roten Linoleumteilen verwendet.[2] Es existieren jedoch auch einige wenige Abdrucke in Schwarz und Weiß, einer davon im Städtischen Kunstmuseum Spendhaus, Reutlingen, der hier wiedergegeben ist.[3]

Mit dem Titel *Weltgericht* knüpft Grieshaber an christliche Traditionen an. Wir wissen, dass er Stefan Lochners Gemälde, das *Jüngste Gericht* im Frankfurter Städel immer wieder betrachtet hat, dass er »davon beeindruckt und (...) beeinflusst« war«[4], wie er selbst erklärt. Für die zunächst ungewöhnlich erscheinende Kombination von Weltgericht und den ersten Menschen gibt es Vor-Bilder. Zu erinnern ist hier an Hieronymus Boschs Triptychon *Das jüngste Gericht* von 1504, das in Wien aufbewahrt wird. Sein linker Seitenflügel ist mit einem Simultanbild in drei Stationen der Geschichte von Eva und Adam vorbehalten. Der rechte Flügel zeigt eine Darstellung der Hölle. Auf der zentralen Tafel sieht man das Gericht mit nur einer Handvoll Gerechten.

Auch der Genter Altar von van Eyck vom 1432 (Abb. 12) gehört in den Zusammenhang der Apokalypse. Zentrum des Polyptychons ist nicht das Jüngste Gericht, sondern die Anbetung des Lammes, auch ein Thema aus der Offenbarung des Johannes. Verblüffende Ähnlichkeit gibt es in der Verteilung der Figuren von Adam und Eva, die ebenso überlebensgroß jeweils auf den äußeren Flügeln erscheinen.

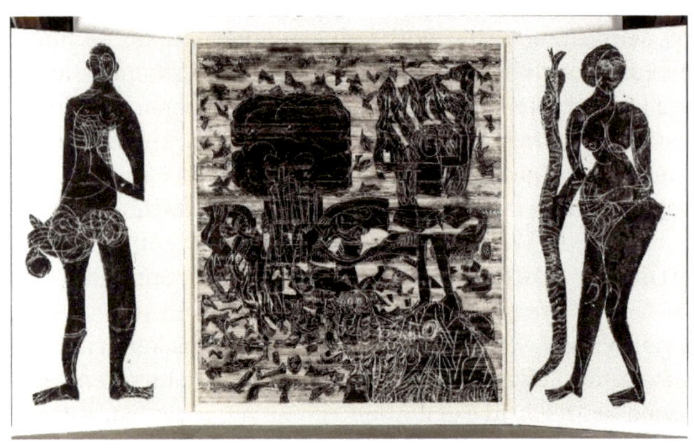

Abb. 47 HAP Grieshaber, Weltgericht mit Adam und Eva (Inferno des Krieges), 1970, 275 × 230 cm

Das zentrale Bild zeigt auf der linken Seite (in Bonn entsprechend auf der rechten Seite) einen riesigen Atompilz, daneben eine große menschliche Figur, die mit einem Arm auf den Atompilz zeigt und den anderen warnend erhoben hat, möglicherweise in Analogie zum Erzengel Michael auf mittelalterlichen Weltgerichtsdarstellungen. Die Figur steht auf einem Hügel, zwei Eulen sind neben den Füßen der Figur zu erkennen. Die Eule in der Mitte des Bildes hockt auf einem helmartigen Objekt, das mit einem Totenkopf markiert ist. Als Unglücksboten unterstützen die Eulen die Warnung der Figur vor der Atomexplosion.

Vielleicht ist diese Figur aber auch verwandt mit den *Engeln der Geschichte*? In seiner gleichnamigen Reihe von Heften, mit denen er sich politisch engagiert zu aktuellen Themen der Zeit äußerte, publizierte Grieshaber von 1964 bis 1981 zeitgenössische, hauptsächlich literarische Texte und vor allem eigene Drucke. Jeweils mit dabei: eine Engelsfigur. Einer dieser Engel (Heft 21, 1974) hat ähnlich wie die Figur im *Weltgericht* beide Arme erhoben und versucht dem Walfang, um den es in diesem Heft geht, Einhalt zu gebieten.

Jeweils auch mit dabei: ein Text von Walter Benjamin, Abschnitt IX aus seiner Schrift: *Über den Begriff der Geschichte* von 1940, sein letzter Text. Hier beschreibt Benjamin die Gestalt des »Angelus Novus« des gleichnamigen Bildes von Paul Klee, das schon lange in Benjamins Besitz war, als »Engel der Geschichte«. Benjamin lässt diesen Engel die menschliche Geschichte als eine einzige Katastrophe sehen. Zwar möchte er helfen und heilen, aber ein Sturm vertreibt selbst ihn aus dem Paradies.

»Das, was wir den Fortschritt nennen, ist *dieser* Sturm«.[5]

Wie der »Engel der Geschichte« aus Benjamins Text ist die stehende Figur in Grieshabers *Weltgericht* einem Sturm ausgesetzt, der vom »Fortschritt« der Atomtechnik ausgelöst ist. Nur diese Figur und die Eulen sind vom explosiven Geschehen ausgenommen. Alles andere ist in Bewegung: Figuren stürzen kopfüber ab oder schießen waagerecht durch die Luft, abgerissene Oberkörper, Arme, Beine, Köpfe wirbeln durcheinander. Dieses Welt-Gericht hat seine Entscheidung bereits getroffen: Es gibt nirgendwo Gerechte, keiner wird überleben.

Im Gegensatz zum chaotischen Durcheinander auf der Mitteltafel sind die Seitentafeln mit den ersten Menschen ruhig. Sie sind die Blickfänger, die Wiedererkennung hält die Aufmerksamkeit der Betrachter fest und lenkt sie dann in die Mitte.

Adam auf der linken Seite hat wie nebenbei den Apfel in der Hand, Eva auf der rechten umklammert die Schlange, als wäre sie eine Stütze. Während Adam missbilligend die Mundwinkel nach unten zieht, hat Eva einen etwas freundlicheren Gesichtsausdruck. Die Figuren sind nicht aufeinander bezogen, sie nehmen keinen Kontakt zueinander auf. Ihre Vor-Bilder am Genter Altar (Abb. 12) sind dagegen einander zugewandt und verkörpern Vorstellungen von Schönheit und Unterschieden zwischen den Geschlechtern. Die Grieshaber'schen Holzdrucke zeigen

Menschen, ohne dass erkennbar ein Schönheitsideal erfüllt werden soll. Unterschiede zwischen Frau und Mann sind nicht das Thema. Ihre Sündhaftigkeit manifestiert sich nicht in ihrer Körperlichkeit. Der Sündenfall besteht hier in der Konstruktion und dem Einsatz der Atombombe mit der Gefahr der Auslöschung der gesamten Menschheit. Grieshabers erste Menschen stehen für den Beginn der Entwicklung der Menschheit, das zentrale Bild für das Ende, dem keiner entkommt.

Grieshaber macht mit seinem Bild eine politische Aussage. Für ihn gilt:

> »Das Zeichen meines Zeitalters ist die Atombombe, damit muss ich mich auseinandersetzen.«[6]

Es geht um die Bewältigung des Traumas des Zweiten Weltkriegs, der Bombardierung von Hiroshima und Nagasaki, vor allem aber um die Warnung vor der atomaren Bedrohung und Zerstörung während des Kalten Krieges. Zu der Zeit, als Grieshaber an seinem Triptychon arbeitete, lag die Kubakrise erst sieben Jahre zurück. Der mögliche Einsatz von Atomwaffen, wie er derzeit von der Atommacht Russland angedroht wird, macht Grieshabers *Weltgericht* leider wieder ganz aktuell.

Dass Grieshaber seine bildliche Aussage den Mitgliedern des Verteidigungsausschusses vor Augen führen wollte, macht deutlich, dass er in der Hoffnung arbeitete, er könne mit seinem Werk politischen Einfluss nehmen. Um solche Wirkung zu erzielen, nutzt er die Formen und Formeln der christlichen Tradition: Als Komposition verwendet er die Altarform des Triptychons, die verschiedentlich als beeindruckend und belehrend beschrieben wurde. Das Triptychon sakralisiere das Dargestellte allein schon dadurch, dass es die heilige Zahl Drei aufgreife, lenke die Blicke der Betrachter auf die Mitte und lasse den Betrachtern auf diese Weise wenig Spielraum.[7]

Mit der Formel *Weltgericht* stellt Grieshaber sich in eine seit der Romanik andauernde christliche Tradition der Darstellungen Jüngster Gerichte auf Tympana und Tafelbildern. Diese Formen und Formeln, aus dem christlichen Zusammenhang gelöst, sind hier zu Elementen des kulturellen Gedächtnisses geworden, die mit unterschiedlichen Bedeutungen aufgeladen werden und mit Elementen anderer Provenienz[8] gemischt werden können. So können sie neu zur Präsentation von Themen existenzieller Erfahrung dienen. Eva und Adam flankieren die Explosion der Atombombe, der Ikone des Untergangs, und werden selbst zu Ikonen des Untergangs.

Apokalypse II: Brigitte Maria Mayer, *9/11*

Wie schon nach dem Zweiten Weltkrieg greifen Künstler auch bei der Bewältigung der terroristischen Anschläge auf das World Trade Center von 11. September 2001 auf die christliche Bildsprache zurück.[9]

Hier soll uns das Werk *9/11* der Fotokünstlerin Brigitte Maria Mayer[10] von 2003 interessieren, die ein Vor-Bild für ihre Montage verwendet. Angefertigt wurde die Fotomontage (Abb. 48) für die Umschlagseiten des Jahresheftes *Menschen* des Theaters Meiningen für die Spielzeit 2003/04.

Mayer setzt für ihre Arbeit Adam und Eva in Szene, und zwar als Rückgriff auf das Fresko von Masaccio *Vertreibung aus dem Paradies* von 1420, das wir schon betrachtet haben (s. Abb. 11).

Wie auf dem Fresko schlägt der junge Mann seine Hände vor dem gesenkten Gesicht zusammen, die junge Frau hat den Kopf in den Nacken geworfen und eine Venus-pudica-Haltung eingenommen. Diese schamhafte Haltung ist, was ihre linke Hand betrifft, eigentlich nicht notwendig, denn die Frau ist bekleidet, wenn auch spärlich, was ihre Nacktheit fast noch mehr betont.

Die Bekleidung der Figuren ist ein wesentlicher Unterschied zum Vor-Bild. Die lässige Cargohorse und der Stringtanga kennzeichnen die Figuren als Angehörige des beginnenden 21. Jahrhunderts in der westlichen Welt. Modisch entsprechen sie so den Vorbildern aus der Warenwelt und machen in der Katastrophe noch eine gute Figur. Der junge Mann mit seiner Hose im Military Look ist unversehens in einen »Militär«-Schlag geraten.

Die Magerkeit der jungen Frau mit gepierctem Bauchnabel und die muskulöse Schulterpartie des jungen Mannes entsprechen einem modernen Schönheitsideal. Ihre Körper zeigen Spuren von

Ruß und Verletzungen, die so gar nicht ihrer gestylten Erscheinung entsprechen. Sie sind dem Inferno, das hinter ihnen das Zentrum des Bildes einnimmt, gerade noch entkommen.

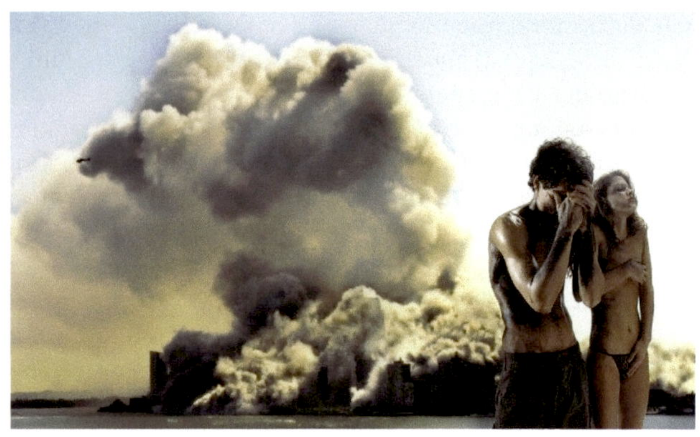

Abb. 48 Brigitte Maria Mayer, 9/11, 2003, 120 × 70 cm

Anders als in dem Werk aus dem frühen 15. Jahrhundert gibt es in der Montage von Mayer kein Voranschreiten, keine Entwicklung in eine Zukunft. Die Figuren scheinen eher an einem Endpunkt erstarrt. Dazu passt, dass sie nur als Halbfiguren in Szene gesetzt sind. Während Masaccios Figuren im Laufen verbunden sind und eine Richtung haben, stehen Mayers Figuren unverbunden nebeneinander.

Im Gegensatz zu Masaccio, der für sein Fresko ein extremes Hochformat gewählt hat, hat sich die Künstlerin für ein Querformat entschieden. Damit gewinnt sie Raum für eine Weitung des Blicks. Das ist auch nötig, denn anders als bei dem Vor-Bild von Masaccio, bei dem die Situation sofort klar ist, muss Mayer in ihrem Bild die Geschichte erst einmal konstruieren.

Von links nach rechts gelesen ergibt sich eine Entwicklung von ehemals idyllischen Verhältnissen mit einer fast schon paradiesischen Küstenlandschaft im Hintergrund, die aber auch schon von den Rauchwolken erreicht wird, über die Katastrophe in der

Bildmitte bis zu den beiden Überlebenden rechts – vom Aufbau her fast ein Triptychon.

Mit dem Titel stellt die Künstlerin den Bezug her zu den verheerenden terroristischen Angriffen auf die Zwillingstürme des World Trade Centers im Jahr 2001. Auch Jahrzehnte danach haben wir die Bilder der Zerstörung noch vor Augen. Die Erinnerung an diese Katastrophe ruft sofort das damalige Gefühl des Nicht-Begreifens, der Lähmung, des Erstarrens auf. Wir erstarren wie die beiden jungen Menschen in Brigitte Maria Mayers Fotomontage, die wie paralysiert stehengeblieben sind. Die Künstlerin verwendet nicht die Medienbilder der Zerstörung, die wir hauptsächlich im Kopf haben – die Flugzeuge, die in die Türme krachen. Mit dem Titel ruft sie diese Bilder zwar vor unser inneres Auge, setzt dann aber das Bild eines mythischen Menschheitsdramas dagegen, das Bild der Vertreibung aus dem Paradies, mit dem Ergebnis, dass die Katastrophe 9/11 einerseits mythisch überhöht, andererseits aber auch eingeordnet wird.

Aber diese Zusammenhänge verstören. Die Schöpfungsgeschichte erklärt die Vertreibung aus dem Garten Eden mit der Schuld, die Adam und Eva mit der Nichtbeachtung des Gebots Gottes und damit mit ihrem Abfall von Gott auf sich genommen haben. Die beiden Figuren haben durch die Terrorakte ihren Lebensort, ihr »Paradies« verloren. Wer hat sie vertrieben? Worin bestand der »Sündenfall«? Die von der Künstlerin suggerierten Analogien funktionieren nicht im Sinne einer zuordnenden Auflösung. Das Bild irritiert und stellt Fragen.

Auch evoziert die Fotomontage gleich mehrere Metaphern des Weltuntergangs. Neben der Vertreibung aus dem Paradies fällt einem auch die Zerstörung von Sodom und Gomorrha ein und der gescheiterte Turmbau zu Babel. Auch dadurch ergeben sich Irritationen: Der paradiesische Garten Eden, der hier gerade zerstört wird, wäre gleichzeitig das gottlose Sodom und Sündenbabel?

Die mythischen Bilder des Untergangs – die »Vertreibung aus dem Paradies«, »Sodom und Gomorrha«, »Turmbau zu Babel« sind Teil unseres kulturellen Gedächtnisses. Sie können mittlerweile auch ohne ihren Herkunftszusammenhang verwendet werden. Übrigens gilt das auch für ein Wort wie »Inferno« – die beiden jungen Leute seien dem Inferno gerade noch entkommen –, das verwendet werden kann, ohne dass man an eine Hölle glauben müsste. Heiner Müller, mit dem Brigitte Maria Mayer von 1992 bis zu seinem Tod 1995 verheiratet war, versteht den Mythos als ein

> »Aggregat, eine Maschine, an die immer neue und andere Maschinen angeschlossen werden können. Er transportiert die Energie, bis die wachsende Beschleunigung den Kulturkreis sprengt.«[11]

In diesem Sinne schließt Mayer die verschiedenen Untergangsmetaphern zusammen und an die neue »Maschine 9/11« an. Irritierend ist das allemal und soll es vermutlich auch sein.

Wie in Grieshabers Triptychon sind in Mayers Fotomontage die ersten Menschen zu den letzten geworden.

Anmerkungen

1 Benjamin (1974), S. 697 f.
2 Fotos unter https://bit.ly/3wY6S7R.
3 Köser-Rudolph (2017).
4 HAP Grieshaber, in: Femppel (Hg.) (2014), S. 219.
5 Benjamin (1974), S. 698.
6 Hannsmann (1986), S. 206 f.
7 Lankheit prägte 1959 den Begriff »Pathosformel«, Ullrich (2009) nennt das Triptychon eine »autoritäre Bildform«.
8 In Grieshabers Triptychon ist das möglicherweise der Fall bei seinen auf Benjamin bezogenen Engelfiguren, die in Vorstellungen der jüdischen Engellehre beheimatet sind.
9 Neben dem Werk von Mayer sei hier das Werk von Robert Longo *The Haunting* von 2005 genannt, für das er die Form des Triptychons verwendet.
10 Brigitte Maria Mayer, geb. 1965, Fotografin, Filmkünstlerin, Performancekünstlerin in Berlin, bearbeitet erotische, religiöse und mythologische Stoffe.
11 Heiner Müller (1989), S. 229.

Walter Benjamin

These IX

Der Engel der Geschichte muß so aussehen. Er hat das Antlitz der Vergangenheit zugewendet. Wo eine Kette von Gegebenheiten vor *uns* erscheint, da sieht *er* eine einzige Katastrophe, die unablässig Trümmer auf Trümmer häuft und sie ihm vor die Füße schleudert. Er möchte wohl verweilen, die Toten wecken und das Zerschlagene zusammenfügen. Aber ein Sturm weht vom Paradiese her, der sich in seinen Flügeln verfangen hat und so stark ist, daß der Engel sie nicht schließen kann. Dieser Sturm treibt ihn unaufhaltsam in die Zukunft, der er den Rücken kehrt, während der Trümmerhaufen vor ihm zum Himmel wächst. Das was wir den Fortschritt nennen, ist *dieser* Sturm.

(1940)

Aus: Benjamin (1974), Über den Begriff der Geschichte, S. 697 f.

10. Remakes

Damned

Brigitte Maria Mayer ist nicht die Einzige, die sich ein altes Werk – in ihrem Fall Masaccios Fresko – aneignet. Eine ganze Kunstrichtung der Gegenwartskunst, die Appropriation Art, speist sich aus der Schatzkammer der Bilder.[1] Auch das Thema Adam und Eva ist dabei.

Künstler der Appropriation Art, der Kunst der Aneignung, verstehen sich im 21. Jahrhundert als »Gebraucher von Bildern«:

> »Für viele zeitgenössische Künstler stützt sich ihre Selbstdefinition nicht auf das schöpferische Erfinden von Bildern, sondern sie verstehen sich von vornherein als Bearbeiter von existierenden Bildern (...), welche sie in der allgegenwärtigen Welt der Bilder finden, sich aneignen und bearbeiten.«[2]

Die Fotomontage *9/11* (Abb. 48) gehört in diesem Sinne zu dieser Kunstrichtung, desgleichen die Skulpturengruppe *The Damned* von Liza Lou (Abb. 49) und die Stickbilder *Floating World* (Abb. 50.1–6) von Jochen Flinzer.

Wie Mayer verwendet auch die amerikanische Künstlerin Liza Lou[3] mit ihrer Skulpturengruppe *The Damned* von 2004 Masaccios Fresko *Vertreibung aus dem Paradies* (Abb. 11). Beide Künstlerinnen thematisieren allein mit der Wahl ihres Vor-Bilds die Erfahrung des Verlusts eines als paradiesisch gedachten Lebens. Im Gegensatz zur Arbeit *9/11* von Mayer, die zweidimensional ist wie das Original, haben wir in Lous Werk eine dreidimensionale Bearbeitung.

Alle Arbeiten von Liza Lou sind aus Myriaden von Glasperlen zusammengesetzt, so auch die überlebensgroße Skulpturengruppe *The Damned*, die einen Korpus aus Stahl und Harz hat.

In ihrer Skulptur von 2004 (Abb. 49) scheinen die Geschlechterrollen auf den ersten Blick ganz ähnlich wie bei Masaccio:

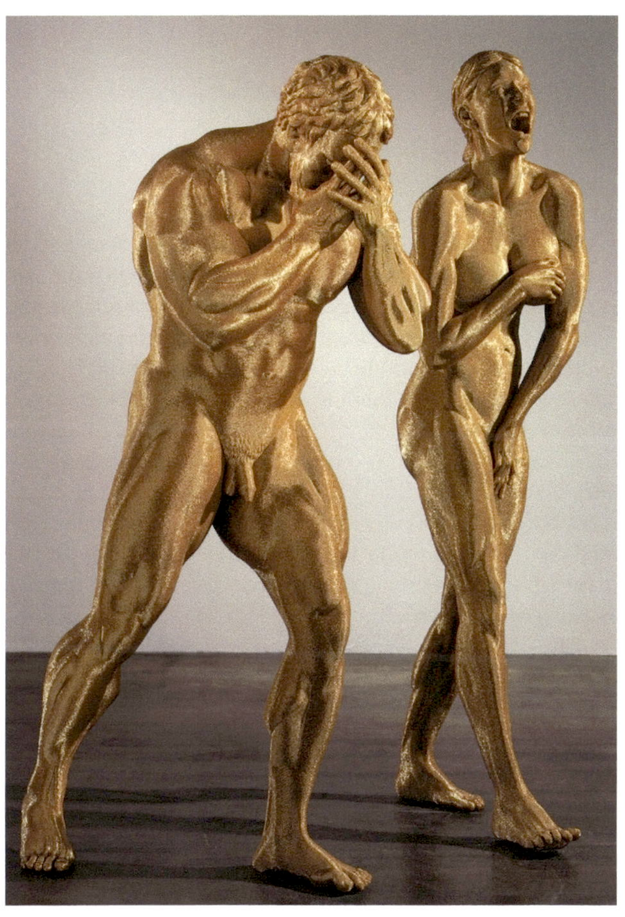

Abb. 49 Liza Lou, The Damned, 2004, Galerie Thaddaeus Ropac

Adam scheint sich Selbstvorwürfe zu machen – richtet sich an seine Vernunft –, Eva dagegen schreit ihren Frust heraus – verhält sich emotional. Aber die Ideale von Schönheit sind verändert. Eva ist so muskulös wie es früher nur Adam sein konnte. Sie ist ebenso gebräunt – vergoldet – wie Adam. Während Eva im

Fresko hoch sitzende Brüste, fallende Schultern, eine sehr hohe Stirn und eine helle Haut hat – womit sie dem Schönheitsideal des 15. Jahrhunderts entspricht –, ist Liza Lous Eva einem derzeit gängigen Schönheitsideal angepasst mit ihren üppigen Brüsten, den geraden Schultern und den schmalen Hüften, die erst bei einem Gang um die Skulptur deutlich werden.

Adam mit seinen überbreiten Schultern ist zu einem Muskelpaket aus dem Bodybuilding-Studio mutiert, hat Gewichte gestemmt und auf genug Proteine in seiner Ernährung geachtet. In dieser »Pflege« des eigenen Körpers zeigt sich eine neue männliche Haltung zum Körper. »Mann« kümmert sich um sein Aussehen. Auch der männliche Körper ist nicht einfach da, sondern das Ergebnis von Bemühung. Es geht um Schönheit, vor allem aber geht es um Kraft, um eine beeindruckende Gestalt und damit um den Kult des starken Mannes. Das wiederum ist nichts Neues.

Das Werk ist eine Skulptur und hat als solche zunächst keine Umgebung. Diese mediale Entscheidung sorgt dafür, dass das Paar besonders einsam wirkt in seiner Monstrosität. Diese Verlorenheit steht im Gegensatz dazu, dass es ihnen materiell an nichts fehlt. Die goldene Farbe der Skulptur weist ganz direkt auf materiellen Geld-Reichtum und die Warenwelt hin. Mit ihrer Skulptur zeigt Lou ein Verständnis von Körperlichkeit, das in krassem Gegensatz zu Schuld und Scham bezüglich des Körpers in den ersten Jahrhunderten steht.

Die Optimierung des Körpers ist Selbstzweck, belegt selbstreferenzielles Handeln, das aber nicht zu mehr Glück oder Zufriedenheit führt. Beide Figuren sind allein mit ihrem Schmerz. Nur auf den ersten Blick scheint das bei dem Vor-Bild auch nicht anders zu sein. Aber im Fresko von Masaccio sind Eva und Adam vereint in der Flucht in ein Leben außerhalb des Paradieses. Beim gegenwärtigen Adam-und-Eva-Paar gibt es keinen Erzengel, der sie zwar aus dem Garten vertriebe, ihnen aber auch den Weg wiese. Sie können und müssen ihren Weg und den Sinn ihres Lebens selbst finden.

Liza Lou stellt ein schwieriges Paar in den Raum und hält uns Betrachterinnen und Betrachtern den Spiegel vor. Wir gehören als Umgebung zu dem Paar, werden uns in den fetischisierten

Luxuskörpern auch ein Stück weit wiedererkennen. Im Paradies sind wir dabei nicht, wir sind Verdammte.

Floating World

Jochen Flinzers[4] Markenzeichen: Seit über dreißig Jahren stickt der Künstler seine Bilder, sie haben eine Vorder- und eine Rückseite. Seine Eva-und-Adam-Arbeiten aus der Serie *Floating World* bestehen aus sechs Blättern Papier, das mit Seidenfäden bestickt ist. Vier davon sind hier wiedergegeben, zwei auch mit der Rückseite der Stickerei. Das abstrakte Werk, das auf der Rückseite entsteht, ist definiert durch die Umrisse der Figuren auf der Vorderseite und zusätzlich durch die Entscheidung des Künstlers, mit welcher Technik er die Umrisspunkte verbinden will. Das abstrakte Werk hat ein figürliches Werk als Vorlage. Die Rückseite ist also keineswegs beliebig, sondern richtet sich nach Regeln. Vorder- und Rückseite sind untrennbar verbunden. Untrennbar verbunden sind damit auch die Paare der Vorderseite, die auf der Rückseite als ein Wesen erscheinen.

Mit seiner medialen Entscheidung, der Verwendung von Nadel und Faden und der Technik des Stickens, unterläuft Flinzer Rollenerwartungen, die noch immer Bestand haben, und thematisiert Männerrollen und Frauenrollen. Dieser Befund wird bestätigt durch die Wahl des Themas, mit dem Flinzer sich hier befasst: Adam und Eva, der Mythos, mit dem in Europa über Jahrhunderte hinweg gelernt, ausprobiert, abgebildet und vorgegeben wurde, wie Frauen und wie Männer aussehen und wie sie sich verhalten, wie sie »sind« (Abb. 50.1–6).

Hinter Flinzers Stickbildern steht eine 220-jährige Geschichte der Adam-und-Eva-Darstellungen. Einige der Vor-Bilder kennen wir bereits: In Bild 3 hat Flinzer Rubens' Adam (aus Abb. 26) mit Dürers Eva (aus Abb. 15) kombiniert, die linke Evafigur aus Bild 4 hat van Dykes Eva von Genter Altar (Abb. 12) zum Vor-Bild, die rechte ein Bild von Gossaert.

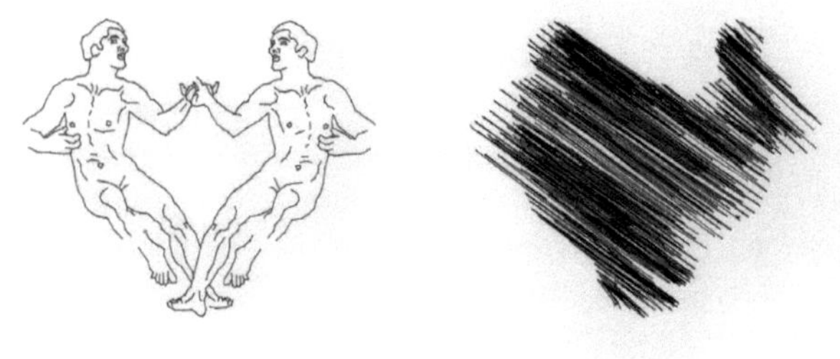

Abb. 50.1 Adam und Adam selbst, Vorderseite

Abb. 50.2 Adam und Adam selbst, Rückseite

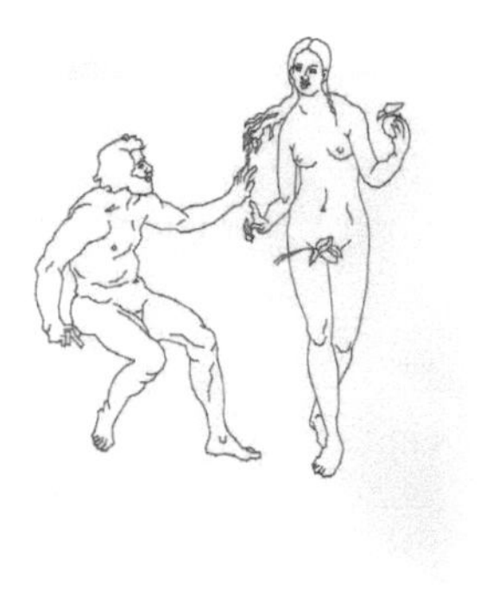

Abb. 50.3 Adam und Eva, Vorderseite

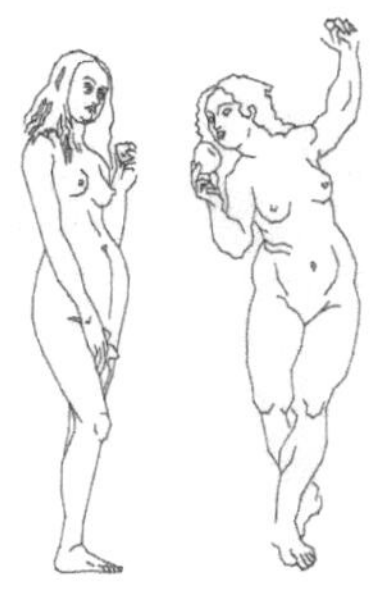

Abb. 50.4 Eva und Eva,
Vorderseite

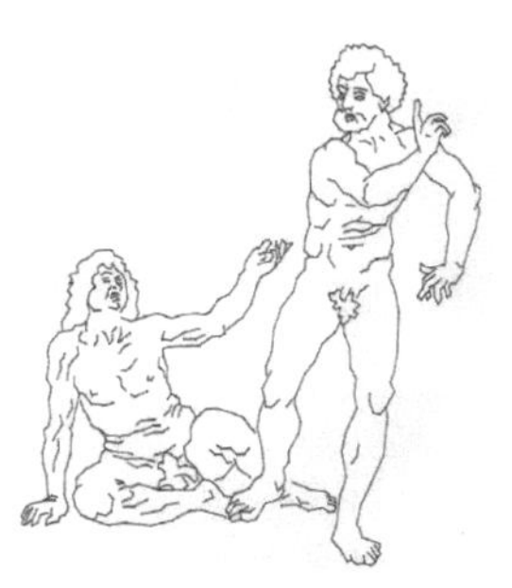

Abb. 50.5 Adam und Adam,
Vorderseite

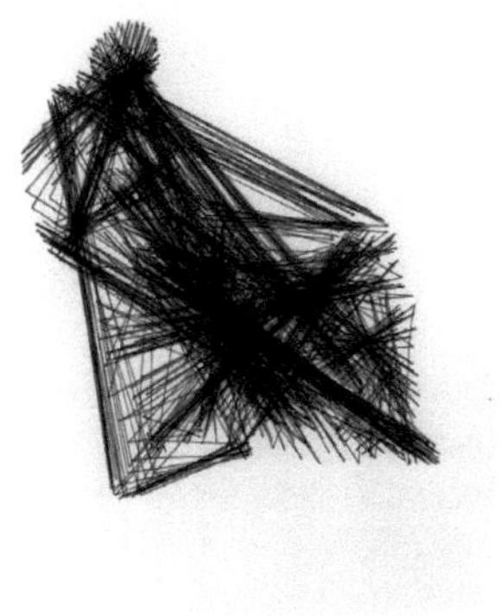

Abb. 50.6 Adam und Adam,
Rückseite

Seine Bilder sind ein unbekümmerter Remix aus Eva-und-Adam-Paaren aus der Zeit zwischen 1432 (van Eyck, Genter Altar) über Dürer (1507) und Gossaert (1525) bis zu Goltzius (um 1600), Wtewael (1620), Rubens (1628) und Jordaens (1650). Altarbilder, Tafelbilder, ein Kupferstich und ein Gemälde werden zu Stickmustervorlagen. In jedem Fall bricht Flinzer bestehende Paare auseinander und fügt sie neu zusammen. Dabei entstehen Mann-Frau-Paare, Frau-Frau-Paare und Mann-Mann-Paare. Dieselbe Adamfigur (Bild 5) ist einmal mit einer anderen Adamfigur gepaart, einmal mit einer Evafigur (ohne Abbildung). Auffallend sind die Figuren, die mit dem eigenen Spiegelbild ein Paar bilden (Bild 1). Diese Kombination, die es auch mit einer Evafigur gibt, könnte man als Hinweis auf selbstverliebte Narzissten sehen.

Flinzer selbst kommentiert seine Arbeit so:

> »In diesen Bildern habe ich Paare von Figuren aus verschiedenen Bildern und Zeiten zusammengeführt. Schnell kam ich auf den Kernpunkt für mich: Das Ich und das Andere. Eines, das aus dem anderen hervorgegangen ist. Das Andere, das ein Aspekt des Einen ist. Das ist selbstverständlich eine Arbeit über unterschiedliches Zusammentreffen von Geschlechtern und Beziehungen. Aber es geht auch um das Selbst und das Gegenüber. Wenn ich denke, bin ich mir selbst ein Gegenüber. Eventuell in einer anderen gedachten Person, aber eben doch ich in meinem eigenen Kopf.«[5]

Flinzer betont hier die Metamorphose, die im Arbeitsprozess liegt: das Eine, die Rückseite der Bilder, das aus dem Anderen, der Vorderseite der Bilder, hervorgegangen ist. Metamorphose geschieht aber auch bei den »aus verschiedenen Bildern und Zeiten zusammengefügten« Paaren. Es geht ihm um Beziehungen zu anderen, in den gespiegelten Figuren aber auch um das Selbstverhältnis.

Was Flinzer minutiös übernommen hat, sind die Umrisse. Die Gestaltung der einzelnen Figuren interessiert augenscheinlich nicht. Wie die Eva-Körper und die Adam-Körper gesehen werden und welche Rollen damit verbunden werden, spielt hier keine Rolle. Es geht ausschließlich um die neue Kombination von Figuren.

Regelhaft weggelassen sind Tiere, Bäume und andere Pflanzen aller Art, Himmel, Erde, Perspektiven, Raum. Damit kommt eine Konzentration auf den Menschen oder, anders herum formuliert, eine Distanz zur Natur zum Ausdruck. Systematisch ausgenommen von dieser Regel sind die Feigenblätter und die verbotene Frucht, die Flinzer in sein Stickwerk übernimmt. Diese aber sind ja weniger Gegenstände der Natur als der Kultur. Flinzer macht damit ikonografisch klar, dass es ihm auch um Sexualität geht. Er führt die Adam-und-Eva-Tradition mit ihrer Thematisierung der Sexualität also bis in unsere Gegenwart fort. Seine Figuren bringen aber die unveränderten Verhaltens- und Darstellungsweisen ihrer Ursprungszeit mit: eine fast noch statuarische Eva, die den Schönheitsidealen des Hohen Mittelalters entspricht, steht neben einer tänzelnden Eva aus jüngerer Zeit. Damit betont er, dass es viele Schönheitsideale und Verhaltensvorstellungen gleichzeitig gibt und geben soll.

Seine Botschaft: Alles geht, alles ändert sich. Flinzer zeigt eine Welt ohne Eindeutigkeiten, eine Welt im Fluss – *Floating World*.

Vielleicht ist es kein Zufall, dass Flinzer seine Bilder in den Jahren 2016/18 gestickt hat: die Zeit, in der die gleichgeschlechtliche Ehe, die »Ehe für alle« gesetzlich eingeführt wurde.

Anmerkungen

1 In den Zehnerjahren des 21. Jahrhunderts fand eine ganze Reihe von Ausstellungen zum Thema der Aneignung statt, u. a. 2011 in Nürnberg und Bielefeld, 2012 in Karlsruhe und Bielefeld, 2015 in Basel, 2012 in Krems und Köln und 2019 in Tübingen. Fritz (2019), S. 14, Anmerkung 8.

2 Meinhardt (2019), S. 22.

3 Liza Lou, geb. 1969, lebte lange in Durban, Südafrika, arbeitet seit über zwanzig Jahren mit Glasperlen.

4 Flinzer, geb. 1959, seit 2008 Professor an der Akademie der Bildenden Künste in Nürnberg, lebt in Berlin.

5 Persönliche Mitteilung Jochen Flinzers am 07.03.2022.

Franz Hohler

Endspiel

für Adam und Eva

Was aber
wenn dich auf einmal
der, den du liebtest
verlässt
um einen anderen Menschen zu lieben?

Dann werden
die Weltkatastrophen
lautlos weggeschoben
wie Opernkulissen
und auf der leeren, dunklen Bühne
steht niemand
nur du allein.

(2006)

Aus: Hohler (2006), Vom richtigen Gebrauch der Zeit, S. 8.

11. Ikonografische Fusionen

An dem 1968 in Erfurt geborenen Maler Michael Triegel scheiden sich die Kunstkritiker. Spotten die einen über Triegels Traditionalismus, so zählen andere ihn zu den Wenigen, die über die Techniken der alten Meister verfügen, denn er beherrsche die Praxis der vielfachen Öllasuren, mit denen er virtuos Licht- und Schattenwirkungen erziele, so der Kunsthistoriker Richard Hüttel.[1] Er schätzt Triegels »freien Umgang mit dem klassischen Bildungsstoff, die ikonografischen Fusionen, die Triegels Bilder auszeichnen«.[2] Triegels virtuoser Anachronismus sei eine ästhetische Provokation und deshalb modern, denn moderne Kunst funktioniere immer quer zum herrschenden Zeitgeschmack, sie durchkreuze Erwartungen und Moden.[3]

Triegel selbst betont, dass es ihm sowohl um die Idee als auch um die handwerkliche Umsetzung geht:

> »Denn nur *die* Idee läßt sich umsetzen, für die es eine Sprache gibt, in der sie sich ausdrückt. Für meine Ideen glaube ich meine Sprache gefunden zu haben. Das, so glaube ich, ist die Aufgabe des Künstlers: die ihm wichtigen Ideen in seiner Sprache auszudrücken, nicht den Kunstmarkt mit Ware zu versorgen, nicht dem Zeitgeist zu dienen oder Karriere zu machen.«[4]

Triegel hat das Thema Adam und Eva mehrfach bearbeitet. In seinem Zyklus zu Hans Eislers Opernfragment *Faustus* von 2013, in dem er die Visionen des Johann Faustus verbildlicht, gibt es eine Lithografie, die das erste Menschenpaar zeigt. Bei seiner Gestaltung der Thermenfenster in der Köthener Kirche St. Maria im Jahre 2015 sind auch Adam und Eva zu sehen. Von seinen Gemälden zum Eva-und-Adam-Thema, zu denen auch einige gehören, die nur Eva zeigen, seien die von 2003 und 2008 hier genauer betrachtet.

Auf den bisherigen Bildern sahen wir Eva und Adam, wie sie nebeneinander, hintereinander, voreinander stehen, in allen möglichen Varianten, wie sie knien, hocken und nebeneinander gehen, oder sich als Liebespaar umarmen. Aber dass Adam Eva auf dem Schoß hat, wie auf Triegels Gemälde von 2003, ist neu (Abb. 51).

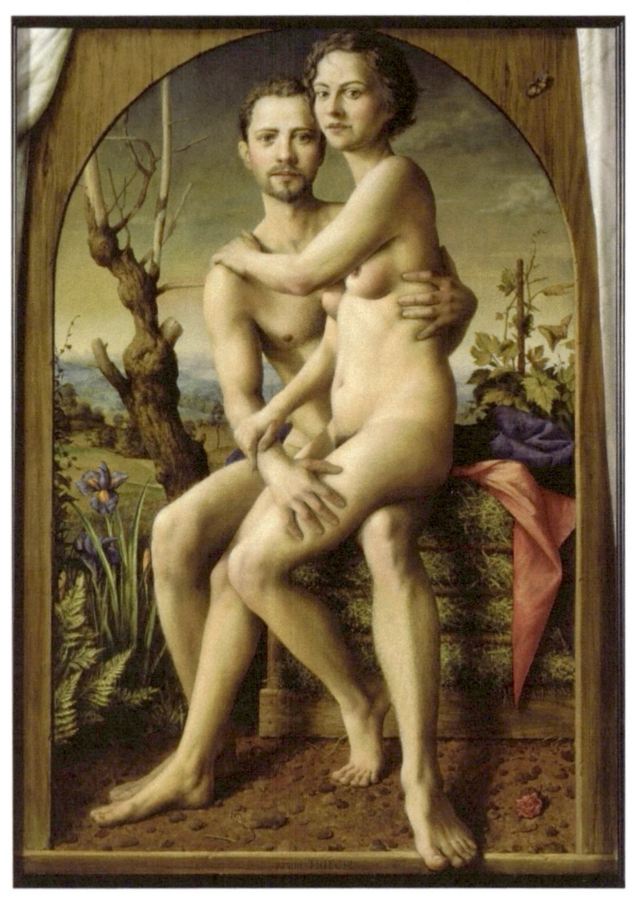

Abb. 51 Michael Triegel, Adam und Eva, 2003, Privatbesitz Hannover, 80 × 110 cm

Vieles in dem »altmeisterlich« gemalten Bild kommt einem bekannt vor: Die Schwertlilie kennen wir von den Marienbildern, aber auch von Hugo van der Goes' ersten Menschenpaar des *Wiener Diptychons* (Abb. 13). Der Boden unter den Füßen der beiden Figuren erinnert an den auf Dürers Adam-und-Eva-Gemälde von 1507 (Abb. 15) aus dem Prado[5]. Die von einem hohen Blickpunkt gesehene weite Landschaft haben wir auf Bildern des 17. und 18. Jahrhundert (z. B. Abb. 25) gesehen. Die Rasenbank – oder vielmehr Heubank, auf der das Paar sitzt, erinnert an Marienbilder von Dürer, Baldung Grien, Lochner und anderen.[6] Der Blick der Betrachter geht weit in die Tiefe der Landschaft; umgekehrt holen die Blicke der Figuren die Betrachter ins Bild.

Häufig tragen die Figuren in Triegels Bildern die Züge des Malers oder von Mitgliedern seiner Familie, so auch hier. Seine Eva- und Adamfiguren kann man als Portraits des jungen Malers und seiner Frau lesen. Ganz gegenwärtig und heutig ist das Paar, unangekränkelt von hierarchischen Verhältnissen. Eva und Adam blicken die Betrachter ernst und selbstbewusst an. Weiße Lichtpunkte bringen die Augen zum Glänzen. Ihre Hände stellen ihre Verbindung sicher, auch wenn sie im Augenblick durch jemanden, der sie betrachtet, von einander abgelenkt sind. Dass Adam Eva auf dem Schoß hat, macht sie nicht zu einem kleinen Püppchen, wie das bei der Beckmann-Skulptur (Abb. 44) der Fall ist. Mit ihrer rechten Hand hält Eva Adams rechte Hand fest und macht damit klar, dass sie mit seiner Berührung einverstanden ist. Ihre erhöhte Position bewirkt, dass sie auf uns Betrachter herabschaut.

Auffallend auch der gemalte Rundbogen-Rahmen des Bildes. Er steht in krassem Gegensatz zu dem schönen jungen Paar, den Pflanzen und der Landschaft, die mit besonderer Delikatesse gemalt sind. Auch der Rahmen ist sorgfältig ausgeführt, aber es ist seine Hässlichkeit, die sorgfältig gemalt ist. Es handelt sich um einen einfachen Holzrahmen, dessen Furnier an vielen Stellen fehlerhaft ist, der Kerben hat und in sich verzogen ist.

Das Binnenbild fällt geradezu aus diesem Rahmen. Kein Wunder, dass Adams linker Fuß dabei ist, ihn zu überschreiten. Dass Adam den gegebenen Rahmen übertritt, haben wir schon mehrfach gesehen: beim Hildesheimer Deckengemälde (Abb. 8) und am Genter Altar (Abb. 12). Eine Verbeugung vor den alten Meistern. Möglicherweise kann man den Rahmen als Hinweis des Malers auf den gesellschaftlichen Rahmen lesen, in den er sein Paar gestellt sieht. Es ist kein hoheitlicher wie in Hildesheim, kein religiöser wie in Gent, sondern ein von profaner Nüchternheit geprägter Rahmen. Auf dem rechten oberen Zwickel des Rahmens hat sich ein Schmetterling niedergelassen, Symbol der Unsterblichkeit. Triegel nennt ihn ein »Symbol der Auferstehung«.[7] Seine Schönheit macht die Hässlichkeit und die Vergänglichkeit des Rahmens augenfällig.

Aber schauen wir genauer hin! Außer dem schäbigen Rundbogen ist auch ein weißer Vorhang zu sehen, der ohne Sorgfalt zu den Seiten gezogen ist. Endlich schließt sich noch ein weiterer Rahmen an, blau wie das Tuch und die Schwertlilien, mit goldenem, reliefartigem Rankenmuster und zwei nach innen gestaffelten Zierleisten. Diese Inszenierung des Binnenbildes deutet unterschiedliche Haltungen zum Bildinhalt an, die zwischen Geringschätzung, Verbergen und Wertschätzung oszillieren. Zudem kommt so Zeitlichkeit ins Bild: Der Rundbogenrahmen zeigt Gebrauchsspuren, der Vorhang war einmal zugezogen, der blaue Rahmen mit den verschatteten oberen Leisten macht den Lichteinfall deutlich.

Es gibt keinen Apfel, es gibt keine Schlange – sind es überhaupt Adam und Eva, wie der Titel behauptet? Veritable Fremdkörper auf einem Eva-und-Adam-Bild sind das rote und das blaue Tuch rechts neben dem Paar: Die Tücher gehören ikonografisch nicht in ein Adam-und-Eva-Bild. Sie fallen – auch farblich – ganz aus dem Rahmen, erzählen eine andere Geschichte. Sie legen den Gedanken nahe, dass das Paar diese Tücher gerade abgelegt hat. Das macht sie nackter als andere Eva-und-Adam-Paare.

Die beiden Tücher in dem Triegel-Bild betonen, dass wir hier ein gegenwärtiges Liebespaar haben. Sie feiern ihre Liebe. Für die Ausstattung dieser Feier verbindet der Maler verschiedene Bildmetaphern: Der Titel verweist auf Adam und Eva; die Schwertlilien auf Maria, die Rasenbank auf den Hortus Conclusus, der weite Horizont auf die ganze Welt. Die Gelehrsamkeit des Malers ist verbürgt, auch seine intensive Beschäftigung mit Dante, auf den einige seiner Bilder Verweise enthalten. Und so könnte es sein, dass Triegel mit den auffallenden Tüchern einen Hinweis gibt auf eines der berühmtesten Liebespaare der Literaturgeschichte.

In Dantes Frühwerk *La Vita Nuova*[8] – das durch die Liebe erneuerte Leben – geht es um die Liebe Dantes zu Beatrice. Zu Beginn beschreibt Dante einen Traum. Er sieht seine geliebte, gerade achtzehnjährige Beatrice auf dem Schoß von Frau Minne – oder Gott Amor, je nach Übersetzung –, der Göttin, in deren Macht Dante steht. Ein rotes Tuch ist gerade dabei, von ihrem Körper zu gleiten.

Man könnte sagen, dass Triegel hier verschiedene Elemente aus dem kulturellen Gedächtnis zusammenfügt, im Sinne Heiner Müllers Mythos an Mythos schließt und damit den Teil der Eva-und-Adam-Geschichte betont, um den es ihm in diesem Bild geht: nicht die Geschichte, wie die Sünde in die Welt kommt, nicht die Geschichte, wie die Menschen sich von Gott entfernt haben, sondern die unsterbliche Liebesgeschichte zwischen Frau und Mann. Es ist eine Geschichte der gegenseitigen, gleichberechtigten und gleichermaßen gewollten Zuwendung. Das Göttliche ist ganz menschlich.

Das zweite Bildbeispiel ist ein Gemälde von 2008 (Abb. 52).

Der Titel des Bildes behauptet, dass Adam und Eva im Paradies seien. Hier besteht das »Paradies« aus dem schon bekannten steinigen Boden, einem schon vor Jahren abgestorbenen Baum und einer alles beherrschenden Ziegelmauer, deren Schatten einen Teil des Bildes verdunkelt. Dass diese Mauer das Bild dominiert, ist kein Zufall, wie wir sehen werden. Keine einzige Pflanze erinnert daran, dass hier ein Garten dargestellt sein soll. Der Streifen Himmel erinnert in seiner Künstlichkeit eher an einen Swimmingpool am falschen Platz. Eine lebensfeindliche Umgebung, jedenfalls kein Paradies. Das scheint eher hinter der Mauer zu liegen.

Lähmende Langeweile geht von dem Bild aus. Die Figuren sind passiv und fast spannungslos. Adam, an die Baumleiche gelehnt, scheint zu schlafen. Eva liegt vor ihm seitlich auf dem Boden[9]. Sie haben kein Interesse aneinander. Nur zwei Elemente könnten aus der Eingeschlossenheit hinausführen: der Blick Evas zu den Betrachtern und der Apfel in Adams Hand. Er hält den Apfel knapp über dem Boden, sein rechter Arm ist also angespannt. Sein vermeintliches Schlafen ist Verstellung. Er wird wohl bald in den Apfel beißen. Der Apfel, Versprechen von Erkenntnis und zugleich Warnung davor, ist hier das Zentrum der Vitalität.

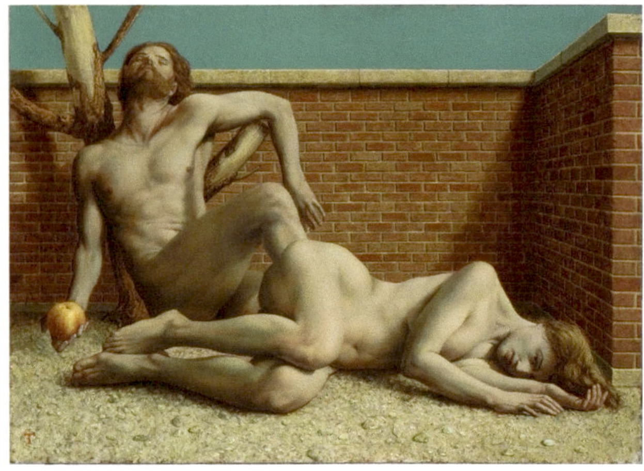

Abb. 52 Michael Triegel, Adam und Eva im Paradies, 2008, Privatbesitz Frankfurt/Main, 64,5 × 45,3 cm

In der Rede, die Triegel im Februar 2015 an der Louisiana State University gehalten hat, erklärt er dieses Bild und macht klar, dass es ihm um eine politische Stellungnahme geht. Er beschreibt das »Klima der Unfreiheit, des durch viele Spitzel geschürten Misstrauens«, in dem er in der DDR aufwuchs und kommt dann auf das Gemälde zu sprechen:

> »Den Widerspruch zwischen den offiziellen Behauptungen, wir würden im menschlichen Paradies leben und der gelebten Wirklichkeit immer empfundener Grenzen, habe ich wohl viel später im Bild *Adam und Eva im Paradies* verarbeitet. (...) Adam entzieht sich durch den Schlaf der toten Umgebung. Was mag er für Träume haben? Eva nimmt Kontakt auf mit dem Betrachter des

> Bildes und blickt in eine Welt außerhalb des Rahmens, außerhalb der Begrenzungen. Die Welt da draußen ist ihr unbekannt, doch scheint sie allemal besser als die Erstarrung, die sie umgibt. Mußte sie den Apfel vom Baum der Erkenntnis essen, um die Begrenztheit ihrer Welt zu erkennen?«[10]

Das Paradies, in dem sich dieses Adam-und-Eva-Paar befindet, ist das sogenannte Arbeiter- und Bauernparadies der DDR, damit ist auch klar, warum die Mauer so dominant ist. Mithilfe des Eva-und-Adam-Mythos setzt Triegel mit seinem Gemälde von 2008 die politische Situation vor dem Mauerfall 1989 ins Bild.

In vergleichbarer Weise nutzt der 1962 in Dresden geborene Schriftsteller Ingo Schulze sowohl den Mythos von Adam und Eva als auch die Rede vom Arbeiter- und Bauernparadies. In seinem Roman *Adam und Evelyn*, der wie das Bild von Triegel im Jahre 2008 erschien, müssen sich vier Figuren, drei Frauen und ein Mann, entscheiden, wo für sie das Paradies liegt. Die Antworten sind erwartungsgemäß unterschiedlich.

Anmerkungen

1 Hüttel (2011), S. 15.
2 Hüttel (2011). S. 11.
3 Beaucamp (2003), S. 7.
4 Triegel (2015), S. 406.
5 Das gilt fast für alle seiner Bilder, die einen Boden im Außenbereich zeigen.
6 Hier zitiert sich der Maler selbst. Eine eben solche Bank findet sich auf seinem Bild *Schmerzensmann* von 1998. Umgekehrt wird die Baumleiche hier im Bild zu dem abgestorbenen Baum in seinem Gemälde *Adam und Eva im Paradies* von 2008, Abb. 52.
7 Triegel in: Die Zeit, 30. Dezember 2020.
8 Dante, *La Vita Nuova*, entstanden um 1293. In der Sammlung von Sonetten und Kanzonen wird die Grundlage von Dantes *Divina Commedia* gesehen.
9 Auch hier wieder ein Selbstzitat: Eine solche Liegende findet sich bereits in Triegels Bild *Traum der Europa* von 2004.
10 Triegel (2015), S. 379 f.

Ingo Schulze

Adam, wo bist du?

Als Adam ihre Stimme und dann die Schritte auf der Holztreppe hörte, geschah es, dass er sich hinter den Schrank rechts von der Tür drückte. Lilli, die in der Wanne hockte, sah ihn angststarr an. Es klopfte, Lilli drehte die Brause ab, Evelyn trat ein.

»Ich habe«, rief sie – und sagte dann fast tonlos: »gekündigt.«

Lilli, Seifenschaum an Armen und Schultern, stieg aus der Wanne.

»Entschuldigung«, sagte Evelyn und machte kehrt.

»Adam?«, rief sie draußen. »Adam, wo bist du?«

Sie lief hinauf ins Atelier. Er wusste, wie es da oben aussah. Lilli versuchte ihren Slip nach oben zu ziehen, der ihr zusammengeringelt in den Kniekehlen hing. Über ihren glänzenden Rücken hinweg sah Adam in den Garten. Auf dem frisch gemähten Rasen hüpften Amseln, Spatzen und eine Elster umher. Das Unkraut in den angrenzenden Beeten hatte er in den letzten Tagen gezogen, der Zaun war im Mai neu gestrichen worden. Auf dem Feuerplatz neben der Garageneinfahrt lag ordentlich eingerollt der Wasserschlauch. Die Schildkröte in ihrem kleinen Gehege hatte sich verkrochen. Langsam kam Evelyn die Treppe herunter. Vor der Badezimmertür blieb sie stehen.

»Adam, bist du hier drinnen?« Sie öffnete die Tür. »Adam?«

(2008)

Aus: Schulze (2008), Adam und Evelyn, S. 23.

12. Ein Baum wie ein Paar. Ein Paar wie ein Baum

Anfang der Neunzigerjahre begann der Schweizer Künstler Daniel Spoerri in Seggiano in der Toskana, einen Skulpturengarten anzulegen. Neben vielen eigenen Werken sind dort auch Werke von ca. vierzig anderen Künstlern zu sehen. Dani Karavan (1930–2021), Bildhauer, Gestalter von Gedenkorten und Mahnmalen, ist einer von ihnen. Daniel Spoerri überließ ihm einen alten Olivenbaum in seinem Garten zur Gestaltung. Der machte daraus ein lebendiges Kunstwerk, ein Natur-Kunst-Werk und nannte es: *Adam und Eva* (Abb. 53). Damit machte er den Baum zu dem Urelternpaar und den Giardino Spoerri zum Garten Eden.

Wie erstarrte Lava sieht der Fuß des Baumes aus, der einmal einen großen Stamm getragen haben muss. Wohl gespalten von einem Blitz, vielleicht auch erfroren in einem sehr kalten Winter, ist der mächtige, alte Baum eingegangen. Zwei vergleichsweise dünne Stämme sind weitergewachsen. Die nach innen gewandten Spaltflächen sowie waagerecht abgeschnittene Teile des alten Stammes sind mit Blattgold überzogen.

Karavan lässt unklar, welcher Teil des Baumes dem Mann, welcher der Frau entsprechen soll. Nicht die Unterschiedlichkeit von Frau und Mann wird betont, sondern das sie Verbindende, der gemeinsame Ursprung. Ohne alle Vorfestlegungen, ohne den vermeintlich naturgegebenen Kampf des Herrschens und Beherrschtwerdens sehen wir ein Paar in einem herrlichen Garten: das wiedergewonnene Paradies.

Dazu passt der Satz, den Karavan seinem Titel hinzufügt – »Denn Gott schuf Mann und Frau zusammen«. Er stammt aus dem ersten Schöpfungsbericht, nicht aus dem zweiten, der die Verschiedenheit der zeitlichen und materialmäßigen Erschaffung Evas und Adams betont: erst die Erschaffung Adams aus »Erde vom Acker«, dann die Evas aus der Seite Adams. Diese Reihenfolge war oft genug Anlass, die Nachrangigkeit Evas zu begründen. In der Regel wird die Erschaffung der Menschen nach dem zweiten Bericht dargestellt. Karavans Werk ist die Ausnahme zu dieser Regel. Er bezieht sich explizit auf den ersten Schöpfungsbericht, in dem es heißt: »Und Gott schuf den Menschen zu seinem Bilde, zum Bilde Gottes schuf er ihn; und schuf sie als Mann und Weib«.[1]

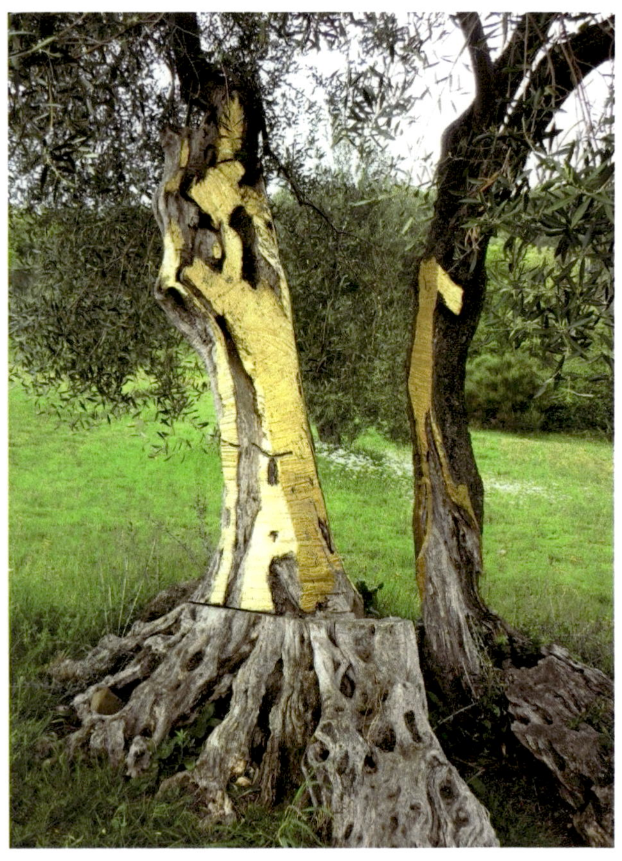

Abb. 53 Dani Karavan, Adam und Eva
(»Denn Gott schuf Mann und Frau zusammen«), 2002

Und da wird klar, dass Karavans Zusatz zum Titel gar kein genaues Zitat ist, trotz der Anführungszeichen. Das Wörtchen »zusammen« fehlt in den Bibelübersetzungen,[2] gehört also zum Kunstwerk und unterstreicht die Aussageabsicht des Künstlers. Ihm geht es offenbar darum, die Zusammengehörigkeit von Mann und Frau nicht nur im Kunstwerk, sondern auch im Titel noch einmal zu betonen.

2000, ja 4000 Jahre alte Olivenbäume gebe es im Mittelmeergebiet, liest man. Auch wenn wir annehmen, dass der Baum im Garten Spoerri »nur« 2000 Jahre alt ist, würde seine Lebenszeit alle Kunstwerke umfassen, mit denen wir uns hier beschäftigt haben: Eva und Adam – fast schon unsterblich.

Anmerkungen

1 Gen 1,27 in den Fassungen nach Luther 1984, genauso Luther 2017.

2 Das gilt zumindest für die Einheitsübersetzung, die Bibel in gerechter Sprache von 2006, die Lutherbibel 2017 und die BasisBibel 2021.

Rose Ausländer

Sünder

Noch nicht ganz
vergessen
das Paradies
wo wir sündlos waren.

Schön und süß
der Apfel
sein Saft hat uns
sehend gemacht

Laßt uns Sünder sein
verbotene Worte lieben
und Menschen
unter drohendem Himmel

(1987)

Aus: Ausländer (1988), Und preise die kühlende Liebe der Luft, S. 207.

Mit Eva und Adam durch die Zeit – Beziehungsbilder und Bildbeziehungen

Ein Nachwort

> »Was sie gesehen hat, möchte sie mit Adam teilen: die Früchte, den Baum, die Schönheit, die Chance, etwas Gutes zu essen. (...) Es geht um Neugier, Genuss, Erkenntnis und Gemeinsamkeit. Der auf einer Wolke schwebende Schöpfergott scheint das – optimistisch betrachtet – ohne Groll zu sehen.«

Die Bildbetrachtungen von Thea Caillieux, wie dieser Textausschnitt zu Poussins *Le Printemps* aus dem 17. Jahrhundert, sind Einladungen, nicht nur dem Blick und Wissen der Autorin, sondern auch den eigenen Entdeckungen und Einfällen zu folgen. Caillieux nimmt uns Lesende mit auf eine Entdeckungsreise durch die westliche Kultur- und Kunstgeschichte zu bekannten und unbekannten Bildern von Eva und Adam. Sie geht beabsichtigten und unbewussten Blickweisen nach. Verblüffend leicht und verdichtet zugleich ist diese ikonografische Zeitreise bis in die Gegenwart. Besondere Perlen sind die sorgsam ausgewählten literarischen Texte, die die Bilder, deren Deutungen und soziokulturellen und historischen Kontexte verbinden.

Im Zentrum steht die Rezeption des alten biblischen Mythos vom Paar – von Frau und Mann, Frau und Frau, Mann und Mann, Mensch und Mensch in enger, intimer Beziehung – in seiner Umwelt, seinem »Paradies«. Verschiedene thematische Linien werden sichtbar. Die wesentliche Aufmerksamkeit widmet Caillieux dem Geschlechterverhältnis und der Frage, wie Vorstellungen von Weiblichkeit und Männlichkeit, Macht und Wissen sowie Verantwortung für das Begehren gestaltet und verhandelt, konstruiert und aufrechterhalten werden. Eindrucksvoll führt sie uns vor Augen, wie sehr die Darstelllungen von Eva und Adam die Geschlechterannahmen der jeweiligen Zeit wiedergeben. Gleichzeitig spiegeln sie auch deren Veränderungen über die Epochen – von den geschlechtsübergreifenden Bildern am Anfang, der zunehmenden Fokussierung auf Bewegung und Aktivität, zur Spiegelung der Machtverhältnisse im Stehen und Sitzen der Figuren, der Positionierung im linken und rechten Bildfeld, bis zu den Fluchtimpulsen und Grenzüberschreitungen des Adams, der das Bild verlassen will, sich abwendet und es schließlich ganz der Frau überlässt. Hier lässt sich fragen und weiterdenken, inwieweit dies Ausdruck von Anerkennung der Eigenständigkeit der Frau, insbesondere der gefährlichen Femme fatale ist, oder ob Eva, in Anlehnung an die Filmtheorie der Siebzigerjahre, nun vielleicht noch stärker dem »male gaze«[1], einem männlichen Blick ausgesetzt ist, statt selbst Betrachterin zu sein.

Vorangestellt sind die beiden unterschiedlichen Schöpfungsmythen der biblischen Genesis, die seit Langem als Folien für patriarchale aber auch geschlechtergerechtere Lesarten dienen. Kanonisierung und biblische Auslegung waren seit Beginn der Kirchengeschichte immer selektiv, geleitet von Interessen, Zufällen, politischen Absichten, vor allem aber von männlichen Akteuren. Während die Frauen in der Urchristenheit noch relativ gleichberechtigt und wertgeschätzt gewesen sein sollen, haben Kirchenväter, allen voran Augustinus, und später auch kirchenferne »Aufklärer« wie Kant, Rousseau und Schopenhauer nachhaltig dafür gesorgt, die Frau zu entwerten, zu missachten und geringzuschätzen – und das in vielerlei Namen. Deren wirkmächtige Einflüsse auf das vorherrschende Denken der jeweiligen Zeit, etwa zur »Vernatürlichung« und Dichotomisierung der Geschlechterunterschiede, und damit auch für die Kunst, macht Caillieux in ihren Bilddeutungen sichtbar.

Die Untersuchung der Beiträge aus Theologie, Philosophie, Biologie und anderen Fächern und eben auch der Kunst zur Spaltung der Geschlechter und zur Bekämpfung von Weiblichkeit sind ein langfristiges und wichtiges, nach meinem Eindruck immer noch vernachlässigtes Forschungsgebiet. In ihren Recherchen bezieht Caillieux wichtige Arbeiten – etwa die geschichtswissenschaftlichen Untersuchungen Ute Freverts – kenntnisreich ein. Von besonderem Wert ist aber ihre eigene Analyse der Primärliteratur. So seziert Caillieux Schopenhauers frauenfeindliches Denken und entlarvt ihn als schlichten Sexisten mit begrenzter Weltsicht.

Psychoanalytisch lässt sich fragen, welche Affekte Schopenhauer so vehement abwehren musste. Eine ähnliche Frage stellt sich bei der Lektüre der sorgsam ausgewählten Tagebuchauszüge des Malers Beckmann, die nicht nur Einblick gewähren in die Prüderie der Zeit, sondern auch einen intimen Eindruck von Beckmanns schierer Hilflosigkeit gegenüber seinem eigenen heftigen körperlichen Begehren vermittelt. Gleichzeitig kommt damit eine große Lust seinerseits zum Vorschein, dies ausbreitend für sich festzuhalten. Man wünschte ihm, hundert Jahre später, ihm hätten lustfreundlichere Haltungen, wertschätzende Anerkennung und Versprachlichung für Trieb, Drang und pures Begehren neben seinem künstlerischen Talent zur Verfügung gestanden, zur Einordnung seiner körperlichen Irritationen – etwa aus Tiefenpsychologie oder kritischer Sexualforschung, bestenfalls aus weiblicher Feder. Erstere war zu Beckmanns Zeit bereits im Entstehen, die kritische Sexualforschung in ihrer institutionalisierten Form ist jünger. Nüchtern konstatiert Caillieux übrigens treffend in einem Satz, wie sehr die heterosexuellen Paarkonstellationen, in denen Beckmann mit seinen beiden Ehefrauen lebte, heutigen Paarverhandlungen ähneln im Konflikt um Verwirklichung vs. Verzicht eigener Rechte und Talente in der Arbeit als Künstler:in.

Heute, da wir empirische und kritische Sexualforschung betreiben und mehr Geschlechtergerechtigkeit zu haben scheinen, scheint das gewonnene Wissen über Sexualitäten und Geschlechter trotzdem häufig eine Art Geheim- und Nischenwissen zu bleiben. Sexual- und Geschlechterwissenschaften, sexpositive Sichtweisen auf den Körper und Geschlechtervielfalt, sind noch relativ jung. Auch den Begriff der Sexualität gibt es erst seit dem 19. Jahrhundert. Begehren und Lust sind bis heute mit Entwertung und dem Image des Schamhaften und Tabuisierten behaftet. Die wahrnehmbare Vorwärts- und Rückwärtsbewegung um das Sexuelle, die Gleichzeitigkeit von Progression und Regression im gesellschaftlichen Diskurs, findet sich auch als Erkenntnis in den vorgestellten Untersuchungen und Bildbetrachtungen von Caillieux. Das Sexuelle entzieht sich immer wieder der Avantgarde, der Aufklärung, der Anerkennung. Der Fortschritt hat den Rückschritt im Gepäck.

So betont Caillieux in der vorangestellten Betrachtung des Poussin'schen Frühlings das Verbindende zwischen den Geschlechtern, das sich punktuell als relativ aktuell und anschlussfähig lesen lässt, bis Eva in der nächsten Epoche, fast widersprüchlich, zur aktiv Dienenden und Schuldigen, aber machtlosen Bildfigur wird.

Die Autorin versteht ihr Handwerk als Pädagogin. Synoptisch und mehrstimmig werden wir durch die Jahrhunderte geführt, Neugier wird geweckt, Lust und Entdeckungsfreude. Delectare et docere! So dürfen und sollen wir bei der Lektüre auch der eigenen Subjektivität folgen.

Bei der Bildbeschreibung oben wie auch bei anderen Bildinterpretationen im Rückgriff auf den »Sündenfall« hat sich mir die Frage aufgedrängt, ganz kindlich-naiv und zugleich empört: Was soll da bitte Sünde sein? Die Vorstellung der Erbsünde, noch dazu der Frau in die Schuhe geschoben, erscheint aus feministisch-postmoderner Sicht abwegig und absurd. Die zeitgenössischeren Arbeiten wiederum, etwa von HAP Grieshaber, treffen die Thematik der Sündhaftigkeit des Menschen, etymologisch gelesen als Sund und trennender Graben zwischen Menschen und Gott, umso besser. Plakativ konfrontiert uns Grieshaber mit den Gefahren der atomaren Macht für den Weltfrieden in der Zeit des Kalten Krieges, der als überwunden galt. Als mahnende Hüter grenzen Adam und Eva in Grieshabers Altarbild im ehemaligen Bonner Verteidigungsausschuss die Gefahr ein – öffentliche Kunst transportiert politische Aussagen, und dieses Beispiel ist aktueller denn je. Auch das führt uns Caillieux vor Augen.

Das Buch erscheint in einer Zeit, in der Geschlechterfragen und -debatten, etwa um die Achtung der geschlechtlichen Selbstbestimmung, Individualität und Diversität, uns mehr denn je umtreiben. Die in Caillieuxs Arbeit vorgelegte Achtsamkeit und exegetische Sorgfalt bei der Analyse dargestellter Herrschaftsverhältnisse kann auch für den erweiterten und häufig polarisierend ausgetragenen Geschlechterdiskurs ein Vor-Bild sein. Inhaltlich lassen sich Eva und Adam als Chiffren lesen für das Menschsein als Gegenüber und Interaktion.

So ist das Buch voller interdisziplinärer Verknüpfungen und anschlussfähig für viele Fächer. Die Sozialpsychologie etwa beschäftigt sich empirisch immer wieder mit Beziehungsformen, Paarfindung und -bildung. Wie entstehen Beziehungen? Wie wird man zum Paar? Die Bildbetrachtungen lassen sich auch als Beziehungsgeschichten lesen. Eine gemeinsame Erkenntnis könnte sein: Paare entstehen durch wiederkehrende Begegnung und Gelegenheit. Die Beteiligten tragen für sich und füreinander Verantwortung.

Dieses wunderbare Buch hat eine lange Vor- und Entstehungsgeschichte. Die Autorin hat sich über Jahrzehnte mit Darstellungen der Genesis befasst, Eva-und-Adam-Bilder gesammelt und an ihren Heimatorten aufgesucht und sie kritisch und zugleich zugewandt in den Blick genommen. In den letzten Jahren hat sie diese gewachsene und vertiefte Auseinandersetzung noch weiter intensiviert. Thea Caillieux teilt hier erstmals eine Reihe bemerkenswerter neuer Entdeckungen, etwa in den Arbeiten von Triegel und zu verschiedenen Bildbeziehungen. Wir dürfen uns als Leser:innen glücklich schätzen, daran teilzuhaben.

Katinka Schweizer

Anmerkung

1 Der Begriff geht auf die Britische Filmtheoretikerin Laura Mulvey zurück (vgl. Laura Mulvey, 1975, Visual pleasure and narrative cinema, *Screen* 16,3,6–18).

Literaturverzeichnis

Ackermann, Marion (Hg.), Drei. Das Triptychon in der Moderne. Ostfildern: Hatje Cantz 2009.

Albus, Anita, Die Kunst der Künste. Erinnerungen an die Malerei. Frankfurt/M.: Eichborn 1997.

Arendt, Hannah, Vita activa oder Vom tätigen Leben. München: Piper 2013.

Augustinus, Aurelius, Vom Gottesstaat. Vollständige Ausgabe in einem Band. München: dtv 2007.

Ausländer, Rose, Sünder. In: dies., Und preise die kühlende Liebe der Luft. Gedichte 1983–1987. Frankfurt/M.: S.Fischer Verlag GmbH 1988.

Beaucamp, Eduard, Bilder der Sehnsucht. In: Schwind, Karl (Hg.), Michael Triegel, Im Spiegel der Welt. Köln: Wienand 2003.

Behringer, Wolfgang (Hg.), Hexen und Hexenprozesse in Deutschland. München: dtv 1995.

Benjamin, Walter, Gesammelte Schriften Bd. I 2, hrsg. v. Tiedemann, R. und Schweppenhäuser, H. Frankfurt/M.: Suhrkamp 1974.

Berger, John, Sehen. Das Bild der Welt in der Bilderwelt. Frankfurt/M.: Fischer 2016.

Bialostocki, Jan, Spätmittelalter und beginnende Neuzeit, Propyläen Kunstgeschichte. Berlin: Ullstein 1990.

Büttner, Nils, Die Erfindung der Landschaft. Kosmographie und Landschaftskunst im Zeitalter Brueghels. Göttingen: Vandenhoeck und Ruprecht 2000.

Duby, Georges, Eva und die Prediger. Frauen im 12. Jahrhundert. Frankfurt/M.: Fischer 1998.

Eder, Franz X., Eros, Wollust, Sünde. Sexualität in Europa von der Antike bis in die frühe Neuzeit. Frankfurt/M.: Campus 2018.

Ertz, Klaus, Jan Brueghel d. Ä. Die Gemälde. Köln: DuMont 1979.

Femppel, Kurt (Hg.), HAP Grieshaber. Kunst am Bau. Tübingen 2014.

Eschenburg, Barbara, Friedel, Helmut (Hg.), Der Kampf der Geschlechter. Der neue Mythos in der Kunst 1850-1930, Ausstellungskatalog. Köln: DuMont 1995.

Flasch, Kurt, Eva und Adam. Wandlungen eines Mythos. München: C. H. Beck 2004.

Foucault, Michel, Sexualität und Wahrheit II. Der Gebrauch der Lüste. Frankfurt/M.: Suhrkamp 1989.

Frevert, Ute, Vergängliche Gefühle. Göttingen: Wallstein 2013.

Frevert, Ute, »Mann und Weib, und Weib und Mann«. Geschlechter-Differenzen in der Moderne. München: Beck 1995.

Frevert, Ute, Bürgerliche Meisterdenker und das Geschlechtsverhältnis. Konzepte, Erfahrungen, Visionen an der Wende vom 18. zum 19. Jahrhundert. In: Frevert, Ute (Hg.), Bürgerinnen und Bürger, Göttingen: Vandenhoeck und Ruprecht 1988.

Fritz, Nicole (Hg.), Comeback. Kunsthistorische Renaissancen, Ausstellungskatalog. Bielefeld: Kerber 2019.

Göpel, Erhard (Hg.), Max Beckmann, Tagebücher 1940-1950. München, Wien: Langen Müller 1979.

Goethe, Johann Wolfgang von, Sämtliche Werke hrsg. v. E. Trunz. München: C. H. Beck 1972.

Grünenwald, Elisabeth, in: Siebenmorgen, Harald (Hg.), Leonhard Kern. Meisterwerke der Bildhauerei für die Kunstkammern Europas. Sigmaringen: Thorbecke 1988.

Guratzsch, Herwig (Hg.), Max Beckmann. Zeichnungen aus dem Nachlass Mathilde Q. Beckmann, Ausstellungskatalog. Köln: Wienand 1998.

Hammer-Tugendhat, Daniela, Das Sichtbare und das Unsichtbare. Zur holländischen Malerei des 17. Jahrhunderts. Köln, Weimar, Wien: Böhlau 2009.

Hammer-Tugendhat, Daniela, Jan van Eyck. Autonomisierung des Aktsbildes und Geschlechterdifferenz, in: Zimmermann, Anja (Hg.), Kunstgeschichte und Gender. Berlin: Reimer 2006.

Hannsmann, Margarete, Pfauenschrei. Die Jahre mit HAP Grieshaber. München, Hamburg: Knaus 1986.

Haug, Walter, Die höfische Liebe im Horizont der erotischen Diskurse des Mittelalters und der Frühen Neuzeit. Berlin, New York: de Gruyter 2004.

Hebbel, Friedrich, Werke in zwei Bänden hrsg. v. Gerhard Fricke, München: Hanser 1952.

Hohler, Franz, Vom richtigen Gebrauch der Zeit. München: Luchterhand Literaturverlag 2006.

Husslein-Arco, Agnes, Klee, Alexander (Hg.), Sünde und Secession. Franz von Stuck in Wien. Ausstellungskatalog. München: Hirmer 2016.

Hütt, Wolfgang, Albrecht Dürer. Das gesamte graphische Werk in zwei Bänden. München: Rogner und Bernhard 1970.

Hüttel, Richard, Verwandlung der Götter. München: Hirmer 2011.

Jacob-Friesen, Holger (Hg.), Hans Baldung Grien. heilig | unheilig, Ausstellungskatalog. Berlin, München: Deutscher Kunstverlag 2019.

Karle, Isolde, »Da ist nicht mehr Mann noch Frau...«. Theologie jenseits der Geschlechterdifferenz. Gütersloh: Güterloher Verlagshaus 2006.

Kaschnitz, Marie Luise, Gesammelte Werke in sieben Bänden, Band 4: Die Erzählungen, hrsg. v. Christian Büttrich. Frankfurt/M.: Insel Verlag 1985.

Köser-Rudolph, Martina (Hg.), Die großen Menschheitsbilder eines Ketzers. Ausstellungskatalog. Tübingen: Wasmuth 2017.

Krauss, Hans (Hg.), Physica Sacra. Berühmte Bilder zur Menschheitsgeschichte aus Johann Jakob Scheuzers Physica Sacra. Konstanz: Universitätsverlag 1984.

Kühn, Dieter, Tristan und Isolde des Gottfried von Straßburg. Frankfurt/M.: Fischer 2005.

Lutherbibel 2017. Stuttgart: Deutsche Bibelgesellschaft 2016.

Maass, Anne, Suitner, Caterina, Favaretto, Xenia, Cignacchi, Marina, Stereotypes and the spatial agency bias. Journal of Experimental Social Psychology 2009.

Mathieu, Pierre-Louis (Hg.), L'Assembleur de rêves. Écrits complets der Gustave Moreau. Fontfroide 1984.

Meinhardt, Johannes, Visuelle Brüche. Schichten und Stufen der Appropriation. In: Fritz, Nicole (Hg.) 2019.

Meyers, Carol, Rediscovering Eve. Ancient Israelite Women in Context. Oxford University Press, 2013.

Meyers, Carol, Discovering Eve. Ancient Istraelite Women in Context. Oxford University Press, 1988.

Milton, John, Das Verlorene Paradies. Köln: Anaconda 2008.

Morgenstern, Christian, Jubiläumsausgabe in vier Bänden, Band III, Aphorismen, Sprüche und andere Aufzeichnungen, hrsg. v. Clemens Heselhaus, München: Piper 1979.

Müller, Heiner, Shakespeare Factory 2. Berlin: Rotbuch 1989.

Pagels, Elaine, Adam, Eva und die Schlange. Die Geschichte der Sünde. Reinbek b. Hamburg: Rowohlt 1994.

Rilke, Rainer Maria, Gesammelte Werke, hrsg. v. Manfred Engel, Ulrich Fülleborn, Horst Nalewski, August Stahl. Frankfurt/M.: Insel 2003.

Rousseau, Jean-Jacques, Emil oder Über die Erziehung, hrsg. v. Ludwig Schmidts. Paderborn: Schöningh 1993.

Rupprich, Hans, Dürers Schriftlicher Nachlass, Erster Band. Berlin: Deutscher Verein für Kunstwissenschaft 1956.

Schiller, Friedrich, Sämtliche Werke in fünf Bänden, hrsg. v. Jost Perfahl. München: Winkler 1968.

Schmidt, Doris (Hg.), Max Beckmann. Frühe Tagebücher mit Erinnerungen von Minna Beckmann-Tube. München: Piper 1985.

Schneede, Uwe M., Edvard Munch, Die frühen Meisterwerke. München: Schirmer/Mosel 1988.

Schoen, Christian, Albrecht Dürer: Adam und Eva. Die Gemälde, ihre Geschichte und Rezeption bei Lucas Cranach d. Ä. und Hans Baldung Grien. Berlin: Reimer 2001.

Schopenhauer, Arthur, Die Welt als Wille und Vorstellung, Sämtliche Werke Bd. I und II. Stuttgart, Frankfurt/M.: Insel 1968.

Schopenhauer, Arthur, Parerga und Paralipomena, Kleine philosophische Schriften, Sämtliche Werke Bd. IV und V. Stuttgart, Frankfurt/M.: Insel 1968.

Schulze, Ingo, Adam und Evelyn, Roman. Berlin und München: Berlin Verlag in der Piper Verlag GmbH 2008.

Scoralick, Ruth, Als Mann und Frau geschaffen? Die Bibel und ihre Leser*innen. In: Bauer, Gero, Ammicht Quinn, Regina, Hotz-Davies, Ingrid (Hg.), Die Naturalisierung des Geschlechts. Zur Beharrlichkeit der Zweigeschlechtlichkeit. Bielefeld: transcript 2018.

Söll, Änne, Der Neue Mann? Männerportraits von Otto Dix, Christian Schad und Anton Räderscheidt. Paderborn: Fink 2016.

Triegel, Michael, Die andere Freiheit. In: Offener Horizont, Jahrbuch der Karl Jaspers- Gesellschaft. Göttingen: Wallstein, 2/2015.

Tuor-Kurth, Christina, Kindesaussetzung und Moral in der Antike. Göttingen: Vandenhoek und Ruprecht 2010.

Ullrich, Wolfgang, Autoritäre Bilder. Die zweite Karriere des Triptychons seit dem 19. Jahrhundert. In: Ackermann, Marion (Hg.), Drei. Das Triptychon in der Moderne. Ostfildern: Hatje Cantz 2009.

Van Schaik, Carel, Michel, Kai, Die Wahrheit über Eva. Die Erfindung der Ungleichheit von Frauen und Männern. Hamburg: Rowohlt 2020.

Verspohl, Franz-Joachim, Die Entdeckung der Schönheit des Körpers. Von seiner maßästhetischen Normierung zu seiner bewegten Darstellung. In: van Dülmen, Richard (Hg.), Erfindung des Menschen, Schöpfungsträume und Körperbilder 1500 – 2000. Wien: Böhlau 1998.

Wiemann, Elsbeth, Gaschke, Jenny, Stocker, Mona (Hg.), Die Entdeckung der Landschaft. Meisterwerke der niederländischen Kunst des 16. und 17. Jahrhunderts, Ausstellungskatalog. Köln: DuMont Literatur und Kunst 2005.

Internetquellen

Darwin, Charles, Die Abstammung des Menschen und die geschlechtliche Zuchtwahl: https://bit.ly/3N7j3EY (zuletzt abgerufen am 13.03.2022)

Darwin, Charles, Die Abstammung des Menschen und die geschlechtliche Zuchtwahl II: https://bit.ly/3n2MoVu (zuletzt abgerufen am 9.06.2022)

Digitales Werkverzeichnis der Malerwerkstätten Cranach und ihrer Epigonen: http://www.corpus-cranach.de (zuletzt abgerufen am 13.03.2022)

Legal Tribune Online: www.lto.de (zuletzt abgerufen am 12.12.2021)

Möbius, Paul Julius, Über den physiologischen Schwachsinn des Weibes: https://bit.ly/39vYR0U (zuletzt abgerufen am 9.06.2022)

Museum der 1000 Orte, HAP Grieshaber, Weltgericht (Inferno des Krieges): https://bit.ly/3wY6S7R (zuletzt abgerufen am 19.02.2022)

Piso, Willem, Marggraf, Georg, Historia Naturalis Brasiliae: www.botanicus.org/title/b12081164 (zuletzt abgerufen am 14.02.2022)

Abbildungsverzeichnis

Abb. 1	Volker Kühn, 1977, 3,6 × 3,6 cm Privatbesitz Tübingen Foto: Gudrun de Maddalena
Abb. 2	Brüder Limburg, Die Vertreibung aus dem Paradies, ca. 1410, 21 × 29 cm akg-images Berlin/Erich Lessing
Abb. 3	Katakomben von San Gennaro, Neapel, 2./3. Jhd. agefotostock/Alamy Stock Foto
Abb. 4	Katakomben der Hl. Marcellinus und Petrus in Rom, ca. Ende 4. Jhd. akg-images Berlin/André Held
Abb. 5	Eglise St. Martin de Vertou, ca. 6. Jhd. Wikimedia Commons, Foto: Philippe Hirou 2007, https://bit.ly/3Hx7ftF (zuletzt abgerufen am 15.06.2022)
Abb. 6	Sündenfallbild aus dem Hortus Deliciarum, ca. 1180 Herrad von Hohenheim, Warburg Institute
Abb. 7	Bamberger Dom, ca. 1235 Wikimedia Commons, Foto: Andreas Praefcke 2008, https://bit.ly/3xoZ8e2 (zuletzt abgerufen am 15.06.2022)
Abb. 8	Michaeliskirche, Hildesheim, ca. 1220 Mit freundlicher Genehmigung durch die Kirchengemeinde St. Michaelis. Foto: Jens Kotlenga
Abb. 9	Sainte Chapelle, Paris, ca. 1240 Wikimedia Commons, Foto: François de Dijon 2015, https://bit.ly/3HrEkHn (zuletzt abgerufen am 15.06.2022)
Abb. 10	Herr Bernger von Horheim, Miniatur aus der Manessischen Liederhandschrift, ca. 1300 Universitätsbibliothek Heidelberg, Große Heidelberger Liederhandschrift (Codex Manesse), Zürich, S. 351
Abb. 11	Masaccio, Vertreibung aus dem Paradies, Florenz, ca. 1425 akg-images Berlin
Abb. 12	Jan van Eyck, Adam und Eva am Genter Altar, 1432 Wikimedia Commons, https://bit.ly/3xUxKWY (zuletzt abgerufen am 15.06.2022)

Abb. 13	Hugo van der Goes, Wien, 1477, ca. 34 × 22 cm KHM-Museumsverband Wien
Abb. 14	Albrecht Dürer, Adam und Eva, 1504, ca. 19,4 × 25 cm Kupferstich, Berlin, Wikimedia Commons, https://bit.ly/3OfiFVc (zuletzt abgerufen am 15.06.2022)
Abb. 15	Albrecht Dürer, Adam und Eva, 1507, 81 × 209 cm und 83 × 209 cm Wikimedia Commons, https://bit.ly/3NTssjV (zuletzt abgerufen am 15.06.2022)
Abb. 16	Cranach, ca. 1518, zwei Tafeln je ca. 30 × 86 cm Braunschweig, Wikimedia Commons, https://bit.ly/3zIvqn1 (zuletzt abgerufen am 15.06.2022)
Abb. 17	Cranach, 1530, je 70 × 190 cm Öl auf Holz, Norton Simon Art Foundation, Passadena
Abb. 18	Cranach, Dresden, 1531, je 69 × 170 cm © bpk-Bildagentur/Staatliche Kunstsammlungen Dresden/ Elke Esthel/Hans-Peter Klut
Abb. 19	Albrecht Dürer, Adam und Eva, 1510 Albertina, Wien
Abb. 20	Hans Baldung Grien, Adam und Eva, 1531, ca. 67 × 147 cm © Museo Nacional Thyssen-Bornemisza, Madrid
Abb. 21	Hans Baldung Grien, Der Sündenfall, 1511, ca. 25 × 37 cm Staatliche Kunstsammlungen Dresden Albertina, Wien
Abb. 22	Maarten van Heemskerck, Adam und Eva, 1550, 50 × 177 cm Volet de retable, Musée des Beaux-Arts de Strasbourg Foto: Musées de Strasbourg, M. Bertola
Abb. 23	Tintoretto, Sündenfall, 1551/52, 150 × 220 cm © G.A.VE Archivio fotografico/su concessione del Ministero della Cultura
Abb. 24	Hans Baldung Grien, Neujahrsgruß mit drei Hexen, 1514, 21 × 30,9 cm Albertina, Wien
Abb. 25	Jan Brueghel, Paradieslandschaft mit Adam und Eva, ca. 1620 Museum of Fine Arts, Budapest, Ungarn 2021
Abb. 26	Jan Brueghel d. Ä., Peter Paul Rubens, Paradieslandschaft mit Sündenfall, um 1616, ca. 115 × 74 cm Mauritshuis, The Hague
Abb. 27	Nicolas Poussin, Le Printemps, ca. 1660/64, 160 × 118 cm © RMN-Grand Palais/Stéphane Maréchalle

Abb. 28 Leonhard Kern, Adam und Eva (Sündenfall), ca. 1646, 12,4 × 22,8 cm
Bode-Museum Berlin, Staatliche Museen zu Berlin
Wikimedia Commons, Foto: Andreas Praefcke, https://bit.ly/3NVpRWJ (zuletzt abgerufen am 15.06.2022)

Abb. 29 Claes Janszoon Visscher, ca. 1640, 32 × 26 cm
Privatbesitz Tübingen, Foto: Gudrun de Maddalena

Abb. 30 Georg Daniel Heumann, ca. 1730, ca. 26 × 36 cm
Scheuchzer, Johann Jacob: Kupfer-Bibel. Augsburg und Ulm: gedruckt bey Christian Ulrich Wagner, 1731–1735. Zentralbibliothek Zürich, NLE 3-6 | F, https://doi.org/10.3931/e-rara-11654 (zuletzt abgerufen am 15.06.2022)

Abb. 31 Peter Wenzel, Adam und Eva im irdischen Paradies, ca. 1831, 336 × 247 cm
Pinacoteca Vaticana, Wikimedia Commons, https://bit.ly/3xSNFFa (zuletzt abgerufen am 15.06.2022)

Abb. 32 Hans Thoma, Adam und Eva, 1886, 79 × 108,5 cm
Staatliche Museen zu Berlin, Nationalgalerie/Fotograf: Andres Kilger

Abb. 33 Edvard Munch, Metabolismus, 1899, 143 × 172 cm
Munchmuseet, Oslo

Abb. 34 Franz von Stuck, Adam und Eva, 1920, 93,7 × 98 cm
Wikimedia Commons, https://bit.ly/3xP3aOi (zuletzt abgerufen am 15.06.2022)

Abb. 35 William Blake, The Temptation and Fall of Eve, 1808, 38,7 × 49,7 cm
Wikimedia Commons, https://bit.ly/39uwU9W (zuletzt abgerufen am 15.06.2022)

Abb. 36 John Collier, Lilith, 1889, 104 × 194 cm
Wikimedia Commons, https://bit.ly/3tCXZys (zuletzt abgerufen am 15.06.2022)

Abb. 37 Franz von Stuck, Die Sünde, 1912
Staatliche Museen zu Berlin, Nationalgalerie/Leihgabe der Bundesrepublik Deutschland/Fotograf: Andres Kilger

Abb. 38 Edvard Munch, Das Weib und die Schlange 1908–09
Lithografie, 34 × 46,8 cm
Museum Kunst der Westküste, Alkersum/Föhr
Foto: Lukas Spörl

Abb. 50, Serie	Jochen Flinzer, Floating World, 2017, je 30 × 40 cm Seidenfaden, Papier, freundlicherweise zur Verfügung gestellt vom Künstler
Abb. 50.1	Adam und Adam selbst *(wtewael und wtewael gespiegelt)*, Vorderseite
Abb. 50.2	Adam und Adam selbst *(wtewael und wtewael gespiegelt)*, Rückseite
Abb. 50.3	Adam und Eva *(rubens und dürer)*, Vorderseite
Abb. 50.4	Eva und Eva *(van eyck gespiegelt und gossaert)*, Vorderseite
Abb. 50.5	Adam und Adam *(jordaens und gossaert gespiegelt)*, Vorderseite
Abb. 50.6	Adam und Adam *(jordaens und gossaert gespiegelt)*, Rückseite
Abb. 51	Michael Triegel, Adam und Eva, 2003, 80 × 110 cm © VG Bild-Kunst, Bonn 2022
Abb. 52	Michael Triegel, Adam und Eva im Paradies, 2008, 64,5 × 45,3 cm © VG Bild-Kunst, Bonn 2022
Abb. 53	Dani Karavan, Adam und Eva (»Denn Gott schuf Mann und Frau zusammen«), 2002 Garten Daniel Spoerri, Toskana Foto: Gaby Frey-Bantle

Dank

Ich danke allen,
die mich bei meiner Arbeit an diesem Buch gefördert haben
durch ihre Neugier, ihre Fragen und ihre Auseinandersetzung mit mir,
die ihr Wissen freigiebig mit mir geteilt haben,
die mir bei Übersetzungen geholfen haben,
die meine Eva-und-Adam-Sammlung ergänzt haben.

Für das Vorwort danke ich Thomas Knubben und auch für seine konstruktive Lektüre des Textes.

Für das Nachwort, für ihre jahrelange Unterstützung und für ihre Anmerkungen schon zu ersten Fassungen danke ich Katinka Schweizer.

Möglich wurde das Buch nur durch die Bereitschaft von Künstlerinnen und Künstlern, Fotografinnen und Fotografen, privaten Leihgebern, Museen, Galerien und universitären Einrichtungen in Europa, in den USA und in Israel, die das Bildmaterial in großzügiger Weise zur Verfügung gestellt haben. Dafür danke ich herzlich.

Ich danke Ronja Bornemann vom zu Klampen Verlag für ihr Interesse am Buch, für ihr sorgfältiges Lektorat und die gute Zusammenarbeit.

Am meisten zu danken habe ich Hubert Klöpfer, ohne den es dieses Buch nicht gäbe. Er hat dafür gesorgt, dass eine Idee Gestalt angenommen hat. Er hat das Buch in allen Stadien mit seiner Expertise, seinen Vorschlägen und seiner freundlichen Zugewandtheit begleitet. Meinen herzlichen Dank dafür.

Vitae

Thea Caillieux studierte Germanistik, Anglistik und Kunstgeschichte an den Universitäten Heidelberg und Tübingen, arbeitete als Gymnasiallehrerin und in der Leitung eines Schulzentrums. Ein weiterer Arbeitsbereich war die Lehrerfortbildung und die Arbeit für einen Schulbuchverlag mit Schwerpunkt auf der Literaturvermittlung. Veröffentlichungen: *WortSpielOrt. Ludwig Harig zum Siebzigsten* (zusammen mit E. Gramer und Th. Kopfermann); Aufsätze zu Mathilde Weber und der Frauenbewegung; Interpretationen zu Werken von Suter, Goethe, Wedekind, Seethaler.

Thomas Knubben lehrt als Professor für Kulturwissenschaft und Kulturmanagement an der Pädagogischen Hochschule in Ludwigsburg. Seine Arbeitsgebiete umfassen Kulturtheorie, Kulturgeschichte, Kulturpolitik, Kulturfinanzierung und den Ausstellungsbetrieb. Seine Veröffentlichungen bewegen sich im Spannungsfeld von Kulturgeschichte, Kunst und Kulturmanagement. Er ist Mitglied im deutschen PEN.

Katinka Schweizer, Prof. Dr. phil., Dipl.-Psych., MSc (Oxon), Tiefenpsychologin (DGPT), ist Professorin für Klinische Psychologie und Psychotherapie am Department Psychologie der Medical School Hamburg. Supervisorin, Sexualwissenschaftlerin/-therapeutin (DGfS, ESSM) und Psychologische Psychotherapeutin in eigener Praxis. Letzte Buchpublikation (gemeinsam mit Fabian Vogler): *Die Schönheiten des Geschlechts. Intersex im Dialog* (Frankfurt/M., 2018).

Petra Kipphoff

Max Beckmann

Der Maler als Schreiber

Hardcover, 13 x 20 cm, 129 Seiten
ISBN 978-3-86674-805-7

Max Beckmann (1884–1950), einer der großen Vertreter der künstlerischen Moderne, hat nicht nur ein eindrucksvolles malerisches, grafisches und bildhauerisches Werk hinterlassen. Er war auch ein äußerst produktiver Schreiber von Tagebüchern, Briefen und programmatischen Schriften. Zeitlebens vom Theater fasziniert, verfasste er sogar kleine Stücke.

Beckmanns Zeugnisse eines außergewöhnlich bewegten Lebens fügen sich in diesem Buch zu einem autobiografischen Drama zusammen. Der Künstler erscheint in ihnen als eigenwilliger, zuweilen ruppiger, schonungsloser Chronist seiner Gegenwart.

Gefördert von der Zeit-Stiftung Ebelin und Gerd Bucerius.

»Die legendäre Kunstkritikerin (...) kann durch die Präzision ihres Blicks Erstaunliches zutage fördern. (...) (Max Beckmanns) Selbstporträts sind seine Autobiografie. Petra Kipphoffs konzises Buch ist dafür das beste Lesezeichen.« *Florian Illies, DIE ZEIT*

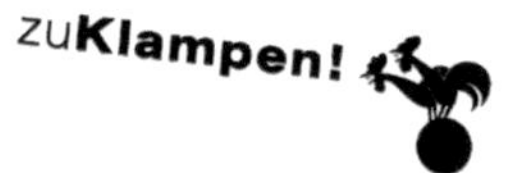

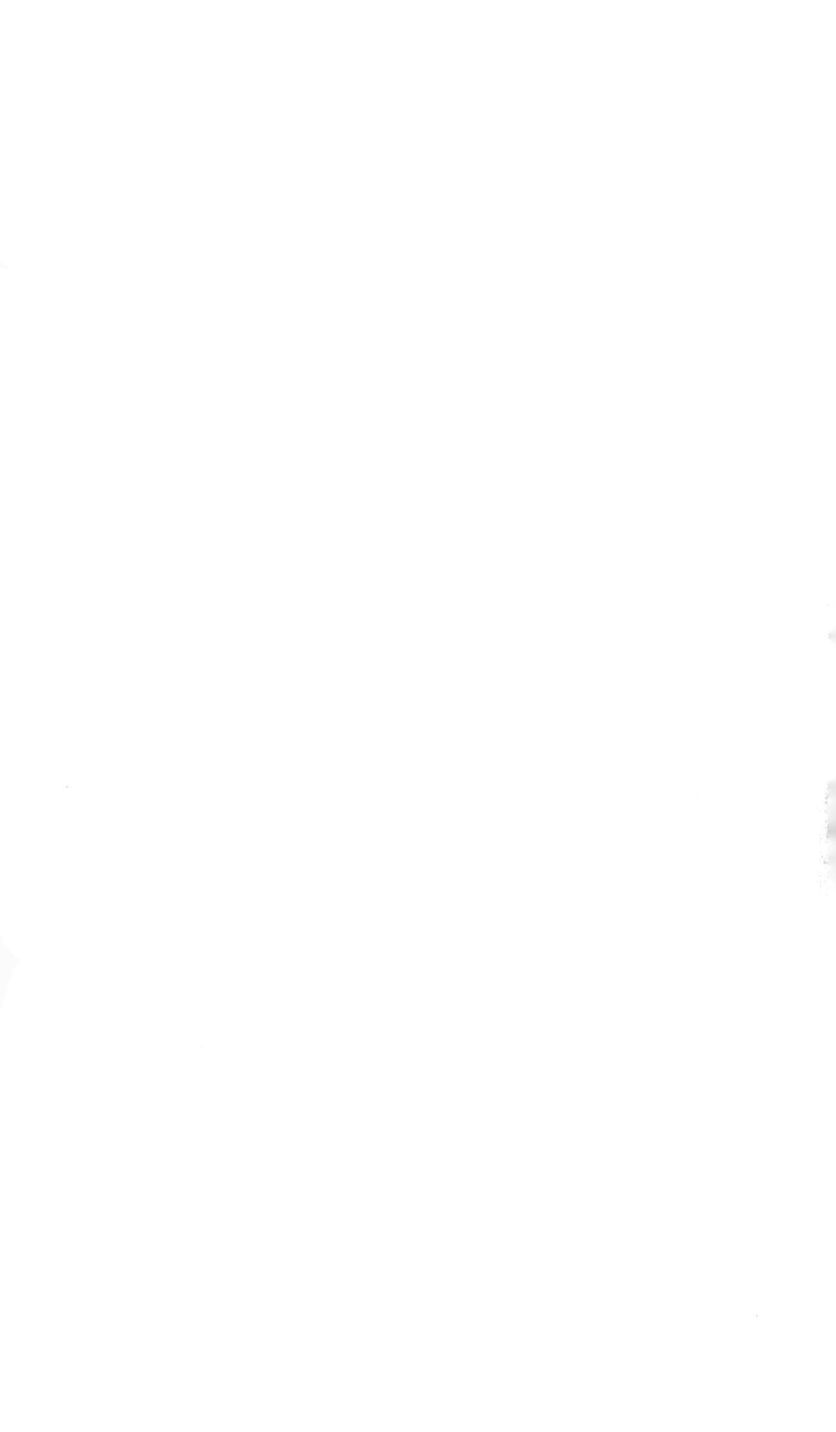